Regina von Tolksdorf

# Politik
# Macht & Erotik

Zeitzeugnis eines exzessiven Lebens-
Innerhalb zweier Gesellschaftssysteme.

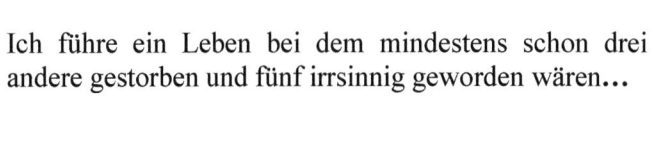

Ich führe ein Leben bei dem mindestens schon drei andere gestorben und fünf irrsinnig geworden wären...


*Regina von Tolksdorf*

# Vorwort

Politik, Macht & Erotik, meist das Außergewöhnliche erfahren, fühlte ich mich nicht mehr an die Normen des Durchschnitts gebunden.

Im vorliegenden Buch zeichne ich meine gelebten, komplizierten und beeinflussenden Lebenserfahrungen innerhalb zweier Gesellschaftssysteme nach.

Biographisch steht dabei im Vordergrund die prägende Beziehung zu meiner Mutter, einer ehemaligen Spionin und Liebesdienerin der Staatssicherheit, die wichtige Stadien meines Lebens entscheidend beeinflusst haben.

Ein wilder Aufschrei gegen die Verkommenheit meiner Kindheit und Jugend, der lebenslang dominiert:

Die entscheidende Lebenswende vollzog ich im sechzigsten Lebensjahrzehnt, parallel zu toxischen Affären und Liebesbeziehungen.

Dem folgte mit 68 Jahren ein Gasthörerstudium der Psychologie an der Freien Universität Berlin, um die eigene autonome Lebensführung nebst intellektuellen Bedürfnissen analysieren, verstehen und verarbeiten zu können.

Die gnadenlose Dokumentation, ein Zeitzeugnis, komplexer und menschlichen Beziehungen, in der die Erotik explizit über Politik und Macht dominiert.

Eine Botschaft für Menschen die ihre Grenzen überwinden wollen, unabhängig vom Alter und sozialen Status und sich dabei von Nichts und Niemanden abhalten lassen!

# Kindheit

War er mein erstes Giftopfer?
Konnte ich mit sechs Jahren diese Tat schon planen?
Geschah es aus Unwissenheit oder eher Hass, auf einen Klapperstorch, weil er dieses Elternpaar für mich aussuchte?
Nach seiner Rückkehr aus dem Winterquartier, bezog er wie jedes Jahr im März/April, seinen Horst auf dem Dachfirst unseres Gutshauses. Ich beobachtete ihn stundenlang, auf das Dach zu gelangen schien mir unmöglich. Eine Schale, gefüllt mit frischem Wasser, Brotkrumen und Pulver, mit dem Großvater die Ratten im Kellergewölbe „fütterte", platzierte ich unbemerkt im Garten. Geduldig wartete ich auf ihn, irgendwann kam er dann geflogen...
In meiner Erinnerung höre ich die Wahnsinnsschreie meiner Großmutter Elisabeth, wenn die Wirkung der injizierten Opiate nachließ. Schnell führte man mich dann in den Westflügel unseres Landgutes, doch ihre Schreie hallten durch alle Mauern.
Auf kaltem Marmorboden hockend, hielt ich mir mit den Händen die Ohren zu, bis ihre Stimme verstummte.
In solchen Momenten suchte ich die Nähe meiner Mutter Veronika vergebens. Sie verließ mich schon kurz nach der Geburt, und zog mit meinem Vater Wilfried nach Berlin. Dort startet sie eine grandiose Karriere als Spionin der Staatssicherheit, währenddessen Vater Wilfried durch exzessiven Alkoholkonsum, jeglichen realistischen Bezug zum Leben verlor.
Meine ersten sechs Lebensjahre, die glücklichsten meiner Kindheit, verbrachte ich auf dem Weingut der Großeltern Elisabeth und Erich.
Heute, beim Stöbern in vergilbten Fotos aus jener Zeit, erblicke ich strahlende Kinderaugen an der Hand eines Weihnachtsmannes, der gerade eine Puppe aus seinen Leinensack zaubert. Ja, ich war ein glückliches Kind.

Das Geschenk interessierte mich scheinbar nicht, denn auf dem Bild schrie ich scheinbar lauthals, weil er Opas Pantoffel trug!

Zu jeder Jahreszeit durchquerte Großvater mit mir die Heimatwälder, Wiesen und kleinen Bäche. Auf unseren täglichen Sparziergängen erklärte er mir die Vielfalt der Natur im Zusammenhang mit Lebensräumen vieler Tierarten. Immer dabei unsere Doggen Dugal und Alfo.

Wenn er mit mir durch die Kellergewölbe unserer alten Burgruine schlich, hatte ich furchtbare Angst vor Geistern. Aus dunklen Gängen schallten von überall undefinierbare Geräusche. Dann sprach Großvater auch noch vom Schlossgeist „Bruno" der schon seit Jahrhunderten spukt und sein Unwesen trieb.

Ich zitterte vor Furcht. Kurzerhand setzte er mich dann auf Dugal, der die stattliche Größe eines Ponys hatte und weiter ging unsere abenteuerliche Reise durch die feuchten, dunklen Katakomben.

Großmutter Elisabeth bereitete mich gut auf die Schule vor. Beispielsweise lehrte sie mich, Hauptstätte aller Länder mit ihren Sehenswürdigkeiten auswendig zu lernen. Anschließend fragte sie das Einmaleins ab und zelebrierte es zusätzlich mit lustigen Rechenliedern. Als Belohnung gab es dann immer Schokolade.

Fotos aus jener Zeit bewahre ich in einer Silberschatulle auf, ein Taufgeschenk der Großeltern. Die blieb mein größter Schatz, wann immer ich sie in den Händen hielt, spürte ich Stärke und Mut weiterzukämpfen.

In den Tiefen der ersten Nähe zu unserer Mutter, ihrer Zuneigung und Liebe zu uns in den ersten Lebensjahren, wird das Fundament an Selbstachtung gelegt, auf dem wir für den Rest unseres Lebens, Gefühle auf uns selbst aufbauen! Mutter Veronika zeigte leider kein Interesse an Mutterpflichten.

Ich denke, durch die „erzwungene Eheschließung" mit Vater Wilfried, betrog sie sich um alles Übrige.

Sie zerstörte sich selbst, ihre Gefühle auf ein schönes abenteuerreiches Leben.

Meines Erachtens hätte sie unter diesen Voraussetzungen niemals Mutter werden dürfen. Vermisst habe ich sie damals nicht wirklich, ich kannte sie ja nicht!

Oft stellte ich mir die Frage, warum das Schicksal mir die beiden liebsten Menschen, meine Großeltern, so schnell genommen hat?

Großmutter Elisabeth, eine schöne und intelligente Frau, laborierte plötzlich an einer Krebserkrankung, die sehr schnell zum Tode führte.

Großvater Erich, ein starker und selbstbewusster Mann, konnte ihren tragischen Tod nicht überwinden. Kurze Zeit später fand man ihn, erhängt auf den Dachboden unseres Gutshauses.

Als fünfjähriges Mädchen sah ich keine Chance, mit dieser Situation umzugehen. Später las ich in einem interessanten Buch, dass fast jeder Mensch in seinem Leben vor einem Ereignis steht, das plötzlich alles verändert. Diesen Augenblick erlebte ich durch den Verlust der Großeltern.

Meine Heimat in Süddeutschland musste ich nun verlassen. Aus einem schönen Kindheitstraum erwacht, stand ich plötzlich vor der eiskalten Realität – meinem Elternhaus!

Am Rande der Großstadt Berlin gelegen, machte es gleich beim Betreten auf mich einen musealen Eindruck. Bunte, dicke Fransenteppiche, funkelnde Kristallleuchter in Kombination mit antiken Möbeln, rundeten dieses Bild ab. Die Einrichtung auf unserem Gut war sehr gediegen, während hier alles überladen wirkte, wie in einem Möbelhaus.

Völlig befremdet stand ich nun da, einen kleinen Puppenkoffer in der Hand und wartete gespannt auf meine Mama. Ja, ich freute mich so sehr und war ganz aufgeregt. Dann kam sie, sah wunderschön aus, ihr dunkles Haar trug sie lang und lockig, genau wie meins.

Sie betrachtete mich. Im Beisein vor Hauspersonal und Angestellten, sprach sie einen Satz, ich vergaß ihn nie: „Das ist Regina, Tochter aus Süddeutschland, die auf dem Weingut meiner Eltern lebte und wie eine Prinzessin verwöhnt wurde, aber hier ist nun Schluss mit diesem Lotterleben!"

Ich war erst fünf, habe die geliebten Großeltern verloren und befand mich in einer fremden Stadt.

Der einzige Mensch, der mich hätte trösten können, in den ich all meine Hoffnung setzte, war Mutter Veronika. Mit der Zeit vergisst man Gesichter, Gefühle der Leidenschaft, auch Schmerzen heilt die Zeit. Jedoch blieb mir diese Demütigung ein Leben lang in Erinnerung. Allein der Gedanke daran überzieht noch heute mein Gesicht mit Scham und Zornesröte.

Mein Vater Wilfried, kam sehr freundlich daher, und umarmte mich innig. Aus seinen Augen kullerten winzige Tränen, die so salzig schmeckten. Doch Liebe, Verständnis und Beistand durfte ich auch von ihm nicht erwarten. Sein einziger- und zugleich auch treuester Freund, war der Alkohol, der ihn wie ein Schatten folgte.

Welch glücklicher Augenblick, dann plötzlich meine kleine Schwester Gerda zu sehen, sie weilte erst wenige Wochen auf dieser Welt. Gerda logierte im schönen Erkerzimmer, in einem rosa Himmelbettchen. Eine examinierte Krankenschwester überwachte jeden ihrer Atemzüge. So süß wie sie auch ausschaute, voller Ungeduld wartete ich nun darauf, endlich mein Zimmer zu sehen. Niemals werde ich den Augenblick vergessen, als unsere Haushälterin die Tür öffnete. Der Raum befand sich im Souterrain, dunkel, schmal und ein muffiger Geruch strömte uns entgegen.

Ein einfaches Bett zierte die Wand, daneben stand ein Holzschrank ohne Tür. Erschrocken blickte ich zur Haushälterin Anna, sie drückte mich ganz fest an sich.

Wir kämpften beide mit den Tränen. Doch es kam noch viel schlimmer, ich musste ganz tapfer sein.

All meine Spielsachen wurden umgehend auf den Dachboden verbannt. Plötzlich erschien Mutter, sie rügte gleich die Angestellten.

„Fehlt es euch an Arbeit, ihr steht hier nutzlos herum? Regina hat bis jetzt fürstlich geschlafen, nun wird sie einmal die Kehrseite kennen lernen!"

Ich spürte sofort ihre Ablehnung, für sie war und blieb ich eine Fremde. So sehr es mich auch verletzte, ich wollte keinesfalls aufgeben und suchte nach Überlebensstrategien. Entwickelte ein Bedürfnis dafür, alles und jeden kontrollieren zu müssen, um mich sicher zu fühlen. Ebenso Strafen und Vorhaltungen zu vermeiden. Aber da gab es ja noch meine kleine Schwester Gerda, erst wenige Tage auf der Welt, zwang sie doch Mutter eine Zeit lang zu pausieren.

Obwohl vom Hauspersonal und Kindermädchen sämtliche anfallenden Arbeiten erledigt wurden, zeigte sich Mutter nervös und gereizt. Sie schenkte Gerda ihre ganze Aufmerksamkeit, saß meist an ihrem Bettchen und liebkoste sie.

In diesen Momenten drückte ich meine Fingernägel tief in den Unterarm, der Schmerz lenkte ab. War dies zu offensichtlich, biss ich mir auf die Zunge, ein lang anhaltender Schmerz. Grausam die Abende, wenn sie mich dann im Zimmer einschloss, aber zuvor noch schnell die Glühbirne aus der Lampenfassung drehte.

Es war so dunkel, ich hatte furchtbare Angst – klopfte gegen die Wand und weinte.

Wütend, mit einem Kleiderbügel in der Hand, tobte sie daraufhin ins Zimmer und schlug auf mich ein. Traf sie dabei einen Knöchel am Fuß, schrie ich auf, die Schmerzen hielten tagelang an.

Wenn Vater nicht zu alkoholisiert war, eilte er mir zur Hilfe, packte Mutter am Arm und stieß sie aus dem Zimmer.

Später stritten die Eltern weiter. Es folgten laute verbale Auseinandersetzungen, die dann meist in den Wohn- und Schlafräumen der oberen Etage eskalierten.

Kehrte endlich Ruhe ein, kletterte ich schnell auf die Fensterbank und schaute in den Garten. Dabei beobachtete ich Mutter, wie sie seelenruhig mit Gerda im Arm, um den kleinen See lief.

Gern wäre ich an ihrer Hand mitgelaufen. So verbrachte ich eine lange Zeit im Elternhaus.

Meine Gedanken verweilten oft bei den Großeltern, diese beiden liebenswerten Menschen vermisste ich so sehr.

Ich flüchtete in Tagträume, Phantasien, dabei immer wachsam, um jede Gefahr früh genug erkennen zu können. Die Realität zu ertragen, überforderte mich.

In der Öffentlichkeit gaben sie das perfekte Elternpaar, das auch durch regelmäßiges Spenden für den Aufbau einer Oberschule noch verstärkt wurde.

Dieses Verhalten löste bei mir tiefe Scham aus. Vieles aus jener Zeit geriet in Vergessenheit, es war wohl zu schmerzhaft.

Keine Erinnerung an meine Einschulung. Ein einziges Foto mit Schultüte und Einschulungsdatum ziert mein Fotoalbum. Ebenso zeigten die Eltern kein Interesse am Schulleben. Sehr groß mein Wunsch, gemeinsam mit Ihnen die Hausaufgaben zu gestalten und aus dem Lesebuch vorzulesen.

Mutter behütete das kleines Nesthäkchen Gerda, ihr wurde all die Aufmerksamkeit und Fürsorge zu Teil, die ich vergebens erhoffte. Das bekam ich jeden Tag zu spüren. Den wahren Grund für Mutters Verhalten, erfuhr ich erst, beim Schreiben ihrer Biographie.

Zum damaligen Zeitpunkt wurde das Fundament einer Geschwisterbeziehung gegossen, das später in Neid-, Zorn- und Schuldgefühlen endete.

Ich festigte meine Überlebensstrategie, wenn mir niemand nah ist, kann ich auch nicht verletzt werden.

Bei Besuchen von Verwandten oder Bekannten, gab ich vor, ein frohes glückliches Kind zu sein, so sehr schämte ich mich dafür, nicht geliebt zu werden.

Zum Sonntagsspaziergang wurde sich herausgeputzt.

Mutter legte zur ihrer Garderobe kostbaren Schmuck an, wir Mädchen wurden dafür extra neu eingekleidet.

Vater machte einen borstigen Eindruck, wurde er doch in einen steifen Anzug gesteckt. Seine Geduld belohnte sie nach dem Kirchgang mit einer Flasche Cognac. Oft konnte ich beobachteten, wie sie die Flaschen heimlich auffüllte. Mutter Veronika setzte gezielt den Alkohol ein, um ihre Pläne zu realisieren.

Vater verlor dabei sukzessiv Bezug und Interesse an seiner Umwelt. Er flüchtete in eine Welt, aus dieser er wenig später zur unberechenbaren Bestie mutierte!

Mutter aber war besessen von Ruhm und Reichtum. Eine schöne Frau, die zwischenzeitlich ihre eigenen Wege ging. Spontan verschwand sie für Tage mit viel Gepäck. Niemand wusste wo sie sich aufhielt.

Dann zog Oma Irmgard ins Haus, versorgte meist nur Vater.

Meine Schwester Gerda, inzwischen eine kleine Prinzessin, betreute das Kindermädchen.

Oft fühlte ich mich sehr einsam, unsere rundliche Haushälterin Anna kümmerte sich dann liebevoll um mich. Sie war eine Seele von Mensch. Kam ich aus der Schule, schloss sie den Salon der Eltern auf und schaltete den Fernseher ein. Anna nahm mich oft in den Arm, wir haben zusammen gebastelt oder im Haus verstecken gespielt. Dies waren ganz besondere Momente für mich.

Sie kam nach Kriegsende mit einem Flüchtlingstreck aus Rumänien und konnte weder lesen noch schreiben. Wie glücklich sie doch war, als ich es ihr ein bisschen beibrachte. Bald konnte Anna ihren Namen schreiben.

Schon damals muss sie erahnt haben, welch Schicksal mich erwartet.

Heimlich legte sie einen Knoblauchzopf unter mein Bett, um böse Geister fernzuhalten. Oft flüsterte sie mir dabei ins Ohr.

„Wo andere Mütter ihr Herz haben, sitzt bei deiner ein großer, kalter Stein. Aber du bist ein Kind der Sonne.

Um Gerda mache ich mir keine Gedanken, sie wird geliebt, aber Gott möge dich beschützen, mein Kind!"

Eine wahrhaft weise alte Dame, unsere liebe Anna.

An meinem Wohlergehen lag Mutter wenig, sie gab mir das Gefühl, ein unerwünschtes kleines Mädchen zu sein, das auf seinen Platz verwiesen werden muss.

Aus Angst, Scham und unendlich traurig, zog ich mich dann in meine dunkle Kammer zurück und las wiederholt mein Lieblingsmärchen „Aschenbrödel."

# Jugendzeit

Noch während der Sommerferien zogen wir in die Stadt. Mutter Veronika mietete in einer Jungenstilvilla das Dachgeschoß an.

Unser neues Zuhause, sonnendurchflutet, geräumig mit Loggia und Parkblick. Meine Hoffnung, ein nettes Zimmer beziehen zu können, erfüllte sich nicht.

Mutters Herzlosigkeit kannte keine Grenzen. Sie steckte mich in den kleinsten Raum, ausgestattet mit Bett, Kleiderschrank und wackeligen Tisch. Durch das kleine Fenster zum Innenhof, erblickte ich nur Mülltonnen.

Wohn-, Schlaf-, und Gästezimmer der Eltern zeigten einen fantastischen Blick in den Park.

Hier gab sich der Innenarchitekt alle Mühe bei der Ausstattung. Hohe weiße Flügeltüren führten durch alle Räume. Altes Schiffsparkett versiegelte die Fußböden.

Ein knarrendes Geräusch, das beim Betreten entstand, löste bei mir durch spätere Geschehnisse, Todesängste aus. Meine Hoffnung, diese schönen Zimmer nutzen zu dürfen, blieb unerfüllt. Bis auf Kinderzimmer, Küche und Bad hielt Veronika alle Räume verschlossen.

Eine Situation die mich sehr ängstigte. Ich hatte das Gefühl, in einer Höhle eingesperrt zu sein.

In unserem alten Haus konnte ich mich frei bewegen und fühlte durch die Anwesenheit der Angestellten auch Sicherheit. Nun bewohnte es nur noch Oma Irmgard.

Mutter Veronika lebte weiterhin ihr eigenes Leben. Mit dem Hauspersonal sprach sie nur das Nötigste und für Vater Wilfried zeigte sie keinerlei Interesse mehr, versorgte ihn aber weiterhin mit reichlich Alkohol.

Die Ablehnung meiner Eltern, ihre Gleichgültigkeit, ich war ein emotional verarmtes Mädchen und unfähig zur Unabhängigkeit. Jedoch besessen mit zwanghaften Bedürfnis zu ihnen zu gehören! Ich ging weiterhin den Weg des geringsten Widerstandes und lebte mit dem Schmerz unterdrückter Wut.

Eigene Entscheidungen zu treffen, untersagten sie mir. Wertvorstellungen und zeitliche Forderungen der Eltern hatte ich immer zu akzeptieren.

Ich war einmal ein glückliches Mädchen, das von den Großeltern mit viel Liebe auf das Leben vorbereitet wurde.

Als Schulkind wurde ich in Abhängigkeit von Mutter Veronika gezwungen, als geduldete Tochter zu funktionieren. Zuneigung und Fürsorge konnte sie nicht vermitteln. Entbehrungen und Demütigungen führten bei mir schon frühzeitig zu einer verkrampften Abwehrhaltung.

Dann folgten Jahre, die von Erlebnissen geprägt waren, die ein junges Mädchen traumatisieren. Bisher gab es keine Grenzen für meine Gedanken und Gefühle, doch fortan war es die Angst, die Grenzen setzte.

Neugierig und voller Erwartung bereitete ich mich auf das neue Schuljahr vor. Eine erweiterte Oberschule, neu erbaut mit großer Schwimmhalle und gut ausgestatteten Unterrichtsräumen. Täglich wurde ich mit dem Auto, das ein uniformierter Fahrer lenkte, zur Schule gefahren.

Aus heutiger Sicht weiß ich, dass dies eine Dienstleistung der Staatssicherheit war. Ein Privileg für Kinder aller Gesellschaftsschichten, deren Eltern für diese Institution tätig waren.

Glück hatte ich mit meinen Mitschülern, wurde herzlich aufgenommen und konnte schnell Freunde finden. Unsere junge Klassenlehrerin zeigte zwar Verständnis für die Sorgen und Probleme ihrer Schüler, fand aber keinen Weg, außerschulisch einzugreifen. So vergingen die ersten Monate in der neuen Heimat.

Mutter ließ weiterhin keine Möglichkeit aus, mir deutlich zu zeigen, wie störend sie meine Anwesenheit empfand. War sie Zuhause, gaben sich Kosmetikerin, Schneiderin und Visagistin die Klinke in die Hand.

Verließen diese Damen nach getaner Arbeit die Wohnung, sperrte sie mich umgehend in mein Zimmer. Dann telefonierte sie eine gefühlte Ewigkeit. Vater lag bereits stark alkoholisiert im Schlummerschlaf. Mutter Veronika „rüschte" sich nach ihren Telefonaten auf, dabei strahlte sie, war freundlich, lustig, trank Sekt und rauchte Zigaretten. Damals verstand ich die Bedeutung ihrer Worte noch nicht.

„Schau nicht so traurig, du bist noch zu jung, aber eines Tages wirst du genau so leben wie ich. Jetzt hat dein Schulabschluss oberste Priorität!"

Als junges Mädchen wollte ich mir nicht eingestehen, in vielen Situationen die gleichen Verhaltensmuster wie Veronika zu zeigen. Ich hasste förmlich gewisse Züge an ihr, aber es waren genau die, die ich übernommen habe.

Doch was für ein Glück für mich, die neu gewonnen Schulfreunde. Dabei zählte nicht etwa die Sympathie. Nein, ich kaufte sie mir einfach. Geld lag bei uns im Haus frei herum. Viele meiner Mitschüler lebten in sehr armen Verhältnissen, das Geld in den Familien war knapp. Mutter lehrte uns schon frühzeitig.

„Mit Geld kannst du Menschen manipulieren, in Abhängigkeit bringen, es ist immer nur eine Frage der Summe."

Für mich zählten die Klassenkameraden, die immer zur Stelle waren, wenn die Einsamkeit kam. Dafür wurden sie belohnt. Ihre Gegenleistung, Gesellschaft, Lob und Anerkennung. Meist trafen wir uns in unserer Wohnung. In Abwesenheit des Hauspersonals trieben wir Späße, dabei machte ich rein zufällig das Versteck unseres Wohnzimmerschlüssels ausfindig.

Die Eltern waren ausschließlich mit sich selbst beschäftigt. Vater trank oder schlief. Mutter ging abends oft aus und kam wenn überhaupt, erst nach Mitternacht zurück.

Die kleine Gerda besuchte eine Ganztagseinrichtung und nächtigte sehr oft bei Oma Irmgard.

Damals hätte ich nicht geglaubt, dass die schlimmsten Jahre meiner Jugendzeit noch vor mir lagen.

Mutter Veronika erkannte längst die fortschreitende Alkoholabhängigkeit ihres Mannes.

Die drehte ihm den Geldhahn zu. Sie allein führte Buchhaltung und Bankgeschäfte. Doch seine Sucht machte erfinderisch. Mit Omas Hilfe, hortete Vater im Keller Cognacflaschen und versteckte sie im Holzstapel unseres Hauskellers. Es vergingen weitere Wochen, in denen massiv die Auseinandersetzungen zwischen den Eltern zunahmen.

Da diese anfänglich nur verbal stattfanden, zog ich mich umgehend in mein Zimmer zurück. Mich quälte das zunehmende Gefühl, in einem inneren Gefängnis zu leben.

In meiner Verzweiflung begann ich extreme Energien zu entwickeln, um mich selbst zu finden und zu verwirklichen. Ein Bedürfnis nach Anerkennung, Liebe und Bewunderung steigerte sich auf krankhafte Weise. Immer öfter empfand ich ein schmerzendes Gefühl innerer Lehre und extremer Langeweile, fühlte mich verlassen. Ich hasste Mutter Veronika dafür, dass sie mir nicht gab, was ich so sehr erhoffte!

Zu diesem Zeitpunkt empfand ich für Vater nur Mitleid, musste mit ansehen, wie ihn der Alkohol sukzessive zerstörte. Ein gutes Verhältnis zwischen Vater und mir schien unmöglich, er interessierte sich nicht für mich.

Enttäuscht und verzweifelt fühlte ich mich um den unbeschwerten Teil meiner Kindheit betrogen.

Vater Wilfried wurde für mich zum Bild des Grauens.

Eine kurze aber schöne Zeit verbrachte ich mit meinen Schulfreundinnen an gemeinsamen Nachmittagen in unserer Wohnung. Wir haben für den Unterricht gelernt, Kuchen gebacken und Bonbons hergestellt.

Eines Tages, wir schauten gemeinsam einen Fernsehfilm an, ließ uns ein furchtbarer Lärm an der Wohnungstür aufschrecken. Plötzlich öffnete sie sich. Es war Vater.

Volltrunken taumelte er in unseren Flur, stürzte zu Boden und Riss dabei eine Wandlampe aus der Verankerung.

Wir Mädels rannten aus dem Zimmer, erstarrten vor Schreck. Es verschlug uns die Sprache, wir zitterten um die Wette vor Angst. Das erste Mal begriff ich die Bedeutung: „Vor Angst die Hosen voll"

Ich verstand die Welt nicht mehr, dieser ungepflegte, schmutzige und betrunkene Mann, das war wirklich mein Vater!

Als er versuchte aufzustehen, sahen wir auf seinen weit geöffneten Hosenschlitz. Die Jacke war eingerissen und mit Erbrochenem beschmutzt.

Sich kaum auf den Beinen haltend schrie er mich an.

„Hole mir Schnaps aus dem Keller und dann alle hier raus aus der Wohnung!"

Die Mädchen weinten, zitterten und Emmi urinierte vor Angst auf den Teppich. Ich war so entsetzt, konnte erst Stunden danach wieder sprechen.

Da stand mein Vater, ein ungepflegter Mann, nicht mehr Herr seiner Sinne, vor meinen Freundinnen. Diese Situation erleben zu müssen – ich wollte nur noch sterben! Vaters Verhalten zerstörte alles, was ich zuvor so mühselig aufbaute.

Nun gelang es mir nicht mehr, die Erlebnisse und Erfahrungen geheim zu halten. Ich empfand nur noch abgrundtiefes Schamgefühl, gepaart mit aufsteigendem Hass gegen Vater.

Die Mädchen verließen fluchtartig die Wohnung. Fast wahnsinnig vor Angst schloss ich mich schnell in meinem Zimmer ein. Ich achtete nur auf das Knarren des Schiffsparketts, jemand kam immer näher.

Dann stand er vor der Zimmertür, drohte sie mit einem Beil einzuschlagen, wenn ich nicht öffnete. Vor Todesangst schrie ich um mein Leben. Aber kein Mensch hörte mich, die Nachbarn schwiegen.

Ich fühlte mich so hilflos, wollte aus dem Fenster springen.

Vor der Tür, das war nicht mehr mein Vater, das war ein wildes, unberechenbares Tier!

Schnell kroch ich in den Kleiderschrank und wartete ab, bis es im Flur ruhig wurde. Er versuchte mit letzter Kraft, den Hauskeller aufzusuchen, um an Alkohol zu gelangen. Dabei begegnete er unserem Schuhmacher, der dort seine Werkstatt führte, gemeinsam tranken sie weiter.

Umgehend verließ ich die Wohnung. Nachhause wollte ich nie mehr, meine Scham war zu groß und so floh ich zu meiner besten Schulfreundin Emmi.

Sie stand noch immer unter Schock. Auch Emmi hatte Probleme mit ihren Eltern.

Der Vater grabschte ihr oft an den Po und die Mutter schaute einfach nur weg. Unglaublich! Gemeinsam beschlossen wir, unser Elternhaus zu verlassen. Wir packten rasch Lebensmittel und Kleidungsstücke zusammen und fuhren zu einer Jugendherberge. Zur Strafe wollten wir alle in Angst und Schrecken versetzen, um auf uns aufmerksam zu machen.

Es war November, dunkel und kalt. Wir liefen zum Bahnhof und stiegen in einen Fernzug, der uns zur Jugendherberge bringen sollte.

Endlich angekommen mussten wir feststellen, diese Einrichtung existierte nicht mehr. Verzweifelt und durchgefroren suchten wir ein Bahnhofshäuschen auf.

Drinnen war es gemütlich. In der Ecke stand ein kleiner Eisenofen, davor ein Eimer mit Kohlen. Wir beheizten den Ofen, packten Kohlen auf die rote Glut und setzten uns auf eine Holzbank. Die mitgebrachten Wurstbrote wurden genüsslich verputzt.

Bis spät in die Nacht führten wir Gespräche. Hier hatten wir keine Angst, fühlten uns frei und so erwachsen. In der Morgendämmerung, die ersten Menschen fuhren schon zur Arbeit, betrat ein großer Mann das Wartehäuschen. Er schaute uns an, atmete tief ein und öffnete seinen Mantel. Darunter völlig nackt, zeigte er sein erigiertes Glied.

Wir rannten raus, dabei musste Emmi sich übergeben. Ich wollte schreien, brachte aber keinen Ton heraus, wir liefen um unser Leben. Passanten eilten zur Hilfe, doch der Mann verschwand schnell im Dunkel.

Zurück zu den Eltern wollten wir nicht mehr, da kam uns die Idee, unseren netten Schuldirektor über die Geschehnisse zu informieren.

Schon kurze Zeit später betraten wir übermüdet und durchgefroren das Schulgebäude.

Man musste nicht viel Menschenkenntnis besitzen, um festzustellen, dass die Klassenkameraden ständig über den Vorfall mit Vater tuschelten.

Mit ihren Fingern zeigten sie auf mich und betitelten ihn als „versoffenes Schwein!"

Erneut rannte ich davon, wollte nicht mehr Leben!

Wahnsinnig vor Wut stürmte ich im Schulgebäude auf eine große Glastür zu und durchstieß dabei mit der rechten Hand die Scheibe. Blutüberströmt mit vielen Splittern im Handgelenk steckend, verlor ich das Bewusstsein. Erst durch einen herbei gerufenen Notarzt, kam ich dann im Büro des Schulleiters langsam zu mir. Emmi wich dabei nicht von meiner Seite, sie mochte mich wirklich.

Unser Direktor kochte Tee und teilte auch noch sein Pausenbrot mit uns. Er versprach, umgehend mit den Eltern zu reden und gab sein Ehrenwort, dass uns nichts passieren wird.

Die Eltern schienen sichtlich erleichtert über meine Rückkehr, kommentarlos gingen sie zur Tagesordnung über. Ich zeigte ihnen deutlich meine tiefe Wut, entzog mich dabei jeglicher Berührung.

In der Schule, während der Pausen, lästerten die Mitschüler weiter über Vater.

Künftig musste ich die Nachmittage allein verbringen.

Die Mädchen gingen mir aus dem Weg, sie durften nicht mit mir reden. Die Eltern verboten den Kontakt.

Es gelang mir zunehmend, Situationen zu ertragen, die mir Extremes abverlangten.

Dabei entwickelte ich eine Sucht nach Liebesbezeugungen, Bewunderung und Bestätigung, um mein inneres Defizit zu bekämpfen!

Meine wahren Gefühle, Wut, Hass, Enttäuschung, konnte ich nicht offen zeigen. Kein Mensch wollte mich und das hätte die Ablehnung gegen mich noch weiter verschärft. Stattdessen kreierte ich eine Maske, die wahre Gefühle verbarg. Meine Erwartung, endlich das wieder zu finden, was ich schon so lang vermisste, führte mich in eine Manie.

Mein Vater Wilfried, ständig im Alkoholrausch, isolierte sich nun völlig. Mutter Veronika wandte sich fast ausschließlich ihrem Körper zu. Heimlich beobachtete ich ihre ausgiebigen Schaumbäder mit Kerzen und Champagner.

Sie sprühte französisches Parfüm zwischen ihre Innenschenkel, drehte einen Diamanten in den Bauchnabel und legte schwarze Strapse an. Daran befestigte sie Nylons und Schnitt eine Öffnung in den Zwickel ihres Spitzenhöschens. Anschließend stieg sie mit viel Reisegepäck in eine schwarze Limousine und verschwand für eine Weile.

Ich fühlte mich ignoriert, abgelehnt und unerwünscht.

In unserer Nachbarschaft lebten auch viele Jugendliche, zu ihnen suchte ich näheren Kontakt. Mit ein bisschen Glück, zählten sie schon bald zu meinen neuen Freunden.

Wir waren eine lustige Truppe und führten wie schon Generationen zuvor, harmlose Streiche durch.

Die beliebten Klingelstreiche durften nicht fehlen. Oder vom Balkon aus, Passanten aus einer Wasserpistole zu bespritzen, bereitete uns einen riesen Spaß.

Im nahe gelegenen Stadtpark bauten wir uns versteckt im Gebüsch, eine Höhle. Die rote Parkbank diente dabei als perfektes Sitzmöbel. Hier trafen wir uns regelmäßig an den Nachmittagen. Jeder brachte etwas zum Verzehren mit. Ein Kofferradio spielte für uns die Hits der Beatles rauf und runter.

Wir Mädels waren neugierig und schmökerten in Aufklärungsliteratur herum. Dafür wühlten wir zuvor in den geheimen Schubladen der Eltern, denn sexuelle Aufklärung war noch ein großes Tabuthema.

Die Schule hatte es nicht im Lehrplan, unsere Eltern schwiegen. Man mag heute darüber lachen, aber ich war nicht das einzige Mädchen, das fest daran glaubte, nur vom Küssen schwanger zu werden!

Meinen Freundinnen wurde der Umgang mit Jungen, außerhalb der Schule verboten. Auch ich gehörte dazu. Somit versuchten wir heimlich hinter die Geheimnisse der Sexualität zu kommen, denn gerade Verbote schienen besonders reizvoll und interessant. In der Klasse gab es zwei Mädchen, die aus Unwissenheit schwanger wurden und vorzeitig die Schule beenden mussten.

Wir waren neugierig auf das weitere Leben. Was passiert in einer Beziehung? Wie fühlt es sich an, mit dem Freund zu kuscheln, küssen und noch viel mehr?

Dies hatte die Familie aber ganz anders gesehen.

Meine Schwester Gerda, eine gnadenlose Petze, verriet den Eltern unser Höhlenversteck am See. Wenig später stürzte Mutter wie eine Furie in die Höhle, betitelte mich vor den Freunden als Flittchen, Schlampe und mannstolle Göre. Vater und Gerda warteten derweil grinsend im Auto. Die Jugendlichen tief erschüttert, ich verstand die Welt nicht mehr, es konnte nicht schlimmer kommen.

Doch was ich alles in den darauffolgenden Jahren im Elternhaus erleben musste, in Worte zu fassen, bereitet mir auch heute noch Schwierigkeiten.

Mutter Veronika, wollte mich nach ihren Vorstellungen formen und schenkte mir nur dann Aufmerksamkeit, wenn ich dieser genügte. Folgte ich nicht, gab es Schläge und Strafen.

Immer deutlicher spürte ich meinen Hass, und es tat so weh zu erfahren, wie Mutter mich zur Marionette kreierte.

Verzweifelt suchte ich nach Möglichkeiten, wieder neue Freunde zu finden. Meiner Schwester Gerda konnte ich nun auch nicht mehr vertrauen. Die Eltern, so sehr sie auch zerstritten waren, gegen mich verbündeten sie sich immer wieder.

Meine positive Lebenseinstellung, ein fester Glaube an das Gute im Menschen, gaben mir die Kraft, den Weg in eine lebenswerte Zukunft zu suchen.

Doch tief in mir breitete sich ein verängstigter Teil wie ein Geschwür aus, der meine Gedanken und Aktivitäten destruktiv beeinflusste. Meine einzige Freude war die Teilnahme am Schulleben.

Die Gedanken an eine bevorstehende Klassenfahrt ans Meer, ließ fast alle negativen Erlebnisse der letzten Monate vergessen. Ein aufregender Abenteuerurlaub sollte es werden. Gemeinsam fieberten wir dem Abfahrtstermin entgegen.

Während wir den Reisebeginn kaum noch erwarten konnten, wütete derweil in Berlin eine hochinfektiöse Ruhrerkrankung. Strenge hygienische Auflagen zählten zu den prophylaktischen Maßnahmen.

Mutter laborierte ebenfalls an dieser Krankheit. Folglich musste nun die ganze Familie Stuhlproben abgeben. Mutter Veronika konnte sich keine Auszeit leisten, besorgte sich Antibiotika, schluckte diese und etikettierte kurzerhand ihr Kontrollröhrchen mit meinem Namen!

Als Vater mich am nächsten Tag zum Schulbus bringen wollte, stand plötzlich der Medizinische Dienst vor der Wohnungstür. Mit einer Krankenhauseinweisung in der Hand, ging die Fahrt für mich direkt in die Klinik, auf eine Quarantäne Station.

Meine Klassenfahrt konnte ich nun endgültig vergessen.

Doch Mutter amüsierte sich noch lange über ihre List.

Die große Enttäuschung war für mich nicht in Worte zu fassen.

Ich wollte nur noch Rache nehmen, verletzen, sie sollte erkennen, dass sie nie eine gute Mutter war!

Meinen Vater Wilfried packte das Mitleid, er organisierte eine Ostseereise. Emotional hat es ihn sehr berührt, das ich nicht mit der Schulklasse fahren durfte.

Er war ein gutmütiger, herzlicher und ausgeglichener Mensch. Leider hatte er in der Ehe nie eine Chance, seine Lebensphilosophie zu verwirklichen. Vater ging den Weg des geringsten Widerstandes, flüchtete in die Alkoholsucht und erlangte sukzessive Verstand und Motorik eines Kleinkindes.

Auf die Urlaubsreise mit den Eltern hätte ich auch gut verzichten können. Vater zog es täglich in die Kneipe. Dort trank er mit den Fischern um die Wette. Mutter schimpfte ständig über Wetter, Hitze, Sand und Wind.

Gerda wollte zurück in die Heimat, denn in der Ferienwohnung befand sich kein Farbfernseher. Ich fühlte mich sehr wohl, konnte schwimmen, Sport treiben und abends gemeinsam mit dem Sohn des Vermieters in die Disko gehen.

Wir besuchten eine Tanzveranstaltung, ich glaube dort habe ich mich in ihn verliebt. Diese Abende verdrängten die Gedanken an furchtbare Stunden in Angst und Verzweiflung. Ich hoffte so sehr, dass es noch viele Stunden, gefüllt mit schönen Erlebnissen für mich geben wird.

Daheim holte uns der Alltag schnell ein. Die Weihnachtszeit nahte.

Im Advent zierte nur ein kleines, lieblos dekoriertes Tannengesteck mein Zimmer.

Im Salon der Eltern strahlten traditionell die Holzpyramiden im festlichen Kerzenschein. Gemeinsam mit der Mutter Plätzchen backen, Weihnachtslieder singen, Geschichten erzählen, mein geheimster und einziger Wunsch.

Der Heilige Abend in Familie, grausam die Erinnerung daran. Vater immer volltrunken, Mutter schimpfte über Feiertagsstress. Sie verfluchte Weihnachten, wollte lieber reisen. Die Bescherung, ein einziger Alptraum.

Meine Schwester Gerda wurde fürstlich beschenkt.

Ein rotes Fahrrad, Puppen, Bücher und viele Spiele. Ich bekam Unterwäsche (zwei Nummern zu groß) und wie schon in den Jahren zuvor, ein neues Tagebuch. Darin sollte ich abends alle Tagesereignisse eintragen, und es dann morgens der Mutter zur Kontrolle vorlegen. An allen Geschenken hingen noch einsam die Preisschilder.

Vater steckte mir immer heimlich einen großen Geldschein zu, seine Kraft kam aus dem Herzen, leider legte der Alkohol zusehends seinen Verstand lahm. Anders verliefen hingegen die Weihnachtsfeiertage, dann kamen viele Gäste zu uns und Mutter blühte plötzlich auf.

Sie kochte und servierte ihre Menüs, perfekt angerichtet auf wertvollem Porzellan im Salon. Mein „Menü" auf Steingut angerichtet, durfte ich in der Küche, in netter Gesellschaft mit dem Hauspersonal einnehmen.

Ich hasste Weihnachten! Ein Gedanke, so bald wie möglich mein Elternhaus zu verlassen, beschäftigte mich fortan Tag und Nacht.

Doch erst einmal musste ich die Schule beenden. Wir hatten genug Geld. Ich bekam immer mein Essen und auch die Kleidung war modisch, aber emotional fühlte ich mich vollkommen verwahrlost.

Zum damaligen Zeitpunkt gab es keinen Menschen, der mir helfen konnte, das war sehr schlimm.

Mutter achtete akribisch darauf, dass wir Mädchen ausgesprochen gute Umgangsformen besaßen. Dafür erhielt sie viele Komplimente, um gesellschaftlich den Status einer perfekten Geschäftsfrau und fürsorglichen Mutter darzustellen.

Trotz aller Verzweiflung wuchs langsam in mir eine Kraft, die schon bald die Fesseln meiner Kindheit sprengte. Davor lagen jedoch noch zwei höllische Jahre Jugendzeit.

Vater flüchtete sich fast täglich in einen Alkoholrausch, unkontrolliert trank er, was er bekommen konnte. Unabhängig davon, lenkte er weiterhin sein Auto.

Er wurde nie erwischt.

Täglich hoffte ich, dass Vater nicht zu früh heim kommt. Alkoholisiert brachte er immer seinen ganzen Unmut zum Ausdruck, alberte, lachte, erzählte dummes Zeug und bediente sich am Kühlschrank. Meist öffnete er Büchsen von Ölsardinen, verschlang dieses fettige Zeug mit den Fingern und schmatzte furchtbar dabei. Anschließend taumelte er dann in mein Zimmer, tatschte mit seinen öligen Fischfingern auf meine Schultern herum und lallte wiederholt unverständliche Worte.

Ich spürte nur noch Hass, Ekel, Wut und abgrundtiefe Verachtung in mir, fühlte mich in dieser Situation schutzlos und allein.

So vergingen die Wochentage, war er betrunken, ging er zu Bett und schlief seinen Rausch aus. Davor hörte er meist noch Schlager vom Tonbandgerät.

„Weiße Rosen aus Athen…" oder „Ein Schiff wird kommen…" so lautstark, das Passaten auf der Straße dazu tanzen konnten.

Kehrte Mutter Veronika von einer Reise zurück, klagte ich ihr weinend mein Leid. Sie aber grinste nur hämisch und antwortete:

„Heule ruhig weiter, dann musst du weniger aufs Klo!" Ich war so verzweifelt, vor diesen Eltern musste ich mich schützen und wurde erfinderisch.

Kam Vater volltrunken heim, stieg ich schnell die Treppe zum Hausboden hoch und wartete geduldig bis er zu Bett ging. Eine alte Holztruhe samt Decke und Luftmatratze, mein schützendes Versteck. Oft war es bitter kalt, dazu klang das Gurren der Tauben wie Musik. Hier fand ich Ruhe, es war so friedlich. Fühlte mich wie Aschenputtel, immer hoffend, dass mich bald ein Prinz in eine schöne Märchenwelt entführt.

In diesen Stunden suchte ich nach Erklärungen, das Fehlverhalten der Eltern zu entschuldigen.

Ich wollte unbedingt Psychologie studieren, und Menschen in Konfliktsituationen mit Rat und Tat zur Seite stehen. Diesen Wunsch gab ich niemals auf.

Negative Erfahrungen konnte ich ja bereits ausgiebig im Elternhaus sammeln. Doch welch Leidensweg ein junges, gesundes Mädchen fähig ist zu gehen, durfte ich bald erfahren!

Vater Wilfried zog es nun vor, künftig seinen Alkohol in der Kellerwerkstatt, mit seinem Freund, dem Schuster zu trinken. Spät abends kam er dann volltrunken nach Hause.

Hier wurde er sogleich von meiner hysterisch schreienden Mutter empfangen.

"Du widerlicher besoffener Kerl, ich könnte nur noch auskotzen, wenn ich dich so sehe, pfui schäme Dich." Dann drohte sie ihm mit Heimeinweisung und Entzug.

Vater zerstörte daraufhin ihr wertvolles Porzellan. Mutter flüchtete in die Küche, bewaffnete sich mit einem großen Brotmesser und drohte ihn abzustechen. In meiner Panik achtete ich nur auf das knarrende Schiffsparkett, kommen sie vielleicht in mein Zimmer? Sie kamen, rissen die Tür auf, schlugen meine Bettdecke zurück und erhofften sich von mir Beistand und Hilfe.

Mutter fuchtelte mit dem Brotmesser vor meiner Nase herum. Die blanke Klinge noch vor Augen, sah ich Vater schwankend im Türrahmen stehen.

Ein Beil in der Hand, kam er näher. Sie rannte schreiend aus dem Zimmer…!

Fast jeden Abend, begleitet von starkem Herzklopfen und Angstgefühl, achtete ich auf das Knarren des Schiffsparketts. Ich fürchtete oft um mein Leben. Schließlich ließ Mutter alle Türen schalldicht isolieren, somit blieb den Nachbarn der Lärm verborgen.

Veronika provozierte Vater bei jeder Gelegenheit, um ihre Verachtung zu zeigen.

Sie beauftragte einen Kohlenhändler, der musste im Keller den kompletten Holzstapel umschichten und dabei Vaters versteckte Schnapsflaschen aussortieren. Voller Schadenfreude lachte sie, als er verzweifelt seinen Alkohol suchte.

Rasend vor Wut holte Vater ein Beil aus der Kammer und zertrümmerte einen Teil unseres Mobiliars.

Schreiend flehte ich Mutter an, sie solle doch endlich Ruhe geben. Aber die dachte nicht einmal daran und bewaffnete sich umgehend mit dem Feuerhaken des Kaminbestecks. Fest entschlossen Vater zu verletzen. Ich rannte in mein Zimmer, verschloss die Tür, kroch unter meine Bettdecke und hielt mir die Ohren zu.

Eine der schlimmsten Situationen, die ich als junges Mädchen erfahren habe. Meine größte Angst aber, die Auseinandersetzungen zwischen den Eltern könnten einmal so eskalieren, dass wir zu Weisen werden.

Ich war so verzweifelt, fühlte mich allein gelassen und unendlich traurig. Ein Schmerz der durch Weinkrämpfe Erleichterung fand. Doch es war blanke Wut, die von innen Aufstieg, aus einer Quelle, die durch nichts aufzuhalten war.

Immer wieder hörte ich die Worte meiner Mutter durch die Wohnung hallen.

„Das Wichtigste bin ich, und alles andere hat sich dem ohne Widerworte unterzuordnen."

Zum damaligen Zeitpunkt suchte ich verzweifelt nach Erklärungen, Veronikas Verhalten zu entschuldigen. Ich gab mir allein die Schuld für ihre Reaktion und Ablehnung gegen meine Person. Dieser Gedanke änderte sich jedoch schlagartig durch nachfolgende Ereignisse.

Meist reicht ein Name, oder eine bestimmte Melodie und ich tauche umgehend in die Vergangenheit ab. Erlebe gedanklich noch einmal jene Schicksalsstunden, in denen sich Erinnerung und Gegenwart vermischen.

Es war Sommeranfang, wie alle Teenager freute ich mich darauf, mit Freundinnen eine Tanzveranstaltung zu besuchen.

Wir, vier junge hübsche Mädchen von fast siebzehn Lebensjahren, interessierten uns für die forschen Burschen. Dies blieb auch Mutter Veronika nicht verborgen. Mit lautstarker Stimme protestierte sie.

„Wir fahren heute gemeinsam zum Haus am See und werden dort das Wochenende verbringen!"

Unser Bungalow lag hundert Kilometer vom Wohnort entfernt und sie schätzte es sehr, dort mit Gerda das Wochenende zu verbringen.

Ich, einmal ganz allein in unserer Wohnung, ein Traum. So könnte ich mich einmal ihrer Kontrolle entziehen und meinen Spaß haben. Aber das ertrug sie natürlich nicht. Mit allem Bitten und Flehen bat ich Veronika um Verständnis.

„Mutter bitte, ich habe mich doch mit den Mädels zum Tanzen verabredet, das findet nur einmal im Monat statt."

Doch meine Worte machten sie noch wütender.

„Willst dich wieder mit den Jungs treffen was? Aber solang du hier deine Füße unter meinen Tisch setzt, bestimme ich!"

Im Arbeitszimmer klingelte das Telefon, umgehend lief sie zum Schreibtisch und kam erst nach einer gefühlten Ewigkeit zurück. Noch gereizter verkündete sie:

„Meine liebe Tochter, ab Montag wird sich hier einiges ändern, du wirst dich neuen Aufgaben stellen müssen. Somit bleibt für Tanzveranstaltungen keine Zeit mehr. Gut, du darfst hier bleiben, aber nur, wenn du zuvor die gesamte Wohnung putzt!"

Ich musste mich erst einmal setzen.

„Wie bitte, das hat Anna schon getan, sogar alle Fenster im Haus. Die Mädels kommen bald, das schaffe ich keinesfalls."

Mutter grinste fies, lief ruhig zum Kamin und zog den gefüllten Aschekasten heraus. Dann verteilte sie die gesamte Kaminasche gleichmäßig im Wohnzimmer.

„So mein Kind, schau genau hin, nennst du das sauber? Überall Asche! Wenn wieder alles blitzt, dann darfst du Tanzen gehen. Wünsche Euch viel Spaß und heule nicht, Aschenputtel hat es auch noch zum Ball geschafft."

Sie lachte schrill und ging vergnügt zum Auto.

Ich dachte nur, jetzt ist sie verrückt geworden. Das Zimmer, die Böden und Teppiche voller Asche.

Es existierte kein Gegenstand mehr, der nicht vom Aschestaub befreit werden musste.

Fassungslos, einer Ohnmacht nah, stand ich regungslos im Zimmer. Erst viel später eilten dann helfend meine Freundinnen herbei. Gemeinsam reinigten wir das Wohnzimmer, säuberten mühsam Teppiche und Parkettfläche.

Diesmal war Mutter eindeutig zu weit gegangen. Ich hatte große Angst davor, auch weiterhin ihren Schikanen und Demütigungen ausgesetzt zu sein. Allein die Vorstellung, nicht mehr unter dem negativen Einfluss des ständig alkoholisierten Vaters zu stehen oder der tyrannisierenden Mutter ausgeliefert zu sein, motivierte mich, mein Elternhaus zu verlassen.

Von Mutter Veronika, die mir selbst den Privatraum für meine Gedanken missgönnte, musste ich mich trennen. Aber so paradox es auch klingen mag, Schuldgefühle hielten mich noch immer fest an Veronika gebunden. Sie verstand es spielend, mich auch weiterhin in Abhängigkeit zu halten.

Erst viel später wurde mir bewusst, auch aus dieser Situation ging sie als triumphierende Siegerin hervor. Ich wollte einen Schlussstrich ziehen, doch das war ein Irrglaube. Immer öfter spürte ich, wie sehr ich mich für die Selbsterkenntnis hasste, dass Mutter ein Abbild ihrer selbst formt!

Schuldgefühle erzeugen, war ihre stärkste Waffe, die sie nutzte, um mich zur Anpassung zu zwingen. Ihre Kontrollsucht über mein Leben machte es mir unmöglich, der elterlichen Zwangsherrschaft zu entkommen.

Ich blickte zurück auf das, was meine Eltern getan oder unterlassen haben, es schloss mich in die Vergangenheit ein. Sie haben es getan, ich konnte nichts daran ändern.

Als junges Mädchen musste ich ständig über die Ungerechtigkeiten im Elternhaus nachdenken.

Dafür habe ich unzählig viel negative Energie verschwendet. Folglich blieben nur wenige Emotionen übrig, um eine bessere Zukunft zu gestalten.

Unversöhnlich und gekränkt, baute ich eine lebenslange Feindschaft auf. Innerlich ließ ich Mutter sterben!

Dann kam ein Tag, der mein Leben veränderte. Ein Tag, der mich in einen besonders harten Lebenskampf führte, den ich mit aller Gewalt gewinnen wollte!

Im Bad begann ich gerade mit meiner Morgentoilette. Ohne anzuklopfen öffnete Veronika die Tür, in der Hand ein Rasiermesser haltend, dabei Seife und Pinsel.

Ihr Befehlston lies mich erstarren.

„Raus aus der Wanne, trockne dich ab und stell dich vor den Spiegel. Jetzt wirst du einmal lernen, wie sich eine Frau im Intimbereich rasiert!"

Irritiert schaute ich sie an.

„Wie bitte, was meinst du mit rasieren?"

Doch diese Frage hätte ich mir auch verkneifen können. Sie kommandierte weiter.

„Du bist jetzt in einem Alter, wo Deine Schambehaarung entfernt werden muss, solch einen Urwald möchte kein Mann berühren und unhygienisch ist es auch."

Kurzerhand spreizte sie meine Schenkel, drückte den Pinsel in kreisender Bewegung zur Seife und schäumte meine Vagina ein. Der Nassrasierer erledigte den Rest. Es brannte höllisch auf der Hautoberfläche. Mutter ignorierte es völlig, ihr Augenmerk richtete sich schon auf meine Achselhöhlen, die sie dann der gleichen Prozedur unterzog.

Dies wäre in Amerika ganz natürlich, kommentierte sie nur und verschwand wieder.

Abends nahm sie ein Bad und rief mich zu sich.

„Schau hin Gina, bei mir sieht es ähnlich aus, ich rasiere mich immer beim Baden, das hat mir Großmutter schon frühzeitig gezeigt."

Danach tauchte sie wieder in den Schaum ab. Auf dem breiten Wannenrand flackerten diverse Duftkerzen.

Der Champagner perlte wild im Kelch.

Veronika genoss ihr Bad in vollen Zügen. Später bat sie mich, ihr den Rücken einzucremen. Noch während ich cremte, sprühte sie sich nebelfein französisches Parfüm zwischen ihre Innenschenkel und drehte behutsam einen Diamanten in den Bauchnabel.

Neugierig fragte ich nach.

„Gehst du noch aus?" sie lachte nur.

„Ich arbeite mein Kind, davon verstehst du nichts, also hör auf Fragen zu stellen. Am Wochenende empfangen wir wichtige Gäste, dafür werde ich dich neu einkleiden. Du bist schon eine kleine Dame, und solltest langsam beginnen, Dessous zu tragen."

Darauf freute ich mich. Mit Mutter Veronika bummeln zu gehen, bereitete mir Spaß. Nach unserem Gespräch verschwand sie schnell im schwarzen Kostüm, auf hohen Absatzschuhen und viel Gepäck.

Trotz allem war sie eine schöne Frau, das machte mich auch stolz. Wie gewöhnlich lag Vater dann meist schon beschwipst im Schlafzimmer. Sie hatte sich nicht einmal verabschiedet.

Durch die Jalousien schaute ich auf die Straße. Ein Wagen fuhr vor, zwei elegant gekleidete Herren stiegen aus, einer küsste sie zur Begrüßung. Oh Gott, Mutter war doch zu jedem Betrug bereit, selbst der Verrat an Vater, ein Mittel sich zu bereichern. Für sie ging es um Äußerlichkeiten, teure Kleider, Pracht und Schönheit. Ich stellte langsam keine Fragen mehr.

Wohin fuhr sie so zurechtgemacht und womit beschäftigte sie sich eigentlich auf ihren Reisen?

Darauf reagierte Mutter dann erst recht gereizt.

„Das hat Dich gar nicht zu interessieren!"

Veronika führte die absolute Kontrolle über mich und manipulierte mit Hilfe meiner starken Schuldgefühle. Mit siebzehn Jahren wollte ich mich endlich aus der Umklammerung meiner besitzergreifenden Mutter lösen und das auch in Form von räumlichen Abstand. Doch das schien unmöglich.

Ich konnte mit ihr keinen Frieden schließen. Wut und Hass auf die Eltern zwangen mich weiterhin zu bleiben. Ich konnte nicht loslassen. Die Unabhängig von ihnen wollte ich förmlich erzwingen, das bewirkte jedoch genau das Gegenteil: Abhängigkeit!

Nach ihrer Rückkehr, fuhren wir umgehend mit Dienstwagen und Chauffeur ins Stadtzentrum zu einer Nobelboutique. Außerhalb der Öffnungszeiten wurden in diesem Haus auch die Damen aus Politik und Gesellschaft mit internationaler und hochpreisiger Mode ausgestattet.

In der Umkleidekabine musste ich mich sofort Mutters Willen beugen. Binnen weniger Minuten stand ich nun völlig nackt da. Diverse rote und schwarze Dessous wurden ausgewählt. Veronika kaufte gleich die gesamte Kollektion auf und alles noch einmal passend in ihrer Größe.

Ich wählte weiße Dessous, darin erkannte ich mich wieder. In diesem Geschäft gab sie ein kleines Vermögen aus. Weiter führte uns der Einkauf in die Schuhetage. Ihre Wahl fiel auf einen schwarzen, zwölf Zentimeter hohen Pumps. Schon im Geschäft waren sie am Fuß die reinste Folter.

Sofort schoss mir wieder mein Lieblingsmärchen Aschenbrödel in den Sinn. Visuell wäre der gestiefelte Kater passender gewesen.

Die Geschäftsführerin zeigte Mitgefühl und spendierte einen Sekt, der betäubte ein wenig den Schmerz. Daheim musste ich die ganze Prozedur noch einmal wiederholen und Vater alles vorführen. Der schüttelte nur seinen Kopf.

„Also Veronika, Regina ist erst siebzehn, wann und wo soll sie denn bitte das Zeug anziehen, vielleicht im Sportunterricht?" Mutter rollte nur mit den Augen.

„Wilfried, du hast doch keine Ahnung, kommst vom Dorf. Hätte deine Mutter so etwas getragen, wäre ihr Mann nicht ständig fremdgegangen!" grinste und verließ fluchtartig das Zimmer.

Am Samstag war es dann endlich soweit. Schon am Morgen wirkte Mutter sehr nervös, schleppte mich gleich nach dem Frühstück zum Friseur. Dort erhielt ich das komplette Programm.

Nachmittags wurde sich dann eingekleidet. Das kleine schwarze mit weißem Kragen, darunter rote Dessous. Anschließend zog sie mich noch ins Bad. Ich musste in meine neuen Pumps urinieren. Sie behauptete, so würden keine Blasen entstehen. Das war so ekelig.

Aber die Rache folgte auf dem Fuße. Ich versprühte großzügig ihr teures Parfüm in meine Schuhe.

Derweil schnürte sich Veronika in ein tief dekolletiertes Abendkleid und legte einen viel zu intensiven Duft auf. Sie vernichtete damit zwei Fliegen, die wenig später auf dem Fensterbrett verendeten.

Dann fuhren auch schon die schwarzen Limousinen vor, unsere Gäste trafen ein. Die jüngeren Herren solo, ältere Herren in Begleitung ihrer Sekretärinnen. Alle schienen sehr vertraut miteinander. Man konnte auf ein inniges Arbeitsverhältnis schließen.

Derweil musste ich brav in meinem Zimmer verweilen, bis Mutter mich holte. Sie kam schnell.

„Gina, bevor wir in den Salon gehen, hör mir bitte genau zu! Der Besuch ist für mich äußerst wichtig, wir leben schließlich alle davon. Nach Begrüßung der Herren, setzt du dich in den Sessel und lächelst. Reden darfst du nur, wenn du angesprochen wirst und am Champagnerglas wird nur genippt."

Verlegen und leicht errötet betrat ich den Salon. Sofort erhoben sich die Herren und begrüßten mich herzlich. Mutter Veronika führte mich sozusagen in die Gesellschaft ein.

Schock, was waren die alle spießig und keinesfalls in meinem Alter. Einer jedoch interessierte sich auffällig für mich. Dieter, ein sportlicher Typ, sehr groß und gab sich auch ziemlich lässig.

„Hallo junge Dame, hörte du steckst gerade in deinen Abiturprüfungen?"

Na, das fehlte mir noch, jetzt lenkt er das Gespräch auf die Schule.

„Ja, richtig, bin fast fertig."

Ich fragte mich, was will der eigentlich von mir?

„Respekt, hast du auch schon Pläne für die Zukunft, nach erfolgtem Abschluss?"

Auch das noch, jetzt kommt er mir mit diesem Thema.

„Klar, ich würde gern studieren, aber Mutter respektiert. meinen Wunsch leider nicht." antwortete ich traurig.

„So, was hat sie denn mit dir vor?"

Seine Worte, was für ein Charmeur.

„Ihre Frage kann ich leider nicht beantworten, ich weiß es einfach nicht."

 Dieter rückte näher zu mir.

„Welche Fachrichtung würde dich denn interessieren?"

„Gern würde ich mit Kindern arbeiten, es sind ehrliche, unschuldige Wesen und können sich nicht wehren.

Sie haben es oft schwer mit den Erwachsenen, ich möchte ihnen dann das Gefühl vermitteln, das sie wichtig sind."

Dieter war beeindruckt. Er rückte noch näher heran.

„Gina, vielleicht kann ich dir helfen, werde umgehend mit Veronika sprechen!"

Er zog mich aus dem Sessel und ging mit mir auf die Terrasse. Mutter warf verachtende Blicke nach.

Es störte uns nicht. Im Gegenteil, er legte sanft seinen Arm um mich.

„Gina, du wirkst sehr reif und nach außen bist du auf Unabhängigkeit bedacht. Doch hinter der Fassade versteckt sich ein sehr abhängiges Mädchen, dessen Leben in wesentlichen Bereichen unecht wirkt. Mädchen, Du musst Dich von Veronika lösen, vertrau mir. Sich schwach und bedürftig fühlen, deine Sehnsucht nach Liebe und Zuneigung, scheint unerträglich. Das wird Dich nur noch weiter in  die Abhängigkeit treiben."

Fasziniert blickte ich zu ihm auf. Endlich ein Mann der sich meiner Probleme annehmen kann.

Ich fühlte Schmetterlinge im Bauch. Doch lange durfte ich dieses Gefühl nicht genießen. Mutter Veronika stand plötzlich in der Terrassentür.

„Dieter, würden Sie mir bitte einen Gefallen erweisen?"

„Sehr gern, liebe Veronika, was kann ich tun?"

Man konnte es deutlich erkennen, er wollte nicht.

„Meine Schwiegermutter Irmgard ist manchmal ein wenig irritiert und vergesslich, sie benötigt dringend ihr Herzmedikament. Aber in der Zone besteht leider keine Möglichkeit, es noch rechtzeitig zu beschaffen.

Unsere Apotheke liefert die Pillen gleich zu uns. Könnten sie ihr das Medikament danach bringen?

Mit dem Auto wäre es eine knappe Stunde Fahrt zum Haus. Meine Tochter Regina wird ihnen sicher gern den Weg weisen."

Es verschlug mir die Sprache, was hatte sie sich jetzt wieder ausgedacht? Aber Dieter fand es toll, konnte seine Freude kaum zurückhalten.

„Sehr gern Veronika, kein Problem. Wir starten sofort."

Eigentlich freute ich mich auf diese Fahrt, hatte ich doch einen interessanten Freund gefunden.

Dieter fuhr sehr rasant, kaum angekommen, servierte uns Irmgard  Kaffee und Gebäck. Mein neuer Freund hatte es sehr eilig. Bereits kurze Zeit später saßen wir schon wieder im Auto.

Auf halber Strecke bog er plötzlich in einen Waldweg ein. Er legte seinen Arm um mich und küsste meine Stirn.

„Regina, ich könnte dich jetzt verführen, aber keine Angst, ich tue es nicht. Denn du bist mir sehr wichtig."

Mit dieser Situation konnte ich nicht umgehen. Da halfen auch seine tröstenden Worte nicht. Ich fühlte mich völlig überfordert und hilflos.

„Deine Mutter wollte, dass ich dich hier und jetzt im Auto verführe. Du musst nicht weinen, es ist alles gut, wir fahren ganz manierlich zurück."

Er wischte mir die Tränen weg, küsste meine Wange und fuhr los.

Ich mochte diesen Mann und vertraute ihm.

Zuhause angekommen folgte mir Mutter gleich ins Zimmer und stellte eine unglaubliche Frage.

„Sag, musst du vielleicht dein Höschen wechseln?"

Ich konnte es nicht glauben, Dieter hatte die Wahrheit gesagt, ich verachtete sie!

Fortan benutzte ich meine gesamte Energie zum Kampf, zur Abwehr und Distanz. Langsam begann ich zu verstehen, wie weit ich mich auch entfernte, Mutter werde ich immer imaginär mitnehmen.

Ich flüchtete in eine Scheinsicherheit, versuchte Stärke aufzubauen. Das Ja sagen zu Dingen, die nicht mehr zu ändern sind, stärkte meine innere Haltung.

Spät abends beim Abschied, drückte mir Dieter einen kleinen Zettel in die Hand und flüsterte dabei ins Ohr.

„Lese ihn allein und denk nach Mädchen, wir sehen uns bald wieder!"

Ich hatte einen Freund gefunden, einen lieben Menschen, den Mutter Veronika nicht  manipulieren konnte. Ein so wundervolles Gefühl. Schnell lief ich ins Bad um den Text zu lesen. Darauf stand ein Zitat von Reinhard Niebuhr.

„Gott, gib mir die Gelassenheit, Dinge hinzunehmen, die ich nicht ändern kann, den Mut, Dinge zu ändern, die ich ändern kann, und die Weisheit, das eine vom anderen zu unterscheiden."

Wie verzaubert schaute ich auf diese Zeilen. Je öfter ich sie las, gelang es mir, Gedanken und Gefühle zu ordnen. Mir wurde bewusst, dass alle  negativen Gefühle, Problemlösungen verhinderten.

Meine innere Wut auf Mutter Veronika, erlittene Kränkungen, führte häufig zu Frust und Missstimmung. Aus diesem Teufelskreis konnte mir nur noch Dieter helfen. Ich verlor zunehmend die Fähigkeit, Gefühle von Wut, Ärger und vor allem Angst zu steuern. Während ich mit dem totalen Kontrollverlust kämpfte, begann Mutter akribisch, mein Interesse auf die Herren zu fokussieren.

Fast jeden Samstagabend musste ich mich diesem Schauspiel fügen. Versteckte mich hinter einem Lebensmotto:

Ich brauche niemanden und tue alles, damit es auch so bleibt. Begann eine Mauer um mich herum zu errichten. Zwar lebte ich noch in räumlicher Nähe zur Familie, fühlte mich jedoch unendlich entfernt von ihr.

Schlimm aber war für mich, mitzuerleben, wie Veronika sich gehen ließ. Die einst schöne und gepflegte Frau lief zuhause schlampig herum. Mittags konnte man sie noch im Schlafanzug antreffen, ungewaschen, ihr Haar strähnig.

Es gab auch Tage da blockierte Mutter stundenlang das Badezimmer, genoss Schaumbäder bei Kerzenlicht.

Ich erinnere mich genau an einen ganz besonderen Tag.

Gut gelaunt kam sie mit einem strahlenden Lächeln aus dem Bad, umarmte mich stürmisch und sagte.

„Gina, ich habe eine große Überraschung für dich."

Neugierig fragte ich nach.

„Was ist es denn Mutter?"

„Du darfst für eine Woche an die Ostsee fahren, bewohnst ein schönes Quartier direkt am Meer. Wir wollten dir zum erfolgreichen Schulabschluss eine Freude bereiten. Sieh bitte gleich nach, ob du noch neue Kleidung benötigst, das Klima ist an der Küste anders. Wenn ich von meiner Dienstreise zurück bin, gehen wir gleich einkaufen."

Sprach sie und verschwand wieder mit ihrer großen Reisetasche.

Reisen an die Ostsee, ich, ganz allein, konnte mein Glück kaum fassen. Veronika war gerade aus dem Haus gegangen, da klingelte es an der Wohnungstür. Als ich öffnete strahlten mir zwei charmante Augen entgegen.

„Dieter was machst du jetzt hier?"

Verlegen griff ich dabei ins Haar.

„Komm Süße, macht dich schick, wir gehen essen."

Was für ein Tag! Schnell verschwand ich im Bad, um mich fertig zu machen.

Plötzlich öffnete Dieter die Tür, trat zu mir ans Waschbecken und küsste meine Schulter.

„Du siehst wunderschön aus, hast eine tolle Figur, ich kann gar nicht mehr wegschauen."

Darauf antwortete ich keck.

„Ganz einfach, schließ die Badezimmertür von außen!"

Wenig später saßen wir schon im Auto. Während der Fahr hielt er meine Hand.

Dieter gefiel mir, er sah gut aus und war sehr zärtlich. Ich hatte mich verliebt. Nach dem Restaurantbesuch gingen wir spazieren, er küsste mich, konnte nicht genug bekommen und war so sanft dabei.

Dann war es endlich soweit, ich stieg in den Fernzug, der mich zur Ostseeküste brachte. Mein Quartier lag direkt am Meer. Ein kleiner Fischerkaten mit separatem Eingang zum Zimmer. Ich fühlte mich großartig. Zum Essen ging ich ins Strandcafe.

Der zweite Abend, mein Weg führte gerade zum Strand, hupte ein Auto neben mir.

Oh Gott, es ist Dieter in seinem roten Cabrio. Schnell lief ich zu ihm, er küsste mich so leidenschaftlich, dass die Passanten stehen blieben.

„Süße, ich musste dich sehen und werde übers Wochenende bleiben. Keine Panik, deine Gastgeber wurden schon informiert."

Mir fehlten die Worte.

„Ja, aber in meinem Zimmer steht nur ein Bett."

Er lachte nur und nahm mich in den Arm.

„Mach dir doch darüber keine Gedanken, es ist alles geregelt. Hast du denn gar kein Vertrauen, oder bist du etwa ängstlich?"

Als wir dann ins Haus kamen, hatten die Wirtsleute den Tisch in meinem Zimmer mit frischen Blumen, Sekt, Erdbeeren und Gebäck gedeckt.

Ängstlich blickte ich mich um.

„Gina, schau bitte nicht so, ich werde sehr zärtlich zu dir sein, aber vorher spazieren wir noch ans Meer, in den Sonnenuntergang."

Es wurde eine unvergessliche Nacht. Mein erstes Mal.

Am nächsten Morgen war ich noch immer in meinen Gedanken vom Geschehen der Nacht gefesselt. Ich durfte und konnte meine Gefühle leben, so wie ich es wollte. Diese neue Erfahrung würde ich auch, wenn nötig, aggressiv verteidigen.

Obwohl Dieter sehr zärtlich war, spürte ich wieder Leere und Einsamkeit in mir, als er kurz das Haus verließ, um Brötchen zu holen.

Für diese Traurigkeit machte ich meine Eltern verantwortlich. Ärger und Wut waren stets in mir. Um geduldet in Frieden weiter leben zu können, beugte ich mich dem aufgezwungenen Willen meiner Mutter. Wenige Male widersetzte ich mich, um mich letztendlich dann doch zu unterwerfen, ohnmächtig und machtlos. Veronika lockte mich mit Shoppingtouren oder Reisen.

Mit frischem Brötchen in der Küche stehend, riss mich Dieter aus meinen Gedanken. Schnell bereitete ich den Kaffee zu. Kurz darauf saßen wir gemeinsam auf der Terrasse, berührten uns innig und genossen dabei den Meerblick.

Was für ein wundervoller Morgen. Doch Dieter holte mich umgehend auf den Boden der Tatsachen zurück.

„Süße, jetzt höre mir bitte einmal zu. Wir hatten hier eine kurze und sehr schöne Zeit, aber leider schaut der Alltag nun einmal anders aus. Du bist ein ganz tolles Mädchen. Schön, intelligent und ich gebe dir die Erlaubnis, ein sexuelles Wesen zu sein."

Da fiel ich ihn sofort in Wort.

„Deine Worte verstehe ich nicht, wovon sprichst du eigentlich?"

Er wurde verlegen.

„Regina, ich bin leider nicht der Richtige.

Habe selbst eine kleine Familie, du solltest unbedingt mit deiner Mutter darüber sprechen, sie wird dir alles erklären. Du bist ein ganz besonderes Mädchen, du weißt es nur noch nicht. Bitte verzeih mir Liebes!"

Er umarmte mich zum Abschied, stieg galant ins Cabrio und fuhr zurück nach Berlin.

Keine Erinnerung daran, wie die nachfolgenden Tage an der Ostsee verliefen. In mir zerbrach eine Welt und niemand war da, der Antworten geben konnte.

Daheim lief mir gleich Mutter Veronika über den Weg. Sofort stellte ich sie zur Rede.

„Dieter hat mich an der See besucht, mich geküsst und mit mir die Nacht verbracht. Morgens gestand er mir, er sei verheiratet, hat eine Tochter und du würdest mir alles erklären können.

Mutter, wir haben miteinander geschlafen, ich wollte mich verloben. Jetzt erwarte ich eine gute Antwort von dir, Mutter!"

Aber mein Kummer berührte sie nicht einmal.

„Na, was soll ich dir da groß erklären, er hat dich halt zur Frau gemacht. Du kannst dich glücklich schätzen. Dieter ist gut im Bett, wer weiß, was für ein Stümper es sonst versucht hätte.

Du wirst mir noch einmal dankbar sein. Er sollte es tun, der war doch zärtlich zu dir, oder?

Jetzt können wir für dich einen anständigen Mann suchen.

Ein richtiger Kerl, liebt es in der Öffentlichkeit eine Lady an seiner Seite zu haben, aber im Bett muss sie eine Hure sein.

Dann mein Kind, wird dir garantiert jeder Mann aus der Hand fressen!"

Entsetzt und sprachlos vor Scham, fragte ich mich, ist das wirklich meine Mutter? Sie sprach abfällig über diese Thematik.

Mich wehrlos einen fremden Mann auszuliefern, dreihundert Kilometer von Berlin entfernt.

Ich fühlte mich so schlecht, fortan dominierten Gedanken über den Tod. Doch ich musste kämpfen, dachte dabei an die Großeltern, also blieb ich stark. Hätte ich je Schwäche zugelassen, wäre ich daran zerbrochen. Ein neuer Plan musste her!

Ich hatte nichts, aber einen Körper, der sich sehen lassen konnte. Diesen machte ich zum Statussymbol.

Begann bis zur völligen Erschöpfung im Sportzentrum zu trainieren, achtete dabei genau auf Ernährung und Gewicht.

Mein Hormonhaushalt veränderte sich und schüttete Endorphine aus. Neben der Schmerzempfindung beeinflussen sie unser Essverhalten, die Produktion von Sexualhormonen und sorgen für Glücksgefühle.

Wann immer Frustration, Demütigung, innere Leere oder emotionale Probleme mich beeinflussten, trieb ich Sport. Stundenlanges Training entwickelte sich langsam zu Sucht.

Das Resultat, ein toller Körper, auf den Mutter neidisch und abwertend reagierte. Zumal sich bei ihr schon deutlich die Spuren gelebter Jahre abzeichneten.

Sie war eine sehr unglückliche, dominante und zugleich herrschsüchtige Frau. Darunter hatte auch mein Vater Wilfried zu leiden.

Veronika plante weiter mein Leben und mietete für mich eine Wohnung an. Kaum volljährig, zog ich auch schon ein.

Beim Mobiliar, einschließlich Radio und Fernseher, wurde nicht gespart. Kühlschrank, Waschmaschine und Geschirrspüler gehörten ebenso zur Ausstattung. Ein kostbares Service aus Meißner Porzellan, stellte sie zur Dekoration in eine Glasvitrine.

Ich hoffte, das neue Gefühl des Alleinlebens, gibt mir die Möglichkeit, endlich mit alten Formen und Strukturen der Vergangenheit zu brechen.

Völlige Selbstständigkeit, ein sicheres Selbstwertgefühl, das war mein Ziel.

Erst einmal aber wollte ich das Gefühl grenzenloser Freiheit unbelastet genießen.

Mutter ermöglichte mir den Besuch einer Fachschule, mit dem Ausbildungsziel zur Maskenbildnerin. Parallel hierzu arbeite ich an einem Berliner Theater und konnte gleichzeitig praktische Kenntnisse erwerben.

In meiner Naivität glaubte ich fest daran, Mutter Veronika könnte ihr Verhalten ändern.

Doch welch ein Irrglaube. Ihre Rechnung ging voll auf. Akribisch verfolgte sie weiterhin einen perfiden Plan.

Die Wohnung richtete Veronika ausschließlich für ganz besondere "Geschäftspartner" ein.

Sehr schnell wurde mir bewusst, ich musste etwas ändern, um Präsenz und Einfluss der Mutter künftig zu verhindern.

Etwas, was sie davon abhielt, weiter über mich und mein Leben zu bestimmen!

# Meine erste Eheschließung mit Bernd – die Geburt unseres Sohnes Roland

Die ersten Wochen nach Bezug meiner Wohnung waren grausam. Fast täglich musste ich Kaffeerunden für Mutter Veronikas „Geschäftsfreunde" durchführen.

Sie organisierte und plante akribisch die Treffen, legte sogar zum Essen Mozartschallplatten auf. Ich durfte nur eine Gastrolle im eigenen Heim spielen.

Erneut bediente sie sich einer üblen List. In weiser Voraussicht hatte Mutter diese Wohnung, ganz in Nähe meines Elternhauses gelegen, angemietet.

Binnen weniger Gehminuten konnte sie nun vor meiner Wohnungstür stehen. Wochentags hatte ich meist ein ungutes Gefühl. Sie kam immer unangemeldet und kontrollierte mich, nahm sich das Recht heraus, einen Wohnungsschlüssel einzubehalten.

Es vergingen weitere Wochen. Ich fühlte mich einsam und traurig. War vor allem wütend über meine Feigheit und Unfähigkeit, mich von Veronikas Intrigen endlich lösen zu können.

Spontan kündigte sie telefonisch an, gegen Abend mit äußerst wichtigen Geschäftspartnern vorbeizukommen. Zitternd stand ich dann hinter meinen Fensterstores und wartete geduldig.

Kamen sie, waren die Herren stark angetrunken, stellten die Wohnung auf den Kopf, tanzten wild umher und berührten schon mal meinen Po oder Busen. Mutter amüsierte sich nur darüber. Ich hasste sie dafür!

Doch es kam noch schlimmer. Abends und nachts hielt ich mich vor Angst nur noch bei völliger Dunkelheit in der Wohnung auf. Die sogenannten Geschäftsfreunde Veronikas, wollten mich nämlich auch ungebeten aufsuchen. Fortan stellte ich zusätzlich einen Küchenstuhl unter die Klinke der Wohnungstür. Klingelten sie, saß ich zitternd und schweißgebadet hinter der Tür. Mein Herz raste vor Panik.

Vater hätte mir helfen können, doch der war zu betrunken. Für mich schien die Situation noch hoffnungsloser, als zuvor im Elternhaus.

Die Tatsache aber, dass ich keine Zeit mehr fand, für die Prüfungen zu lernen, machte mein Leben sinnlos. Gefangen, in einem goldenen Käfig wurde ich immer unglücklicher.

Einmal nahm ich all meinen Mut zusammen und beschwerte mich heftig über ihr Verhalten. Schimpfte über Mutters organisierte Besuche mit ihren alkoholisierten Geschäftsfreunden in meiner Wohnung. Das wollte ich künftig nicht mehr dulden.

Endlich volljährig, musste ich unter Beweis stellen, dass ich durchaus in der Lage bin, ordentlich einen Haushalt zu führen.

Während des Gespräches tobte Veronika:

„Du undankbare Göre, ich werde all deine finanziellen Unterstützungen einstellen, solltest du es je wagen, dich meinen Anweisungen zu widersetzen. Geschäftskunden wirst du auch weiterhin respektieren müssen, so wie ich es will!"

Für einen Moment glaubte ich, durch das neu erworbene Lebensgefühl, allein zu wohnen, angekommen zu sein. Stattdessen landete ich in einer Schlangengrube, aus der mir nur noch mit fremder Hilfe die Flucht gelang.

Eine Welle von Zorn schoss in mir hoch, der Hass auf Mutter war allgegenwärtig.

Noch stärker wurde meine Verzweiflung, zu spüren, dass in mir etwas entstand, das vom Erwachsenenerfolg vollkommen unberührt blieb.

Etwas, das ich ebenso wenig kontrollieren konnte, meine Angst!

Es war die Wut eines verängstigten Kindes, das die Gefahr des Verlassenwerdens noch immer als tödliche Bedrohung erlebt.

Es musste mir gelingen, diesen Teufelskreis zu durchbrechen und hierfür sah ich nur eine Chance. Ein Mann, einen Ehemann für mich, das wäre die Lösung.

Einer, der Veronika Grenzen aufzeigt und der stark genug ist, mich vor dieser Frau zu schützen.

Der einzige Schutz vor Mutter, denn sie ist eine Zeitbombe.

Niemals durfte ich Schwäche zeigen, daran wäre ich zerbrochen.

Doch wo finde ich ihn, wo könnte ich suchen?

Von einigen flüchtigen Tanzbekanntschaften lernte ich etwas über Literatur, Theater, Kunst und Politik. Mir kam es nicht in den Sinn, dass meine Ausbildung mir dasselbe geben könnte.

Langsam begann ich damit, mich für alles bei Männern zu entschädigen. Mir von ihnen die für mich so lebenswichtige Nahrung zu holen.

Zugleich war ich aufrichtig überzeugt davon, dass nur Männer mich vor Mutter Veronika beschützen könnten. Innerlich kindlich geblieben, suchte ich wieder die Abhängigkeit und glaubte, ohne diese nicht leben zu können.

Fortan begab ich mich auf die Suche nach meiner eigenen verlorenen Liebesfähigkeit. Traurigkeit erlebte ich als Schmerz und nur durch Weinen kam die Erleichterung. Doch meine Tränen waren nur Wut, tiefe Wut, die aus einer inneren Quelle aufstieg und durch nichts aufzuhalten war.

Kurzerhand schlüpfte ich in ein neues, anderes Leben und begegnete Bernd. Während einer Tanzveranstaltung lernten wir uns kennen. Wenn er mir dort auf der Stelle einen Heiratsantrag gemacht hätte, so hätte ich diese Möglichkeit nicht weniger eifrig erwogen, als ich es nur drei Monate später tatsächlich tat.

Während jeder vernünftige und intellektuelle Instinkt in mir ihn sofort ablehnte, schrie mein altes vergessenes Selbst:

„Ja, nimm ihn!"

Mit diesem Mann, der stärker und wertvoller schien als ich selbst, zu verschmelzen, machte ich mir zur Lebensaufgabe.

Ich wollte festhaltend und anklammernd meine Identität an ihn verlieren. Eine Überlebensmethode, die letztendlich zur Katastrophe führte.

Bernd hatte alles was Frauenherzen höher schlagen ließ. Eine große maskuline Erscheinung, die Mitgliedschaft in einem renommierten Segelclub, kannte die richtigen Leute und roch gut.

Ein sehr gepflegter, sympathischer, Geschäftsmann mit einem Traumhäuschen direkt am See. Ein Märchenprinz eben, der in der DDR singulär war und mich ganz sicher vor Mutter Veronika beschützen kann.

In Kinderbüchern enden ja bekanntlich alle Märchen glücklich. Und im Leben?

Mit traumwandlerischer Sicherheit war ich wieder in die Beziehung mit einem Alkoholiker geraten. Was ich damals nicht wusste, Bernd lebte zum Zeitpunkt des Kennenlernens abstinent.

Ich war ihm völlig hilflos ausgeliefert, hatte nie gelernt, meine wirklichen Stärken zu entwickeln. Diesem Mann wollte ich gefallen. Eine attraktive und perfekte Partnerin darzustellen, schien mir wichtiger, als authentisch und lebendig zu sein.

Bernd zeigte sich beeindruckt, aber mein wahres Ich blieb hinter einer Maske verborgen. Er sah in mir nur die zauberhafte, schüchterne und liebenswürdige Frau, die sein Leben krönte.

Fürsorglich unterstützte er mich bei den Prüfungsvorbereitungen und hielt Mutter Veronika auf Distanz.

Das machte mich euphorisch und blind vor Glück. Als er für uns dann eine große Wohnung am Stadtrand anmietete, hielt ich ihn für einen Märchenprinzen, der mich von den Fesseln der Vergangenheit befreien konnte.

Unbeschwert schloss ich meine Ausbildung ab und bezog mit ihm die erste gemeinsame Wohnung.

Was sollte mir nun noch passieren? Super Wohnung, ein Haus am See und der perfekte Partner dazu.

Mutter Veronika, samt Geschäftsfreunde, sie waren weit weg, konnten mir nichts mehr antun.

Ich vergaß darüber alles Andere. In der Hoffnung, mich nun endgültig aus der Abhängigkeit, Kontrolle und Schikanen Veronikas befreien zu können, strebte ich die Eheschließung an.

Zwei Monate später plante Mutter fiberhaft diese Märchenhochzeit. Dabei durfte ich nur Zaungast sein. Mein Bräutigam war mit seinen Firmengeschäften ausgelastet und überließ ihr die Planung in allen Details. Mutter ignorierte all meine Wünsche, einschließlich Braukleid und Hochzeitsfeier.

Sie arrangierte ein Event, nur für ihre Geschäftspartner und Freunde. Vergaß im Wahn ihrer Selbstsucht dabei völlig, dass es mein schönster Tag werden sollte. Meine besten Freundinnen wurden nicht eingeladen. Dies machte mich sehr traurig, aber heiraten wollte ich nun unbedingt!

Einen Polterabend gab es nicht, sie strich ihn einfach. Auf meine Frage:

„Mutter, warum keinen Polterabend, er ist doch Tradition?" oh, wenn Blicke töten könnten.

„Was heißt hier Polterabend, diesen feiern doch nur Proleten!"

Somit war die Diskussion vom Tisch, Veronika duldete keine Widerworte. Zum Weinen aber brachte mich die vorabendliche Vorführung meines Brautkleides. Voller Stolz führte ich es den Eltern vor. Vater strahlte sehr. Mutter Veronika kommentierte nur:

„Gib damit morgen vor meinen Geschäftsfreunden nicht so an. Du willst doch nur hören, wie hübsch du ausschaust. So wichtig bist du aber nicht!"

Tieftraurig zog ich mich zurück, hoffend auf eine bessere Zukunft.

Am Tag der Hochzeit beobachtete ich den fantastischen Sonnenaufgang, währenddessen Mutter Veronika sich stylen ließ. Sie drehte nun völlig auf und verpflichtete ein Filmteam für die Trauung.

Das Brautpaar in einer weißen Kutsche, die Nachbarn sollten vor Neid erblassen.

Die Märchenhochzeit begann pünktlich. Begleitet von schwarzen Dienstwagen ihrer Geschäftsfreunde.

Der Trauungszeremonie folgte sie eher teilnahmslos. Schließlich war Mutter stark mit der Initiierung des anschließenden Dinners beschäftigt.

Den ganzen Tag hoffte ich vergebens auf ein paar liebevolle, persönliche Worte Veronikas. Vater machte mir das wertvollste Geschenk zur Hochzeit. Obwohl Alkoholabhängig, trank er an diesem Tag keinen Tropfen.

Mutter verstand es geschickt, meinen Ehemann um den Finger zu wickeln. Beide waren sich einig, die Hochzeit wäre die beste Werbung für ihre Firmen. Sie führten noch Gespräche mit Geschäftspartnern am Tag der Trauung.

Ich war nur Zaungast auf meiner eigenen Hochzeit. Und erst die Vorfreude auf die gemeinsame Nacht, der ich so entgegenfieberte.

Doch wie enttäuschend. Bernd fiel leicht schwankend ins Bett und schlief sofort ein. Dabei grunzte er wie Tante Ellas Hausschwein!

Eigentlich war es mir egal, er beschützte mich vor Mutter Veronika, so sehr fürchtete ich sie und ihre Geschäftsfreunde.

Am nächsten Tag starteten wir in unsere Flitterwochen. Abends begrüßte uns das Schwarze Meer. Ich war zufrieden, endlich finanziell unabhängig von Veronika und liiert mit einem Mann, der sich nur für mich interessierte und keinen Alkohol trank. Dachte ich!

Wir erlebten zwei schöne Wochen am Meer. Nach unserer Rückkehr, anfänglich noch verliebt und berauscht, blieb mir Bernds zunehmende Veränderung nicht verborgen.

Er wirkte sehr nervös und gereizt. Sein Verhalten konnte ich mir erst nicht erklären. Bernd schien wohl Probleme bei laufenden Vertragsabschlüssen zu haben.

Weitere Monate nach unserer Hochzeit verliefen ruhig und recht harmonisch. Bernd übernachtete sehr oft im Haus am See, so kam es vor, dass wir uns wöchentlich nur zweimal sahen.

Ich bewohnte die Stadtwohnung, hatte meine Arbeit am Theater, konnte abends mit Freunden zusammen sein und somit Mutter Veronika entkommen.

Mein Ehemann zeigte für Theater, Oper oder Kino kein Interesse. Als verheiratete Frau konnte ich nun nicht ständig mit Freunden tanzen gehen.

Langsam kam in mir Zweifel auf, ob die überstürzte Heirat die richtige Entscheidung war.

Erneut war ich gefangen in einem goldenen Käfig. Dieser war größer, schöner und Veronika hatte dafür keinen passenden Schlüssel mehr.

Bei diesen Gedanken spürte ich Schmerz, Verzweiflung, erinnerte mich an die Worte eines Schriftstellers:

„Das Leben ist nicht das, was wir leben, es ist das was wir uns vorstellen zu leben!"

Mit neunzehn Lebensjahren begriff ich langsam, die grausamen Erfahrungen seelischer Misshandlung im Elternhaus, all das was ich erlebte, wird immer sein!

Dieser Gedanke nahm mir jeglichen Lebensmut. Aber ich wollte noch nicht sterben, fühlte mich jedoch schutzlos und allein gelassen.

Spontan fasste einen Entschluss.

Mit der Geburt eines Kindes könnte sich nun endlich mein Lebenstraum erfüllen. Ich befand mich regelrecht in einem Rausch, war besessen von der Idee, bald Mutter eines solch kleinen Wesens zu werden.

Bernd arbeitete währenddessen in seiner Firma, die im Haus involviert war und ließ mich immer öfter in der Stadtwohnung allein zurück.

Wir verbrachten meist nur noch die Wochenenden zusammen.

Mit neunzehn Lebensjahren hätte ich ein Studium beginnen, am Theater arbeiten und zeitweise die Welt bereisen können.

Blutjung hatte ich es mit allen Mitteln auf eine Schwangerschaft angelegt und auch erfolgreich in die Tat umsetzen können.

Der große Wunsch, nach einer eigenen Familie, ließ keine anderen Zukunftspläne mehr aufkommen. Als ich meinen Eltern dann die Neuigkeit offenbarte, bekam Vater vor Freude feuchte Augen. Mutter Veronika verdrehte nur ihre Augen und kommentierte:

„Oh mein Gott, du wirst schon sehen was du davon hast. Dein Leben ist nun versaut, aber warum soll es dir besser ergehen als mir?"

Trotzdem fühlte ich mich glücklich, bald nicht mehr allein zu sein. Ein Kind zu haben, es zu verwöhnen und ihm all das geben können, was ich entbehren musste.

Ich fühlte es ist ein Junge, er war stark, lebhaft und konnte es kaum noch erwarten auf die Welt zu kommen. Wann immer ich allein war, hörte ich in meinen Bauch hinein, sprach mit ihm über Ängste, Wut und Hoffnung. Er antwortete, zeigte Reaktionen, indem er ganz sanft trat und boxte.

Mein Kind beschützte mich schon im Mutterleib. Keine Furcht mehr vor Veronikas Geschäftsfreunde. Diese Herren konnten mich nun nicht mehr bedrängen.

Bernd würde das niemals zulassen, alles zum Schutz unseres ungeborenen Kindes.

Berauscht im Meer wundervoller Gefühle, konnte ich mein erstes Weihnachtsfest als angehende Mutter ausrichten. Umgeben von schönen Gedanken, die völlig neue Lebensenergie schenkten.

Einen Tag vor Heiligabend schmückte ich fast vier Stunden einen wunderbar gewachsenen Tannenbaum. Jede mundgeblasene Glaskugel bewegte ich einzeln, bis sie perfekt platziert war. Ein Kunstwerk, das bis zur Zimmerdecke ragte, um vor allem meinen Eltern zu demonstrieren, wie ich mir das Weihnachtsfest wünschte. Beim Anblick dieses Wunderbaumes ins Schwärmen gekommen, riss mich plötzlich ein polterndes Geräusch aus meinen Gedanken.

Sofort lief ich in den Flur.

Volltrunken nebst Kneipengeruch stand mein Ehemann Bernd vor mir. Lallend drückte er seine Begeisterung für den geschmückten Baum aus. Dabei verlor er das Gleichgewicht und stürzte mit voller Wucht in die Tanne.

Es berührte mich weniger, dass er dabei den neuen Farbfernseher zu Boden riss. Ich musste fassungslos mit anschauen, wie mein Weihnachtstraum zerplatzte.

Bernd, ungepflegt und albern wie ein übermütiges Kind, drückte mich weg, bestellte sich ein Taxi und fuhr zum Haus am See.

Ich jedoch stand nicht nur vor den Trümmern meines Weihnachtsfestes, viel dramatischer waren die spontan aufkommenden Gefühle, vor dem Ende meiner Ehe zu stehen.

Plötzlich war die Vergangenheit wieder all gegenwärtig. Vater alkoholkrank, Mutter kaltherzig und meine Schwester Gerda, abweisend.

An meiner Seite immer dabei, ein schweigsamer Zuhörer, die Macht ohne Bestimmungsvermögen, mein Unterbewusstsein. Es führte alle Befehle aus, ohne zu fragen.

Nur die Verantwortung für das kleine Wesen, das langsam in mir wuchs, hielt mich noch davon ab, Bernd kurzerhand vor die Tür zu setzen. Sein Verhalten schockte mich so sehr. Gleich am nächsten Tag suchte ich die Eltern auf. Als ich ihnen die Situation schilderte, weinte Vater, er fühlte mit mir. Mutter Veronika lachte hämisch und kommentierte halbherzig:

„Jetzt verstehst du endlich einmal, was ich all die Jahre durchmachen musste. Heule nicht, feiern wir eben ohne Baum, ist doch eh alles egal!"

Am Weihnachtsmorgen erschien Bernd mit einem neuen Baum und in Begleitung seiner Großmutter. Eine reizende alte Dame, die in Spanien lebte und nur an Weihnachten zur Familie reiste. Mit viel Liebe schmückte sie sofort ganz traditionell das Bäumchen.

Somit konnten wir gemeinsam mit den Eltern das Fest begehen. Diesmal standen Veronika Tränen in den Augen. Sie schien überwältigt von der harmonischen und festlichen Atmosphäre.

Auch mir blieb dieses Weihnachtsfest in Erinnerung. War es doch das erste und einzige Fest mit meinem Ehemann Bernd.

Unvergessen der schockierende Augenblick, als die kleine Frau, Bernds Omi, sich bei mir herzlich bedankte. Dafür, dass ich mit ihren alkoholkranken Enkelsohn die Ehe eingegangen bin.

Stolz erzählte sie mir, vor ihrer Ausreise nach Spanien, Bernd das Haus am See vererbt zu haben. Dort könne er doch ungestört, seine Alkoholexzesse ausleben.

Ich kannte Bernd nur als fürsorglichen Partner, nun musste ich erfahren, er führte ein Doppelleben als Alkoholiker.

Ganz klar, er ist ein kranker Mann, mit dem ich keinesfalls mein weiteres Leben verbringen wollte. Blitzschnell konnte ich mir nun viele unverständliche Situationen erklären. Wochentags allein, trank Bernd in seinem Haus. An den Wochenenden, zusammen mit mir, blieb er trocken.

Oh, mein armes, ungeborenes Kind. Was für einen Vater habe ich nur für dich ausgesucht? Wie wird wohl nun unser zukünftiges Leben verlaufen?

Fortan bestimmten diese Gedanken meinen Alltag. Schwanger, allein und am Boden zerstört, suchte ich nach einem Ausweg für uns.

Mein Zuhause, die große Wohnung, eine gute Basis, um mich erst einmal auf die Geburt vorzubereiten. Bernd lebte währenddessen im Haus und führte dort seine Firmengeschäfte. Die Wochenenden verbrachten wir gemeinsam in der Stadtwohnung. Seit dem Tag, als er volltrunken meinen Weihnachtstraum zerstörte, verlor ich jeglichen Respekt vor ihm.

Den sexuellen Kontakt verweigerte ich fortan. Diese Grenze musste ich überschreiten, um frei zu sein.

Bernd trank unkontrolliert weiter.

Mein Ehemann war die billige Kopie meines Vaters. Alberte herum, sprach nur Unsinn, bis er schwankend ins Bett fiel. Eine sehr schwere Zeit für mich, zumal die Schwangerschaft mich stark einschränkte.

Doch dann war es endlich soweit. Mutter Veronika arrangierte alles für die Entbindung, die durfte natürlich nur im Polizeikrankenhaus erfolgen. Die Geburt eines gesunden Sohnes, ließ mich die schlimmen Ereignisse der Vortage kurzzeitig vergessen. Nach zwei Wochen Klinikaufenthalt wollte ich stolz meinen Sohn Roland der Familie vorstellen.

Leider zeigte Mutter kein Interesse an ihrem Enkelkind. Sie wollte Roland nicht sehen und verbot auch Vater den Besuch. Dies schmerzte mich sehr, dennoch lieber keine Großmutter als Veronika.

Roland war ein Bilderbuchbaby und mein ganzes Lebensglück. Voller Euphorie glaubte ich, für immer das Glück an meiner Seite zu haben.

Ein ganz normaler Abend, Roland hatte gerade seine achte Lebenswoche erreicht, als mein Ehemann, volltrunken die Wohnung betrat.

Ein unverkennbarer Kneipengestank von Bratkartoffeln, Qualm und Bier, löste bei mir sofort Brechreiz, Abneigung und Ekel aus.

Todunglücklich zog ich mich ins Schlafzimmer zurück. Einschlafen konnte ich nicht, spürte meinen rasenden Herzschlag bis zum Hals.

Kurz darauf erschien Bernd im Schlafzimmer. Taumelnd ging er zu Bett. Er fand natürlich keinen Schlaf, hatte zu viel getrunken.

Ich weiß nicht was in ihm vorging, als er aus seinem Bett wankte, sich im Alkoholrausch über das Babykörbchen beugte, um darin zu erbrechen!

Mein Baby schrie und drohte zu ersticken.

Roland war von Kopf bis Fuß mit Erbrochenem besudelt und bekam starke Atmungsprobleme.

Sofort rief ich den Notarzt.

Nur eine Mutter kann nachempfinden, was ich in dieser Situation fühlte. Ein Kind, neun Monate im Bauch getragen, gehofft, gebangt und gebetet das alles gut geht, es gesund ist. Unter wahnsinnigen Schmerzen geboren und dann kotzt so ein versoffener Kerl in sein kleines Gesicht.

Ich, hilflos und ohnmächtig vor Angst, das kleine Wesen erstickt daran. Unkontrollierbare, aufkommende Wut in mir, mein Blick ging zum Sideboard. Da stand ein Messerblock aus Japan. Die Klingen versehen mit außergewöhnlicher Schärfe…!

Ich warf Bernd einen Blick zu, so alkoholisiert er auch zum Zeitpunkt noch war, diesen Blick konnte er deuten. Im Schlafanzug bekleidet, verließ er fluchtartig unsere Wohnung. Dann erschien auch schon der Notarzt. Zufällig ein Kinderarzt und untersuchte Roland sehr gründlich. Er beobachtete mein Baby eine Zeit lang und gab dann Entwarnung.

Wir spürten eine intensive Sympathie füreinander. Nach Dienstschluss, erschien mit einem Schlüsseldienst, um das Schloss der Eingangstür auszuwechseln.

Am nächsten Tag reichte ich umgehend die Scheidung ein.

In der DDR war das kein Problem. Man ging zum Gericht, füllte einen Antrag aus, zahlte ca. siebzig Ostmark und erhielt den ersten Gerichtstermin.

Fast alle Frauen waren berufstätig, verfügten über eigenes Einkommen und waren somit auch ökonomisch unabhängig vom Partner. Dieser Staat schützte Mutter und Kind in jeder Lebenssituation.

Ein Markenzeichen dieser Frauen, sie führten ihr Leben selbstbestimmend. Das war nur möglich, weil die Kinder in betriebseigenen Einrichtungen, Schulhorten, ganztags betreut wurden. Diesen Frauen wurde im Falle einer Scheidung, Sorgerecht, Wohnung und Vermögen zugesprochen.

Der Staat benötigte Arbeitskräfte und die bekam er nur, wenn Mütter ihre Kinder gut betreut wussten.

Die DDR verzeichnete die höchste Scheidungsquote der Welt! Eine Ostdeutsche Frau ging einfach, wenn es mit der Liebe nicht mehr klappte!

Aber nicht mein noch Ehemann Bernd. Er, als leitender Angestellter einer Dienstleistungsfirma tätig, lies sich nicht so einfach vor die Tür setzen.

Mir blieb keine Wahl, aus diesem Lebensmuster musste ich raus. Zum damaligen Zeitpunkt standen mir nur wenige finanzielle Mittel zur Verfügung. Ich trug allein die Verantwortung für dieses kleine wundervolle Wesen.

Die Lösung lag nah, ich bat Mutter Veronika um Hilfe und Unterstützung. Doch die Aktion war ein Griff ins Klo. Voller Schadenfreude drohte sie damit, bei Aufrechterhaltung der Scheidungsklage, uns jegliche finanzielle Unterstützung zu versagen. Enterben würde sie mich auch und sofort das Testament korrigieren.

Ein Pflichtteilrecht gab es im Osten nicht für wirtschaftlich selbständige Kinder. Im Osten erbte man anders, weil er deutlich ärmer war.

Wie hilflos fühlte ich mich. So banal es auch klingen mag, Enttäuschung und Wut bauten innere Stärke auf.

Stephan, der Kinderarzt, wir fühlten uns durch private Berührungspunkte schon ziemlich eng verbunden.

Hingegen machte ich meinen noch Ehemann Bernd unmissverständlich klar, alle Fotos vom Noteinsatz umgehend an seine Dienstelle zu adressieren. Sollte er die beabsichtigte Scheidung verhindern. Eine Ehe, wie die meiner Eltern, wollte ich um jeden Preis vermeiden.

Zu allem fest entschlossen, kämpfte ich mit ganzer Kraft meine Scheidung durch und konnte das Gericht von der Notwendigkeit der Trennung überzeugen.

Nach nur einer Verhandlung wurde das Urteil, vor allem im Interesse des Kindes, sofort rechtskräftig.

Blutjung, glücklich geschieden und ein süßes Baby, hoch motiviert packte ich mein neues Leben an.

Mutter Veronika machte ich den Vorwurf, dass sie mich immer in meiner Not und Verzweiflung allein ließ.

Sie drängte mich förmlich in diese Ehe, um endlich das zu erhalten, was sie mir nie geben konnte und mit Geld nicht zu ersetzen war.

Die Erfahrung hat mich gelehrt, dass mit der Geburt eines Kindes, nicht all meine Träume, die ich ersehnte, erfüllt wurden.

Als ich aber zu der Erkenntnis gekommen war, durch diese Eheschließung auf einen schäbigen Handel eingegangen zu sein, verwandelte sich mein Zorn in rasende Wut.

Diese Wut, die eine Folge der Überidealisierung der Ehe, als Lösung für all meine Pläne war, eröffnete mir auch gleichzeitig neue Zukunftsperspektiven.

Positiv wirkte sich diesbezüglich meine Ausstrahlung aus, Menschen von meinen Ideen und Vorhaben zu überzeugen. Sie boten mir ihre volle Unterstützung und Hilfe an.

Nach der Scheidung begann ich eine kaufmännische Ausbildung. Besuchte täglich Abendseminare an einer Fachschule, die Voraussetzung für mein BWL-Studium. Mutter versagte auch weiterhin ihre Unterstützung, sie wollte meine Rückkehr erzwingen.

Es kostete sehr viel Kraft, uns mit wenig Unterhalt durchzubringen. Aber Not macht ja bekanntlich erfinderisch.

Unterstützung fand ich bei der Babybetreuung durch ältere Damen der Nachbarschaft. Ich half ihnen beim Hausputz und erledigte Einkäufe, dafür betreuten sie liebevoll Baby Roland. Sie strickten Kleidung und kochten frische Speisen für ihn. Er hatte viele liebe Omis, die auf ihn achteten, währen ich Abendseminare besuchte.

Monatlich standen uns ganze zweihundertachtzig Ostmark zur Verfügung. Davon zweihundert Unterhalt für Roland und achtzig vom Staat für mein Seminar.

Vermögende Eltern, eine politisch sehr einflussreiche Mutter, ein alkoholkranker Exmann, ich musste schnellstens handeln.

Denn in der DDR klafften Anspruch und Wirklichkeit bezüglich Sozialleistungen, sehr weit auseinander.

Meine Lebensphilosophie passte nicht in diesen Staat.

Mutter Veronika, Agentin der Stasi, Bernd in ähnlicher Institution tätig, sich von diesen Menschen zu trennen, bedeutete Selbstmord auf Raten.

Dennoch fühlte ich, die richtige Entscheidung für uns getroffen zu haben.

Die Affäre mit dem Kinderarzt Stephan beflügelte mich zusätzlich und schaffte den nötigen Ausgleich zum Alltag mit Kind und Studium.

Affären haben immer etwas Verruchtes an sich - warum eigentlich? Man genießt die gemeinsame Zeit genauso wie die eigenen Freiheiten. Stephan kam nur unter der Woche zu uns, er hatte eine Familie.

Roland gewöhnte sich langsam an ihn. Ich, nur eine Geliebte, die im „Wartezimmer" sitzt und immer als letzte dran kommt.

Nein, ich wollte keine billige Kopie, ich wollte einen Mann, der Roland auch ein guter Freund sein konnte.

Den Jahreswechsel verbrachte ich mit meinem Sohn allein. Da entstand die Idee, einen bekannten und sympathischen Geschäftsfreund Veronikas, einmal persönlich zu kontaktieren.

Ein Versuch war es Wert, ihn um Unterstützung und Hilfe zu bitten.

Was für ein toller Mensch, nach Neujahr saß ich dann bereits in seinem Büro. Diesen Mann, Generaldirektor eines großen Kombinates, berührte meine Lebensgeschichte sehr. Er versprach sofort Hilfe.

Kurz darauf stellte er mir eine Planstelle im ökonomischen Bereich seines Kombinates zur Verfügung. Mein kleiner Sohn Roland erhielt einen Wochenkrippenplatz. Den genehmigten Mietvertrag für die betriebseigene Neubauwohnung, legte er noch dazu. Beides in Nähe des Kombinates und direkt am See gelegen.

Ein Lebenstraum ging in Erfüllung! Wahnsinn!

Dieser Mann, ich nenne ihn Friedrich, ermöglichte uns bedingungslos eine positive Zukunftsperspektive.

Die ersten Umzugskisten waren schon gepackt. Viele Omis der Nachbarschaft halfen dabei so gut sie konnten. Für fröhliche Stimmung sorgte ein Kräuterlikör, der immer griffbereit war.

Wir umarmten uns spontan, weinten manchmal vor Freude. Ich hatte keinen Partner, Roland sah seinen Vater kaum, aber ich konnte endlich unser Leben selbstbestimmend planen.

Ein Gefühl von Sicherheit und überzeugt davon, Mutter Veronika hätte nun absolut keine Chance mehr, in ihrer selbstzerstörerischen Art eingreifen zu können.

Dachte ich. Doch dann begann ein Alptraum, der mein Leben total veränderte.

Mutter erfuhr von meinen Absichten. Sie ließ sämtliche Telefonate mitschneiden und negierte sofort alle Pläne.

Friedrichs väterliche Fürsorge, löste bei ihr odiöse Rivalität aus.

Er war unbestritten ein sehr charmanter Mann, für mich jedoch nur ein wundervoller Vaterersatz!

Intuitiv spürte ich, dass zwischen Mutter und Friedrich etwas Mystisches herrschte, sie zeigte Eifersucht.

Erst viel später erfuhr ich, sie führten seit Jahren eine Affäre.

Meine Chance, mit Roland in eine sichere Zukunft zu starten, wurde vom Hass meiner rivalisierenden Mutter verhindert.

Als clevere Geschäftsfrau mit guten politischen Kontakten, nahm sie einen Vorfall aus Friedrichs Vergangenheit zum Anlass, ihn zu erpressen.

Dieser dunkle Punkt setzte oberste Priorität, und erzwang somit den sofortigen Rückzug all seiner bisherigen Aktivitäten für Baby Roland und mich.

Friedrich hatte nach Kriegsende eine „Straftat" begangen und Mutter Veronika drohte ihm, umgehend die Staatssicherheit zu informieren, sollte er uns weiterhin Hilfestellung leisten.

Eines Abends stand er dann plötzlich vor meiner Wohnungstür. Noch nie in meinem Leben habe ich einen Menschen so verzweifelt erlebt, er weinte.

Friedrich schien um Jahre gealtert, erzählte mir alles über den Vorfall und sein Vergehen.

In meinen Augen hatte er damals nur seine kleine Familie beschützen wollen. Doch ein Urteil steht mir nicht zu – ich schweige.

Beim Abschied drückte er mir einen Briefumschlag in die Hand, darin befanden sich fünftausend Ostmark.

Was für ein großherziger Mann.

Tragisch verstarb er sechs Monate später an einem Herzinfarkt. Ich habe Friedrich nie vergessen. Er war ein Philanthrop!

Mutter schaffte es erneut, meine Zukunftspläne zu zerstören. Ich wusste nicht mehr weiter. Kein Krippenplatz und was passiert mit dem Studium?

Die Verantwortung für Baby Roland, kein Mensch konnte mir helfen.

In diesem Staat musste ich gehorchen und funktionieren. Mit einer Mutter als Agentin bei der Staatssicherheit, gab es keine andere Möglichkeit.

Unerträglich war für mich die Tatsache, meiner Vergangenheit vielleicht niemals entfliehen zu können.

Mutter Veronika war ein Teufel und keiner von der Kinderbuchseite. Sie war abgrundtief böse!

Seit diesem unmenschlichen Ereignis, sprach ich Mutter Veronika nur noch mit Vornamen an.

Ich habe sie innerlich sterben lassen!

Friede, Liebe und Wohlwollen konnte ich fortan für diese Frau nicht mehr empfinden.

Veronika zerstörte all meine Zukunftspläne, und die meines Kindes, aber das persönlich Wertvollste, meine Willenskraft, konnte sie nicht brechen!

Blutjung mit einem Säugling im Arm arbeitete ich an einer neuen Überlebensstrategie. Denn irgendwann ziehen die Bilder meines Lebens als Film an mir vorbei und ich musste schauen, dass er interessant wird.

Schon damals war mir bewusst, es führt kein Lift zum Erfolg, man muss die Treppe nehmen. Manchmal bedarf es eben außergewöhnlicher Umstände, damit man erkennt was wirklich wichtig ist.

Schwäche zu zeigen, hätte mich zerbrochen. Nein, ich begann den Kampf mit der ältesten aller Waffen:

List und Entschlossenheit.

Ich entwickelte mich zur Femme fatale!

Politisch eine raffinierte Intrigantin.

Macht, die Summe starker weiblicher Persönlichkeit.

In der Erotik eine sexuell hyperaktive und zügellose Liebhaberin, die ihre Bedürfnisse und Phantasien exzessiv auslebte.

# Meine zweite Eheschließung mit Jochen - die Geburt unserer Tochter Nicole

Ich habe immer mit meinen Träumen gelebt und versucht, sie zu realisieren. Die Eltern waren kein Vorbild für mich, sie konnten mir dabei nicht helfen, eine selbständige Frau und gute Mutter zu werden.

Meine größte Angst war, durch die Scheidung die alleinige Verantwortung für mein Kind aufzugeben und zu meinem Ausgangspunkt zurückzufallen.

Diese Entwicklungsstufe hätte auch eine Rückkehr zu Mutter Veronika zur Folge, die durch ihr Handeln erneut versuchen würde, mein Selbstvertrauen zu untergraben.

Keinesfalls wollte ich zum Opfer meiner Eltern werden oder wiederholt masochistische Beziehungen zu alkoholkranken, dominierenden und egoistischen Männern eingehen.

Meine Befürchtungen, eines Tages an einem Platz aufwachen zu müssen, den ich niemals angestrebt habe, verfolgten mich noch nachts im Traum. Als alleinerziehende Mutter hatte ich große Angst davor, in diesem Verhaltensmuster gefangen zu sein.

Meine noch sehr junge Unabhängigkeit bot mir Beziehungsalternativen, die auch ausprobiert wurden. Jedoch enthielten sie auch immer ein allzu großes Gefahrenmoment. Ein oder zwei Monate machten sie Spaß, waren aber nicht stabil genug, um ein Leben lang zu halten.

Alle Beziehungen endeten enttäuschend, weil ich immer davon ausgegangen war, dass ich das, was ich so schmerzlich im Elternaus vermisste, bei meinen Partnern finden würde.

Rasch nahmen die Beziehungen süchtigen Charakter an. Manchmal griff ich sogar zum Alkohol, Nikotin oder Schmerzmittel, um Wut und Enttäuschung zu unterdrücken. Sehr Gefährlich!

In den Monaten des Alleinseins hatte ich Zeit und Gelegenheit, ein Gefühl dafür zu bekommen, wo meine Probleme lagen.

Oberflächlich experimentierte ich mit Männern in unterschiedlichen Beziehungsmustern.

Verliebt zu sein, entwickelte sich zur Gewohnheit. Obwohl ich vorerst nicht heiraten wollte, spürte ich einen psychologischen Zwang, jede Liebe für ewig zu halten.

Ich wollte nicht unbedingt einen Ehemann, sondern suchte hauptsächlich den väterlichen Freund für Roland.

Das, was ich von einem Mann erhoffte, konnte ich nicht bekommen. Warum? Ich klammerte mich an den jeweiligen Partner mit einer Art Wahnsinn und vermittelte ihm somit das Gefühl der Pflichttreue, Unausweichlichkeit und Angst.

Hinter jeder Liebe stand Angst vor Verlust. Nie habe ich erfahren und gelernt, dass es eigentlich genügend von allem gibt, genügend Erfolg, Freunde und Liebe.

Die unglücklichen Beziehungen nach der Scheidung haben all meine Hoffnungen auf eine harmonische Partnerschaft in Liebe und gegenseitiger Wertschätzung zerstört.

Dennoch fühlte ich mich viel zu jung, um mit Roland allein zu bleiben. Mein Alltag bestand hauptsächlich darin, mit ihm die Spielplätze unserer Wohnanlage aufzusuchen, mittags frische Malzeiten zubereiten und abends ging's zur Fachschule.

Die einmalige Chance, meiner Vergangenheit durch ein Studium, verbunden mit Wohnungswechsel in eine grüne Oase am Wasser zu entfliehen, hatte Mutter Veronika verhindert.

Dies konnte ich ihr mein Leben lang nicht verzeihen!

Ich musste sofort handeln, die Verantwortung für meinen Sohn Roland, zwang mich förmlich dazu. Seine kleine Kinderseele musste ich schützen, denn Veronika war eine Hexe, auch keine von der Kinderbuchseite, sie war abgrundtief böse.

In einer der vielen schlaflosen Nächte kam mir die Idee, eine Heiratsannonce aufzugeben. Darin sah ich die Chance, einen Mann kennenzulernen, der uns vor Veronika beschützt.

Ich wollte studieren, nun musste der Richtige her, der mich darin bestärkt, vor allem aber auch die dafür notwendige fachliche und soziale Kompetenz besitzt.

Roland konnte ich nicht den Vater ersetzen, oft schaute er traurig zu, wenn andere Papis mit ihren Kindern herumtobten und spielten.

Es tat unglaublich weh, ihn so zu erleben. Ich wollte auch einen Vaterersatz für ihn, spontan gab ich die Annonce auf. Diesmal sollte es ein Akademiker sein, der Roland ein fürsorglicher Freund und mir ein toleranter Partner ist.

Für mich war in jeder Beziehung eine gute Konversation wichtiger als Sex. Ein fataler Fehler. Welch überragenden Stellenwert Sex in einer wirklich gut funktionierenden Beziehung hat, erlebte ich erst 40 Jahre später!

Der Gang zur Anzeigenannahme war für mich problematischer als der zum Gericht, um die Scheidung einzureichen.

Angekommen, wurde ich sogleich von einem kompetenten Mitarbeiter freundlich beraten.

Er verfasste eine charmante und ausdrucksstarke Annonce für die Rubrik Heiratsgesuche.

Zwei Wochen nach Veröffentlichung in der Presse, suchte ich erneut die Redaktion auf. Mit Lampenfieber wie vorm ersten Rendezvous, hoffte ich auf interessante Zuschriften.

Als man mir bestätigte, dass bereits hunderte Antwortschreiben im Postfach lagen, hatte ich ein gutes Bauchgefühl, auf den richtigen Partner zu treffen.

Am Abend machte ich die Annoncenauswertung zum Ritual.

Bei einem Glas Rotwein, begleitet von Mozart-Symphonien, wurden dann die vielen Briefe geöffnet.

Welch ein Spaß bei der Postbearbeitung. Eine Erfahrung die mir noch heute ein Lächeln ins Gesicht zaubert. Da hinter jeder Zuschrift ein Schicksal stand, antwortete ich höflich und respektvoll. Alle wurden berücksichtigt, auch jene, die kein Interesse erweckten.

Fast eine Wissenschaft, es war so spannend. Gegensätzlich zum Buch (Unzensiert-Online-Dating), das vierzig Jahre später veröffentlicht wurde. Zwischen beiden Kennlernmustern lagen Welten. Schnell demaskierte ich die Profis unter den Bewerbern.

Einige Herren lockten gleich mit einem romantischen Wochenendurlaub. Ihre Bedingung, vorerst ohne Roland zu reisen. Diese Sorte Bewerber ließ ich gleich abblitzen.

Den Grandcharmeuren unter ihnen gelüstete es nach einem erotischen Beisammensein in einem Saunaclub. Diese Briefe gingen postwendend retour, mit der Anmerkung:

„Mein besorgter Blick auf Ihr fortgeschrittenes Alter, lässt vermuten, eine Nacht mit mir, wäre sicher Ihre letzte!"

Derartige Zuschriften machten mich wütend, ich suchte einen Ehemann und keinen Playboy.

Sehr bewegt haben mich Briefe aus dem Strafvollzug. Diese Männer standen kurz vor ihrer Entlassung und hofften auf familiären Anschluss. Ihnen sendete ich ein paar freundliche Zeilen. Der tragische Brief eines Herrn berührte mich sehr. Kurz hintereinander verlor er Frau und Kind, beide durch eine schwere Erkrankung. Dieser Mann kam mit seinem Leben nicht mehr zurecht. In einem sehr ausführlichen Brief schilderte ich ihm, dass auch mein Leben zeitweise sehr dramatisch verlief, ich aber erkannte, dass jeder überstandene Schicksalsschlag die eigene Persönlichkeit auch stärken kann.

Nach Monaten übersandte mir die Redaktion der Regionalzeitung einen Brief von ihm. Darin teilte er mit, jetzt in einer sehr glücklichen Beziehung zu leben, und dankte nochmals in aller Form.

Hinter jeder Zuschrift stand ein Menschenschicksal. Ein Grund dafür, sie sehr ernst zu nehmen. Den meisten Herren antwortete ich gleich postalisch. Telefonische Kontaktaufnahme führte zu keinem positiven Ergebnis. Ganze fünf Zuschriften erweckten näheres Interesse. Diese Herren, meist Akademiker aus unterschiedlichen Berufszweigen, wollte ich näher kennenlernen.

Nummer fünf, Frank, Geschäftsführer eines großen Unternehmens. Hochschulabschlüsse, Auslandseinsätze, zierten sein aussagekräftiges Profil.

Er suchte eine liebevolle, einfühlsame Partnerin mit exzellentem Auftreten, sehr gern auch mit Kind.

Zur obersten Priorität erklärte er die Bereitschaft, ihn professionell bei der Kundenakquise zu unterstützen. Dafür müsse die Dame im Besitz eines Führerscheines sein. Das wiederum erweckte nun spontan meine weibliche Neugier.

Diesen so „hochgebildeten" Geschäftsführer wollte ich dann auch schnellstmöglich kennenlernen.

Wenige Zeit später, im Gepäck klein Roland, ging die Reise los.

Wir fuhren mit einem Taxi, da sein Haus ziemlich einsam am Waldrand gelegen war. Roland gefiel die gespenstige Gegend, er wollte sofort Räuber und Gendarm spielen. Mir erschien das ganze unheimlich. Nachdem nun auch noch der Taxifahrer bemerkte: „Also, hier möchte ich nicht einmal Tod übern Zaun hängen!" Mir verging dabei das Lachen.

Endlich angekommen, stand erwartungsvoll hinter dem schmiedeeisernen Eingangstor eine große schwarze Dogge und starrte uns prüfend an.

In der Dämmerung hätte man sie für ein Kalb gehalten.

Oh je, wo waren wir nur gelandet?

Besaß ich doch keinerlei Erfahrung mit Annoncenbekanntschaften und man weiß ja nie…!

Als dann aber eine sehr freundliche Hausdame uns entgegen kam, steuerte mein Puls wieder in den normalen Modus.

Beim Betreten der Villa, begrüßte uns Frank, eine gepflegte Erscheinung im schwarzen Anzug.

Es war unverkennbar, mit seiner Wahl schien auch er sehr zufrieden. Für Roland stand ein rotes Tretauto bereit, sogleich gewann Frank die volle Sympathie des Jungen.

Nach gemeinsamem Kaffeetrinken führte er uns durch sein stilvoll eigerichtetes Haus. Ich war von den vielen positiven Eindrücken überwältigt.

Ein großes, beheiztes Schwimmbecken mit freiem Blick in die pure Natur, ließ ganz bestimmt keine Langeweile aufkommen. Sicher hätte sich in diesem Ambiente so manche Frau am Ziel ihrer Träume gesehen. Ein wunderbarer Ort für einen Neubeginn.

Als wir eine breite Marmortreppe zum Kellergewölbe hinunter gingen, schlug meine weibliche Intuition spontan Alarm.

Ich begann Fragen zu stellen.

„Frank, das ist ja eine ungewöhnlich große Treppe, wohin führt diese eigentlich?"

Peinlich berührt über meine Frage, antwortete er unsicher.

„Zu den Geschäftsräumen ins Souterrains."

Beim Runtergehen vernahm ich plötzlich die zunehmende Kälte. Wir betraten einen Raum mit Kerzenleuchtern und stoffbespannten Wänden.

„Bitte Frank, mich interessiert jetzt sehr, welche Funktion hat dieser Raum?"

In seiner gewohnt charmanten Art delegierte er mich darauf sanft zum Ausgang.

„Später meine Liebe, ich zeige dir erst einmal die Büroräume, in denen du vielleicht zukünftig arbeiten wirst."

Aus dem Staunen kam ich nicht mehr heraus, an zwei breiten Eisentüren schritten wir schnell vorbei.

Mein Bauchgefühl reagierte stark und signalisierte Gefahr.

Wir gingen wieder zurück ins Obergeschoss.

Derweil Roland in Gesellschaft mit Hausdame und Dogge den Garten unsicher machte, lüftete Frank sein Berufsgeheimnis.

Er, ein Bestattungsunternehmer, überführt aus der ländlichen Umgebung, Verstorbene zum „Einbetten und Kühlen" in die Kellerräume seiner Villa.

Anschließend werden sie dann zur letzten Ruhestätte geleitet. Im Rahmen einer Erd-, Feuer-, Baum-, oder Seebestattung.

Nach dieser Verkündung war auch ich leichenblass. Bei allem Respekt vor Verstorbenen, allein der Gedanke mit Roland in dieser Villa (Bestattungsinstitut) zu leben, brachte mich an meine Grenzen.

Ich wollte schnellstens weg. Für ein paar Worte musste die Zeit jedoch noch ausreichen.

„Frank, wir werden jetzt auf schnellstem Wege das Haus verlassen. Der Grund ist nicht deine Tätigkeit, im Gegenteil, ich habe großen Respekt vor dieser Leistung. Die Methode, mit welcher du Heiratskandidatinnen avisierst ist wirklich unglaublich!"

Er reagierte mit einem impertinenten Grinsen. Das machte noch wütender. Und dann erst seine Antwort.

„Weshalb, Regina, bis heute hat es gut funktioniert, nur gefielen mir deine Mitbewerberinnen nicht. Du bist eine interessante, mystische Frau und deinen Sohn hast du sehr gut erzogen, Respekt."

Es reichte mir nun endgültig. Wortlos schnappte ich Roland und ging. Zornig warf Frank uns noch das rote Tretauto nach.

Schau an…, cholerisch war er also auch noch. Allein die Vorstellung, hier müsste Roland aufwachsen, ließ mich frösteln. Als wir kurz darauf ins Taxi stiegen, schaute ich nicht einmal mehr zurück.

Sehr enttäuscht über das erste Zusammentreffen per Annonce, tröstete ich mich gedanklich aber schon mit Interessenten Nummer vier. Michael, ein Doktor der Chemie mit Lehrstuhl an einer Universität. Der passte sehr gut in mein Beuteschema.

Dreihundert Kilometer trennten uns. Hier könnte die Beziehung vielleicht an der Geographie scheitern. Nach mehreren Telefonaten lud uns Michael zum Kennenlernen in sein Haus ein. Er lebte noch mit seiner Mutter Hildegard zusammen.

Ich zog es lieber vor, mit Roland in ein nahegelegenes Hotel einzuchecken.

Am frühen Nachmittag holte er uns dort mit dem Auto ab und wir fuhren zum Haus. Welch ein Schreck, bei Kaffee und Kuchen, begrüßte uns gleich die gesamte Familie. Dies löste vor allem bei mir ein leichtes Unbehagen aus, aber die offene Herzlichkeit aller Familienmitglieder war entspannend.

Während eines ungestörten Momentes gestand ich Michael, nicht gerade über gute Kenntnisse in Naturwissenschaften zu verfügen. Auch würden uns nur wenige Interessengemeinschaften verbinden. Seine Reaktion schockte mich dann total.

„Mädchen, lass es uns doch erst einmal versuchen. Meine baldige Versetzung an eine Universität deiner Stadt, steht demnächst an. Folglich könnte ich bei dir wohnen. Hätten Zeit, uns näher kennenzulernen."

Seine Worte machten mich sehr wütend. Dreihundert Kilometer mit Kind gefahren zu sein, nur um einen Chemiker in Berlin eine Wohnmöglichkeit zu bieten.

Ja, eine schöne Wohnung in der Hauptstadt war hier eher das Objekt seiner Begierde.

Unglaublich, aber ich sah es positiv. An Erfahrung reicher und dabei ein romantisches Städtchen erkundet, fuhr ich mit Roland zurück nach Berlin.

Er strahlte, hatte er doch schon wieder ein tolles, großes Spielzeug bekommen. Am Abend glücklich zu Hause angekommen, nahm ich gleich telefonischen Kontakt zu meinem Auserwählten Bewerber Nummer drei auf. Wolfgang, ein älterer Kinderarzt aus dem Berliner Umland. Ein Mediziner in der Familie kann nur von Vorteil sein. Während des Telefonates verkündete er überraschend, auch Vater eines Sohnes zu sein.

Kein Problem für mich, doch was er dann von sich gab, ließ mich aufhorchen. Seinen Sohn, der bereits die vierte Schulklasse besucht, müsse er immer an den Wochenenden beaufsichtigen, da seine Exfrau im Service tätig sei.

Wolfgang bestand darauf, dass unsere Treffen nur wochentags stattfanden. Aja, und während er mich besuchte, sollte Roland zu den Großeltern, damit wir das Kind nicht überfordern. Was ging da nur in den Köpfen „moderner" Männer vor?

Also, diese Einstellung bereitete mir fast psychische Probleme. Der Mann wollte keine Familie, sondern eine Affäre mit Komfort und das kostenfrei. Wolfgang bekam postwendend die richtige Antwort. Wir haben nie mehr etwas von ihm gehört.

Meine Hoffnung schwand stetig, standen doch nur noch zwei Interessenten zur Wahl. Das Beste zum Schluss und auch diesbezüglich hatte mich mein Bauchgefühl nicht getäuscht.

Nummer zwei. Clark, ein Pilot mit französischem Pass und wahnsinnig interessant. Vor unserem ersten Treffen schickte er einen Strauß bunter Rosen, verbunden mit Einladungskarte für die Oper. Das entsprach ganz meinem Geschmack.

Den älteren Damen, meine treuen Helferinnen, gefiel dies sehr, sie freuten sich mit mir.

Seit langer Zeit einmal wieder glücklich, konnte ich mich für die Oper stylen und in Chanel gekleidet meinen großen Auftritt genießen.

Ob er bewusst Puccinis Madame Butterfly wählte? „Die tiefe Liebe einer japanischen Geisha zu einem amerikanischen Offizier der Marine. Für ihn eher nur eine unterhaltsame Affäre. Als Butterfly die Wahrheit erfährt, erdolcht sie sich…"

Einen zauberhaften Opernabend mit anschließendem Candle-Light-Dinner muss eine Frau erleben. Es ist Balsam für die Seele und stärkt das Herz, ganz gleich wie man am nächsten Morgen darüber denkt!

Clark flog die größten Maschinen weltweit und landete auf allen internationalen Airports. Meist sahen wir uns nur für Stunden zwischen den Flügen und dann wochenlang gar nicht.

Er wollte mit mir die Welt bereisen, dabei sollte ich ihn auf all seinen Flügen rund um den Erdball begleiten. Für mich ein wundervoller Gedanke. Wir verstanden uns blind, vertrauten und respektierten den anderen in seiner Einzigartigkeit.

Er organisierte für Roland einen Babysitter. Wünschte sich, dass ich ihn an jedem Zielflughafen den er anflog, bereits am Gate erwarte.

Eine Partnerschaft, in der Zuverlässigkeit und Vertrauen oberste Priorität haben. Zwischen uns stimmte die Chemie. Ein Familienvater wäre nie aus ihm geworden. Als alleinerziehende Mutter trug ich allein die volle Verantwortung für meinen Sohn. Die fürsorgliche Begleitung durch seine Entwicklungsstufen wollte ich um keinen Preis einer fremden Person überlassen. Kannte ich doch genau das demütigende Gefühl, von fremden Menschen Liebe und Zuneigung erbetteln zu wollen.

Meine Meinung änderte sich auch nicht, als Clark ein Schweizer Internat in Betracht zog. Schweren Herzens trennte ich mich daraufhin von meinem Piloten.

Ohne Roland wollte ich nicht im Schatten eines sehr engagierten Flugkapitäns zwischen Kontinenten jetten.

Um aus meiner Traurigkeit, meinem Zweifel, richtig entschieden zu haben, auch wieder herauszukommen, kontaktierte ich sogleich die Nummer eins meiner Zuschriften.

Jochen, ein Ehegeprüfter und diplomierter Aspirant der Wirtschaftswissenschaften.

Am Telefon wirkte er sehr sympathisch. Mutig lud ich ihn gleich in unsere Stadtwohnung ein. Diesmal verlief alles anders. Pünktlich zum verabredeten Zeitpunkt stand Jochen mit Blumen und Spielzeug vor unserer Wohnungstür. Was für eine gute Entscheidung.

Roland nahm gleich Jochens Hand und führte ihn sofort in sein Kinderzimmer. Beide spielten gefühlte Stunden mit der Eisenbahn.

Dies ließ mein Mutterherz sofort höher schlagen. Jede Mutter ist stolz auf ihr Kind. Mein kleiner Roland war ein Bilderbuchkind, das sich so sehr einen Papa wünschte. Als Jochen auch noch erklärte, dem Jungen solang seine Aufmerksamkeit zu schenken, bis ich ihn zu Bett bringe, kämpfte ich mit den Tränen.

In mir kam sofort das Gefühl auf, endlich den richtigen Mann für eine Familiengründung gefunden zu haben.

An diesem Abend führten wir bis weit nach Mitternacht interessante Gespräche.

Seine souveräne, ruhige und ausgeglichene Art imponierte mir sehr. Doch ich hatte erneut einen gravierenden Fehler begangen. Habe mir keine Zeit lassen können, unserer noch so jungen Beziehung, Raum zu geben, um langsam zu wachsen.

Besessen und getrieben vom Wunschgedanken einer perfekten Familie, steuerte ich zielstrebig ins nächste Ehedrama!

Jochen lud uns in seine Neubauwohnung ein. Drei Zimmer, direkt an einem großen Park gelegen, wir waren beeindruckt.

In Bad und Küche fiel mir gleich auf, das viele Dinge aus dem Westen stammten. Genau wie in meinem Elternhaus. Aber woher hatte er diese Sachen? Sogar Aufzeichnungsgeräte, Musikkassetten und diverse Fachbücher. Jochen erzählte mir, dass er in einem Ministerium tätig wäre und dort auch entsprechende Einkaufsmöglichkeiten vorhanden seien.

Ich dachte nur, super der perfekte Mann für mich, den wollte ich sogleich den Eltern vorstellen.

Vater war von meinem zukünftigen Ehemann vollends begeistert.

Veronika zeigte ganz deutlich ihr nichtauthentisches Verhalten als Liebe verkleidet und bereitete mir damit die schlimmsten Probleme.

Ich erwarb somit ein Verhaltensmuster, das Gefühl zu haben, Liebe wird nur vorgespielt oder bestenfalls sehr ungern gegeben. Folglich verhielt ich mich Jochen gegenüber, zwar nett, aber zugleich festhaltend und anklammernd. Eine Überlebensstrategie die letztendlich zur Niederlage führte.

Erneut strebte ich die Stelle einer treu sorgenden Ehefrau und Mutter an. Obwohl eine Tätigkeit im Business, eher meinem naturell entsprach.

Zuvor war ich viel leidenschaftlicher in andere Männer verliebt, als in Jochen, dem Mann, den ich Monate später auch heiratete.

Es gab den Piloten Clark, wir führten eine aufregende Beziehung. Der Gedanke, ihn zu heiraten, löste bei mir Angst und Panik aus.

Wiederholt ehelichte ich einen Mann, der in meinen Augen ein guter Ehemann und vorbildlicher Vater sein musste. Veronika versuchte mit allen Mitteln, mir diesen Mann auszureden.

„Sag mal Kind, bist du verrückt! Ein Doktorand ohne Haus und Auto, das hat doch keine Zukunft für dich! Ihr müsst vorab das ganze Jahr sparen, um einmal in den Urlaub fahren zu können. Tochter, du bist Luxus gewohnt und Jochen hat doch nicht die finanziellen Mittel, um deinen Ansprüchen gerecht zu werden. Denke dabei an deinen Sohn. Jetzt werde ich dir mal einen richtigen Kerl aussuchen und zwar einen gutsituierten, eleganten Geschäftsmann. Nicht so einen Sesselpupser!"

Wieder spürte ich, sie gönnte mir keinen Frieden, kein Glück. Ich musste unseren Lebensunterhalt zusätzlich finanzieren.

Zorn und Trotz richteten sich fortan gegen Mutter Veronika. Geschickt führte ich alle weiblichen Raffinessen auf, um Jochen vom Eheglück zu überzeugen.

Die Legalisierung unserer Beziehung stellte ich zum emotionellen Wettbewerb.

Ein beginnender Kampf zwischen Verstand und Gefühl. Es ist die fehlende symbiotische Nähe, die ich während meiner Kindheit erfahren musste. Sie zeichnet mich für mein ganzes Leben und entwickelte sich zu einem Problem des Abwägens von Sicherheit und Befriedigung.

Aber davon ahnten wir beide noch nichts. In Jochens schöner Wohnung, ganz idyllisch gelegen, verbrachten wir gemeinsam mit Roland tolle Wochenenden. Oft gingen wir zum See. Unsere Treffen trugen dazu bei, dass wir schnell eine harmonische Kleinfamilie wurden.

Jochen wollte mit dem Heiraten nicht länger warten und ich hatte Angst, diesen Mann zu verlieren.

Noch im Sommer heiratete ich meinen Akademiker. In dieser Ehe bekam ich wieder einen klaren Blick in die Zukunft. Die Nebenleistung, war der sichere Schutz vor Veronikas Intrigen.

Ab diesem Zeitpunkt wollte ich es mit allen mir zur Verfügung stehenden Mitteln, meiner Familie zeigen…!

Schon während der Schulzeit konnte ich es nicht ertragen, wenn Mitschüler bessere Leistungen erzielten. Trotz meines chaotischen Elternhauses, erreichte ich mit extremem Energieaufwand, gute Abschlüsse und wurde im Lehrberuf schnell erfolgreich.

Nun heirate ich einen Mann, der seine Promotion als oberstes Lebensziel sah. Es war unverkennbar, dass er die Karriereleiter rasch emporsteigen wird. Ebenso die Chance für mich, beruflich weiterzukommen.

Das erreichte ich mit Hilfe meines erfolgreichen Ehemannes sehr schnell und genoss dabei auch den Neid der restlichen Familie.

Ich spielte meine Rolle perfekt, ohne jedoch wirkliche Bedürfnisse zu spüren.

Jochen lud oft zu spontanen Geschäftsessen in unser Haus ein. Dabei die perfekte Gastgeberin darzustellen, war mein Pat.

Nie war mir bewusst, wer da wirklich zu uns kam, ehrlich gesagt, es interessierte mich auch nicht.

In dieser Ehe konnte ich wieder durchatmen, mich frei bewegen. Mein Ehemann zeigte dafür auch die nötige Toleranz.

Dennoch kamen kurzzeitig depressive Verstimmungen, innere Leere und Langeweile auf.

Als Einkäuferin und Disponentin im Marketing eines großen Industrieunternehmens konzentrierte ich mich voll auf meine berufliche Laufbahn. Dazu gehörte auch regelmäßige Präsenz auf Fachmessen.

Während meiner Abwesenheit wurde Roland von Jochens Mutter betreut. Sie erklärte sich keinesfalls mit der Eheschließung einverstanden. Der einzige Sohn ehelichte eine Frau mit Kind, dies war nicht gerade ihr Herzenswunsch. Diese Einstellung fand ich im wahrsten Sinne irre, Jochen ist das Produkt der Affäre mit einem Familienvater.

Gezwungenermaßen musste sie Burgfrieden mit mir schließen. Durch die Vermählung wurden wir drei letztendlich zusammengeschrieben. Leider konnte sie für Roland kein Interesse entwickeln.

Anfangs fühlte ich mich in dieser zweiten Ehe angekommen. Sie bot mir Schutz vor Veronika, nebst ihren aufdringlichen Geschäftspartnern.

Die positive Erfahrung löste in mir sofort den Zwang aus, meinem Mann mit einer Gegenleistung zu danken. Von Gefühlen überwältigt, konnte ich es nicht ertragen, die neu gewonnene Lebensqualität, allein zu genießen. Zwanghafte Dankbarkeit gegenüber dem Menschen, der mich aus der Vergangenheit gerettet hat, wollte ich mit einem Kinderwunsch krönen. Ich glaubte fest, dadurch unser Familienglück für immer versiegeln zu können.

Meine leitende Position im kaufmännischen Bereich erfüllte mein Leben mit Verantwortung, Anerkennung und interessanten Begegnungen. Eine Zusammenarbeit mit ausschließlich männlichen Geschäftspartnern.

Während der vielen Fachmessen war es üblich, nach Vertragsabschlüssen mit unseren Partnern, kulturelle Veranstaltungen (Oper, Konzert, Theater), zu besuchen.

Für kurze Zeit befand ich mich in einer schillernden, aufregenden, offenen Welt, fernab jeder Realität. In meinen Gedanken durchlebte ich unterschiedlichste Verhaltensmuster, um mich dieser Lebensauffassung zu stellen.

Es war aufregend, aber all diese Erfahrungen ließen schon bald erste Zweifel aufkommen, die richtige Partnerwahl getroffen zu haben.

Jede Ehe hat ihre eigene Wahrheit. Eine Wahrheit, die oft nicht einmal die beste Freundin kennt, nach außen nicht sichtbar, beherrscht von der Angst und Reaktion der anderen.

Fünfzehn Jahre habe ich hart daran gearbeitet diese harmonische Kulisse aufrecht zu erhalten und das Bild von der eigenen Ehe auf Hochglanz zu polieren!

Unsere Ehe war eine zweckorientierte und vernünftige Zweisamkeit, in der die anfangs sexuelle Erregung, der Sicherheit, gegenseitiger Kontrolle und Abhängigkeit wich.

Das Zusammenleben mit Jochen, bezeichnete ich später als den langen, ruhigen Weg, Hand in Hand bis ins Grab.

Mein Gefühl der Unzufriedenheit kam schleichend, ich nahm es das erste Mal während der Schwangerschaft so richtig wahr. Glaubte mit einem gemeinsamen Kind die spürbare Leere unserer Ehe füllen zu können.

Erneut fühlte ich mich in einer ausweglosen Situation gefangen. Spürte ganz deutlich, auch in dieser Ehe nicht angekommen zu sein.

Ich flüchtete in Tagträume, die Hauptrolle darin spielte mein Pilot Clark. Hätte ich seinem Antrag zugestimmt, könnte ich jetzt mit ihm die Kontinente bereisen. Stattdessen stand ich mit meinem schon rundlichen Bäuchlein in der Küche und bereitete das Abendessen vor. Das Schlimmste aber war für mich die Erkenntnis, in dieser Ehe ausweglos gefangen zu sein.

Ich befand mich in einer Sackgasse und bei allem Optimismus, der Notausgang war nicht zu finden.

Mein kleiner Roland unterbrach oft sein Spiel und versuchte zu trösten. Fortan wurde die Schwangerschaft von dramatischen Komplikationen bestimmt. Nieren- und Kreislaufprobleme, in Verbindung mit aufwändigen Klinikaufenthalten brachten mich an meine Grenzen.

Währenddessen wurde Roland von Jochens Mutter betreut, er war sehr unglücklich.

Was war ich glücklich, als endlich meine gesunde Tochter Nicole, das Licht der Welt erblickte. Seit ihrer Geburt, wollte ich das Leben in meinem Interesse gestalten und Sonderwünsche des Partners nicht mehr akzeptieren.

Wir führten jeder unser eigenständiges Leben. Auch in dieser Ehe hat sich mein Traum von einer glücklichen Familie nicht erfüllt. Ich fühlte mich betrogen!

Während Jochen fast ausschließlich seinen beruflichen Belangen nachging, betreute ich die Kinder. Roland besuchte die Vorschule. Nicole war ein ruhiges Baby. Ich konnte ganz nebenbei ein Abendstudium erfolgreich abschließen.

Jochen war ein Mann, der meinen Wunsch nach beruflichen Aufstieg, mit allen Mitteln förderte. Ein Vollzeit Job mit Messetätigkeit, zwei Kinder, die große Wohnung und einen Ehemann mit Auslandstätigkeit. Jeden Tag begann ein neues, aufregendes Leben und es gefiel mir.

Mit aufkommenden Problemen hatte ich zunehmend durch die unterschiedliche „Behandlung" meiner Kinder zu kämpfen.

In Erinnerung, eine sehr schmerzliche Situation. Wir erwarteten Verwandte und Jochens Mutter, um ihnen stolz unser Baby Nicole vorzustellen.

Vom Fenster aus, sah Roland die Oma schon vorfahren und öffnete ihr freundlich die Wohnungstür. Meine Schwiegermutter stürmte, bewaffnet mit einem riesigen Stoffhund an uns vorbei, geradewegs ins Kinderzimmer. Völlig irrsinnig, presste sie das Riesentier ins Babykörbchen. Nicole schrie sofort aus voller Kehle.

Nachdem es ruhiger wurde, fragte Roland leise:
"Omi, hast du auch etwas für mich?"

„Nein, du bekommst nichts, heute ist deine Schwester wichtig."

Er kämpfte tapfer mit seinen Tränen und versteckte sich hinter meinem Rücken. Ich wusste in diesem Moment genau was er spürt, das Gefühl kannte ich nur zu gut. Diese tiefe Kränkung meinem Kind gegenüber zog umgehend eine völlige Entwertung dieser Frau nach sich.

Entweder sie verhält sich künftig so, wie ich es von ihr erwarte, oder sie hört auf zu existieren!"

Als Mutter und Bezugsperson sah ich sofort Handlungsbedarf, musste seine kleine Welt wieder in Ordnung bringen.

Roland noch an einer Hand, öffnete ich das Fenster, griff den Stoffhund und warf ihn in den Garten. Super, nun hatten unsere Nachbarskinder einen neuen Spielgefährten. Meine Schwiegermutter forderte ich auf, die Wohnung zu verlassen und Jochen machte ich den Vorschlag gleich mitzugehen!

Da war sie wieder meine Wut, eine starke Tendenz in mir, Ärger und Hass im Übermaß zu entwickeln.

In der Persönlichkeit der Schwiegermutter spiegeln sich genau die negativen Anteile Mutter Veronikas wieder. Über diesen Vorfall wurde nie mehr ein Wort verloren.

Mein Mann Jochen kam seinen dienstlichen Verpflichtungen nach, während ich die Kinder betreute und gleichzeitig ein neues Studium absolvierte.

War er nicht im Ausland, besuchte er Seminare und Tagungen.

Desinteressiert vernahm ich seine Worte, wenn er über diverse, dienstliche „Damenbekanntschaften" sprach.

Seine Faszination galt den Japanerinnen, die auf seinen Dienstreisen zu kurzweiligen Begleiterinnen wurden.

Den Lebensstiel der Franzosen bewunderte er. Jochens „Reiseerzählungen" lösten bei mir keine Neidgefühle aus, ich fand sie eher deplatziert und peinlich.

Das wir unsere Eheprobleme nicht öffentlich machten, war ein Zeichen von Loyalität gegenüber dem Partner. Wir glaubten nämlich, Wahrheiten belasten nicht nur uns selbst, sie könnten auch unsere Gesprächspartner herausfordern. Vielleicht weil wir ihnen einen Spiegel vorhalten und sie mit Fragen konfrontieren, denen sie sonst ausweichen würden.

Jochen bemerkte meine zunehmende Unzufriedenheit. Er ließ alle seine Beziehungen spielen, um mir einen neuen beruflichen Einstieg zu ermöglichen. Dies tat er natürlich auch aus Selbstinteresse, kannte er doch meine Flexibilität, spontan Situationen und Verhaltensmuster ändern zu können.

Wenige Wochen später arbeitete ich überglücklich, in dem größten und modernsten Bürogebäude unserer Stadt, einem Außenhandelsunternehmen.

Endlich konnte sich wieder mein Leben mit neuen Erfahrungen, Aufgaben und Zielen bereichern.

Hochmotiviert begann mein Arbeitstag in einem der Büros der dreiundzwanzigsten Etage. Im „Wald Trade Center" der DDR, von Japanern erbaut.

Ja, ich wusste schon bei unserem ersten Treffen, mit diesem Mann, werde ich es weit bringen. Aus der neurotischen Hausfrau und Mutter wurde plötzlich eine Powerfrau, die nebenbei noch zwei wirklich gelungene Kids aufzog. Dieses Leben gefiel mir und niemand hatte eine Chance, mich aufzuhalten.

Aber dann kam die schwere Erkrankung meiner kleinen Tochter, die sich wie ein Geschwür in unser Leben schlich.

Sie war gerade sechs Monate alt geworden, als sich ihr kleiner Körper bei Rückenlage, ständig zu einem „C„ krümmte. Drehte ich sie zurück, dauerte es nur Sekunden, bis Nicole wieder in die gekrümmte Haltung fiel.

Meine Sorge teilten beide Großmütter nicht, sie sprachen von Einbildung und falscher Matratze im Babybettchen.

Das überzeugte mich nicht, sofort stellte ich sie einer Fachärztin vor. Diese zeigte volles Verständnis für meine Sorge, fand aber keinen Befund.

Zunehmend wurde ich belächelt. Ich aber fühlte, mein Baby ist krank, ich gab nicht auf und stellte sie fünf weiteren Fachorthopäden vor.

Erneut wurden wir wieder nur mit einem freundlichen Schulterzucken abgewiesen.

Aber mir rannte die Zeit davon, ihre kleinen Knochen wuchsen schnell und wurden immer stabiler.

In meiner Verzweiflung allein gelassen, brachte mich diese Situation nebst verantwortungsvollem Job, erneut an meine Grenzen. Ausweglose Lebenssituationen haben mich immer gestärkt und herausgefordert für neue Aufgaben.

Durch Jochens Reisetätigkeit verfügten wir auch über Westgeld. Mit Hilfe der DM verschaffte ich ihr einen Privattermin bei einem Spezialisten in einer Uniklinik. Dieser Tag blieb mir unvergessen.

Der Professor erwartete uns im Operationssaal. Er platzierte ein Kissen auf dem OP-Tisch. Packte Nicole mit einer Hand am Rücken, zog sie hoch und ließ sie dann aus ca. einem Meter Höhe ins Kissen fallen. Da lag sie nun in gekrümmter Haltung, wie in ihrem Bettchen zuhause.

Sofort musste Nicole auf die Station. Ihr wurde ein vierwöchiger Ganzkörpergips angelegt. Mein Baby schaute aus wie eine Mumie, es zerriss mir fast das Herz bei diesem Anblick.

Der Professor tröstete mich.

„Mädchen, du bist eine so tolle Mutter, pfeifst auf die Befunde meiner Fachkollegen, kämpfst weiter und rettest deine Tochter in letzter Minute. Sie laboriert an einer Rückgradverkrümmung (Skoliose). Wärst du nicht rechtzeitig gekommen, würde sie ihr Leben lang mit einem Buckel umherlaufen!"

Was war ich doch glücklich, mein Bauchgefühl gab mir wieder Recht!

Ich gehörte nicht zu den Müttern, die abends am Kinderbettchen Geschichten erzählten. Ich hatte einen Vollzeitjob, Messetätigkeit, aber kämpfte für meine Kinder wie eine Löwin, wenn es erforderlich war!

Nicole entwickelte sich zu einem hübschen, gesunden Mädchen.

Zu diesem Zeitpunkt ahnte ich nicht, dass auf mich schon ein wildes abenteuerreiches Leben wartete und dies wurde schnell zur Realität.

Während des Klinikaufenthaltes unserer Tochter Nicole lernte ich Doreen kennen. Zwischen uns entstand eine tiefe Freundschaft und sie zählte fortan zu den wichtigsten Menschen in meinem Leben. Sie sprach mich im Aufzug an. Wir gingen in ein Café, tranken gekühlten Piccolo und führten eine interessante Unterhaltung.

Doreen gehörte durch ihre Ehe mit einem bekannten Regisseur zum Personenkreis des öffentlichen Lebens. Wir waren uns sehr ähnlich, pflegten unsere Beziehung auf eine ganz besondere Art.

Auch sie war in ihrer Ehe nicht gerade glücklich, aber liebte ihr privilegiertes Luxusleben und wollte es um keinen Preis aufgeben. Mit Mann und Tochter bewohnte sie eine große Villa am See. Dort trafen wir uns und stimmten gegenseitig imaginäre Alibis ab. Gegenüber unseren Ehemännern konnten wir somit den „Sonderurlaub" mit der Freundin glaubhaft machen. Das wir nebenbei auch noch kleine Affären hatten, blieb ihnen verborgen. Unsere Wege kreuzten sich immer wieder, dabei zeigte sich Doreen meist sehr fürsorglich.

Diese interessanten Schicksalsbegegnungen prägten entscheidend mein weiteres Leben.

Ich glaubte eine wundervolle Seelengefährtin gefunden zu haben…doch was fand ich wirklich? Wer war sie und was führte sie ausgerechnet zu mir?

Am Anfang der Freundschaft tauschten wir unsere Erfahrungen aus. Die Töchter im gleichen Alter und Ehemänner, die dienstlich viel unterwegs waren.

In unseren Ehen waren wir nicht glücklich, wollten uns aber auch nicht trennen. Doreen liebte ihren Luxus, dennoch hielt sie schon Ausschau nach dem nächsten vermögenden Mann, für den sie auch kurze Zeit später den ersten verließ.

Meinen beiden Kindern wollte ich keinesfalls das für sie so wichtige Gefühl nehmen, in einer Familie behütet zu sein. Roland und Nicole sollten ihre Kindheit unbeschwert und ausgelassen genießen.

Als sich unsere Ehemänner wieder einmal für einige Zeit im Ausland aufhielten, waren wir überzeugt, dass Gespielinnen auch zum Reisegepäck gehörten. Wir beschlossen unser neurotisches Ehefrauendasein durch wilde Abenteuer auszugleichen.

Doreen wollte seit der Geburt ihrer Tochter nur noch Hausfrau und Mutter sein. Einmal sagte sie.

„Ich möchte meine Tochter aufwachsen sehen und die verbleibende Zeit fülle ich mit meinen kleinen Affären aus."

Unsere Freundschaft, ihr Temperament und ihre positive Lebenseinstellung taten mir einfach gut. Die Rückkehr ins Berufsleben, einen Vollzeitjob mit zwei kleinen Kindern zu bewältigen und immer perfekt gestylt im Büro erscheinen, zerrte an meinen Kräften.

Aber da waren die Träume, ein Haus bauen, reisen und die Ausbildung der Kinder sichern. Dies konnte Jochen allein nicht finanzieren und ich wollte keinesfalls meinen Lebensinhalt nur auf Kind, Küche und Kirche beschränken.

In diesem Zusammenhang erinnere ich mich an eine Situation, die diese Meinung bestärkt. Wir feierten familiär eine Kindstaufe. Freunde, Bekannte, Nachbarn, sie alle fanden sich zum Taufakt in der Kirche ein.

Das Großelternpaar des Täuflings aber fehlte, sie zogen es vor, derweil zuhause den Brunch vorzubereiten, und nicht dem Festakt in der Kirche beizuwohnen! Dies erschütterte mein Weltbild. Genau diese Menschen wagten es, meine Lebensphilosophie zu kritisieren.

Dennoch verurteilte ich sie nicht, sie bekamen eher mein Mitgefühl.

Roland besuchte eine Ganztagsschule, Nicole einen Kindergarten. Unseren Alltag bewältigte ich mühelos.

Morgens um fünf Uhr aufgestanden und für uns drei alles vorbereitet, was für den Tag benötigt wurde. Gegen sieben Uhr wurden die Kinder geweckt, und später saßen wir gemeinsam am schön gedeckten Tisch, bei Kerzenlicht zum Frühstück. Anschließend fuhr ich die Kids zu ihren Einrichtungen.

Täglich bis 16.00 Uhr im Büro, anschließend Kids abholen, einkaufen und zu Abend essen. Hausarbeiten wurden zwischenzeitlich erledigt. An den Wochenenden unternahmen wir drei sehr viel. Mit dem Auto in die Natur, Zoobesuche, Musen und im Sommer dann ins Schlauchboot, die umliegenden Seen erkundet.

Eine sehr anstrengende Zeit, die viel Energie erforderte, aber sie zählte gemeinsam mit den Kids zur glücklichsten.

Zu meinen Mitarbeitern bestand stets ein gutes, kollegiales Verhältnis. Anerkennung zu spüren, dass Menschen sich gern in meinem Umfeld aufhielten, dies stärkte mein Selbstbewusstsein.

Dahinter verbarg sich aber auch schleichend eine Gefahr. Ich glaubte der glücklichste Mensch zu sein. Doch mein Körper setzte deutliche Signale, die ich in meiner Euphorie ignorierte. Das Haar wurde blondiert, meine Kleidung drückte einen sportlich, eleganten Business Style aus. Das veränderte mein Leben. Es folgten diverse Einladungen für Konzertbesuche und Abendessen. Ich war sehr erfolgreich, erhielt dafür den nötigen Respekt meiner männlichen Kollegen. Frau muss Interesse erwecken. Mit frischem Geist, dabei dem Idealbild einer Lady entsprechend, gibt es absolut keine Konkurrenz.

Geliebte, Frau und Mutter in einer Person, alles perfekt verpackt, das war der Männertraum und er begann mir zu gefallen.

Warum sollte ich ewig darauf warten, von einem Ehemann verwöhnt zu werden, wenn es Männer gibt, die sofort bereit sind, dafür alles zu tun.

Doreen erkannte dies schon viel früher. Ich dagegen war zwischen Gefühlen hin und her gerissen. Ausschließlich eine treusorgende selbstlose Mutter, gute Hausfrau und pflichtbewusste Arbeitnehmerin zu sein, machte mich nicht glücklich.

Meine Träume zu leben, Zeit nehmen für Interessen und Hobbys, all das konnte ich nicht mit meinem Gewissen vereinbaren. Ein ganzes Jahr versuchte ich, perfekt diesen Lebensstil zu kopieren.

Doch mein Körper setzte deutliche Signale.

Eines Abends ging ich zu Bett und bekam plötzlich Atembeschwerden und Herzrhythmusstörungen. Ich fühlte Todesangst. Umgehend verließ ich das Bett und zog auf die Wohnzimmercouch. Ganz schnell war der Spuk vorbei. Dass es sich dabei um eine Panikattacke handeln könnte, negierte ich völlig.

Der Beginn eines langen Leidensweges nahm nun seinen Lauf. Mediziner fanden keine organische Ursache und sahen meine gesundheitlichen Probleme im beruflichen Stress. Betablocker und Valium wurden mir großzügig verordnet. Somit konnte ich meine psychische Störung unterdrücken, geheim halten und dabei perfekt funktionieren.

Äußerlich zeigte ich mich als attraktive und lebenslustige junge Frau, dass ich mich geschickt hinter einer Maske versteckte, hatte nicht einmal Jochen bemerkt. Doreen erkannte die Situation, auch sie nahm Barbiturate, um ihre Unzufriedenheit zu verdrängen und wurde binnen kurzer Zeit von dem Zeug abhängig.

Ihre jeweiligen Partner haben nie erfahren, dass sie längst Suchtkrank war. In der Öffentlichkeit gaben wir die Superfrauen.

Dann ließ sich meine Freundin blitzartig scheiden und zog zu ihrem zukünftigen zweiten Ehemann. Die schöne Villa behielt sie.

Durch den Wohnungswechsel lebten wir nun 100 km entfernt voneinander. Wir telefonierten täglich, manchmal sogar stundenlang.

Jochen musste sich beruflich verändern, konzentrierte sich nur noch auf seine Promotion und schränkte die Geschäftsreisen ein. Er wurde freigestellt und schrieb seine Dissertation zuhause. Die Kinder freuten sich sehr darüber. Für mich bedeutete es mehr Freizeit, weniger Doppelbelastung und die Messetätigkeit konnte ich auch wieder aufnehmen.

Aristokratisch thronte Jochen dann stundenlang hinter seinem Schreibtisch. Mit einem Apfel in der Hand, dabei ein Buch lesend, konnte er darüber seine Umwelt vergessen. Manchmal hatte ich das Gefühl, mit einem autistischen Ehemann liiert zu sein.

Oft dachte ich ernsthaft darüber nach, welcher Weg wohl aus dieser Situation führen könnte? Meine Vorstellung, mit den Kindern in eine andere Stadt zu ziehen, um einen Neuanfang zu starten, brannte sich ein. Wir waren ja immer auf uns allein gestellt, konnten Schwierigkeiten problemlos auch ohne Mann meistern.

Feige und ängstlich diese Idee in die Tat umzusetzen, resignierte ich aus Furcht vor der Reaktion Veronikas. Keinesfalls durfte sie erfahren, dass nun auch meine zweite Ehe gescheitert war.

Emotional befand ich mich wieder auf der Flucht ohne Ziel und fühlte mich sehr schlecht dabei. Meine Gedanken kreisten um die Kinder, sie spielten in ihren schönen, lichtdurchfluteten Zimmern. Das darf ich nicht zerstören, sehr lange kämpfte ich, um diesen Status zu erreichen.

Es ging uns sehr gut durch unsere Jobs, wir lebten privilegiert. Jochen sicher im Ministerium, und ich, arbeitete im Büro des skandalberüchtigten „DDR-Wirtschaftsimperiums…"

Trotzdem fühlte ich mich sehr unglücklich, brauchte ein Ventil um wieder lachen zu können. Nur unseren Kindern zuliebe hielt ich diese Ehe weiterhin aufrecht.

Niemals sollten sie miterleben müssen, welche Emotionen entstehen, wenn Liebe zu Hass mutiert. Durch diese Situation entwickelte ich langsam ein Gefühl von Hass und Verachtung, gegen alles, was mich unglücklich machte und einengte.

Ich hatte auf einmal das Gefühl, in dem Wohnzimmerschrank meiner Eltern gelangt zu sein und darin langsam zu ersticken. Jochen interessierten die Probleme nicht, er negierte eine Scheidung schon aus beruflichen Gründen. Allein seine Reisetätigkeit in nichtsozialistische Wirtschaftsländer, wäre dann kein Thema mehr. Auch hätten wir sicher auf so manch schönes Mitbringsel verzichten müssen. Er zog eher eine offene Ehe in Erwägung.

Als Mutter Veronika bemerkte, dass es in unserer Ehe kriselte, ich Jochen verlassen werde, schmiedete sie einen perfiden Plan.

Zwischenzeitlich ließ sich Doreen von ihrem zweiten Mann scheiden und zog zurück in ihre Stadtvilla. Sofort nahm sie sich wieder meiner an und wir suchten gemeinsam nach Alternativen, um unsere Probleme erträglicher zu halten.

Sie plante eine gemeinsame Wochenendreise ans Meer. Wir wollten einmal die Seele baumeln lassen und richtig verwöhnt werden. Schon wenige Tage später liefen wir barfuß am Strand entlang und führten geheime, wilde Frauengespräche.

In Abendgarderobe besuchten wir das französische Restaurant unseres Hotels.

Anfangs hielt ich es für einen Zufall, dass wir an einem Tisch platziert wurden, der von zwei sehr charmanten Herren reserviert wurde.

Beim gemeinsamen Dinner erfuhren wir, das auch sie aus unserer Stadt kamen. Anschließend besuchten wir die Nachtbar und verirrten uns später in die Luxussuite der Herren, wofür Doreen sorgte. Sie organisierte alles und wir trieben es ziemlich bunt...ich bereute nichts, wir verlebten ein wunderschönes Wochenende.

Das gab mir neue Kraft, ich fühlte mich nicht mehr so eingeengt. Hoffte erneut, von spannenden Begegnungen oder sonstigen Glücksfällen aus meiner inneren Verzweiflung erlöst zu werden.

Obwohl ich es mir erst nicht eingestehen wollte, spürten unsere Kinder die unruhige Dynamik im Elternhaus sehr deutlich. Roland zog sich zurück und übernachtete sehr oft bei seinem Schulfreund. Nicole reagierte völlig anders. Eines Tages ging sie nicht mehr zur Schule. Als Mutter musste ich nun schnellstens handeln, vor allem meiner kleinen Tochter helfen. Privilegiert durch einen Ehemann mit Doktortitel in einem Ministerium tätig, erhielt ich in der der DDR sofort jeden auch noch so utopischen Termin.

Umgehend stellte ich Nicole in einer Fachklinik, einem auf Kinder spezialisierten Psychologen vor. Über einen gesonderten Monitor erhielt ich die Möglichkeit, alle mit ihr geführten Gespräche live zu verfolgen. Sie sprach über ihre Ängste und Träume.

Erschütternd für mich, getrennt durch ein Spiegelglas zu erfahren, sie habe Angst, dass ihre Mutti nicht mehr da wäre, wenn sie aus der Schule kommt.

Während ihrer gesamten Schulabwesenheit hielt sie sich im Wohnpark  auf und beobachtete unser Haus. Für mich ein Schock, sie so zu erleben, war es doch mein Kind, das gerade verzweifelt seine kleine verwundete Seele öffnete. Dieser tiefe Schmerz blieb mir unvergessen.

Noch im Beisein der Ärzte und Psychologen versprach ich ihr, sie nie allein zu lassen. Wir wussten beide zum damaligen Zeitpunkt schon, dass dies nur die halbe Wahrheit war.

Nicoles Handlung, ihre Verzweiflung, dieser Schmerz hat mich nicht losgelassen, ich betäubte ihn weiterhin mit Valium. Sie besuchte wieder regelmäßig Schule, aber  ihre guten Leistungen erreichte sie nicht mehr.

Roland war ein sehr selbständiger Junge, ihm konnte ich blind vertrauen.

Nicole fühlte sich mehr zum Vater hingezogen, obwohl Jochen sehr oft mit dienstlichen Belangen beschäftigt war.

Doreen belasteten ähnliche Probleme. Ihre Tochter Chantal musste mit dem zweiten Ehemann ihrer Mutter harmonieren und Stiefvater Nummer drei stand schon am Start. Mit nur einem Kind hatte sie es leichter. Sie liebte ihre Tochter, ein wichtiger Grund, klare Verhältnisse zu schaffen. Eine verheiratete Frau mit Kind, entsprach auch im Osten nicht unbedingt dem Ideal, darum ehelichte sie schnell auch ihre nachfolgenden Partner.

Doreen lernte einen Filmproduzenten kennen und drehte für sehr hohe Gagen, Erotikfilme.

Es blieb unser Geheimnis. Dennoch versuchte sie permanent, mich davon zu überzeugen, mit ihr diese Leidenschaft zu teilen.

Stattdessen suchte ich weiter nach meinem Traummann und einem harmonischen Familienleben.

In diversen Erotikproduktionen wäre ich sicherlich nicht dem Märchenprinzen begegnet. Intensive Nähe zu fremden Männern, fernab jeglicher Empathie, wäre für mich undenkbar.

Kann eine sensitive Frau das überhaupt ohne psychische Schäden überstehen? Ganz sicher nicht. Doreen aber hatte sichtlich Spaß daran.

Meine Nervosität, die Unzufriedenheit über unsere familiäre Situation machten mich sichtlich unglücklich.

Sehr schnell wurde mir bewusst, die falschen Entscheidungen getroffen zu haben.

Es war Herbst, Jochen und ich stritten wieder einmal sinnlos miteinander. Ich nahm ein Bad zur Entspannung und fuhr anschließend in ein romantisches Café der Stadt. Abschalten, den Kopf frei bekommen und Menschen beobachten, so konnte ich entspannen. In der roten Herbstsonne auf der Caféterrasse sitzend, dabei einen Cappuccino mit Sahnehäubchen genießend, ließ ich die Seele baumeln.

Eigentlich musste ich zufrieden sein. Zwei tolle Kinder, einen kultivierten Ehemann, schuldenfrei und alle erfreuten sich bester Gesundheit. Ganz sicher würden viele Frauen gern mit mir tauschen. Mein Leben war in der DDR singulär. Veronika hätte jetzt kommentiert: „Dir geht es viel zu gut, dir fehlt Arbeit!"
Nicht einmal sie konnte mir an diesem Tag Emotionen entlocken.
Spät erst bemerkte ich den eleganten Herren, der zwischenzeitlich an meinem Marmortisch Platz nahm.
Er erkannte meine kleine Verlegenheit und versuchte charmant, sie durch ein Gespräch zu überspielen.
Mit mir aber passierte etwas, wofür ich keine Erklärung fand. Wir sprachen noch lang miteinander in diesem Café.
Als promovierter Wissenschaftler lehrte er an einer unserer Universitäten. Zum Abschied tauschten wir unsere Telefonnummern aus, um schnellstmöglich ein Treffen zu vereinbaren. Auf der Rückfahrt zum Haus, sang ich gut gelaunt und spielte dabei Musikkassetten ab.
Jochen bemerkte sofort den Glanz in meinen Augen. Jetzt hatte ich ein Geheimnis und es ging mir richtig gut damit. Am nächsten Tag konnte ich es kaum erwarten, Daniel, zu treffen.
Meinen Job, die Hausarbeit, alles erledigte ich spielend. Mit den Kindern tobte und alberte ich herum, sooft es die Zeit erlaubte. Spürte neue Lebenskraft und sah dabei alles positiv. Es störte mich nicht mehr, wenn Jochen in seinem Pessimismus Trübsal blies und der ganzen Familie somit die gute Laune verdarb.
Lernte ich doch einen interessanten Mann kennen und konnte mit ihm stundenlang kommunizieren. Wir verspürten beide das Gefühl, uns schon Jahre zu kennen.
Noch bevor ich abends zum Treffen fuhr, musste Doreen unbedingt noch diese tolle Neuigkeit erfahren.
Mit einem bunten Blumenstrauß im Gepäck, fuhr ich zügig mit dem Auto zu ihr.

Langsam steuerte ich den Wagen in die kleine Sackgasse, die direkt zu ihrer Villa führte.

Plötzlich stockte mir der Atem, vor dem Grundstück stand ein dunkler Wagen mit einem IA Kennzeichen.

Hinter diesen Buchstaben, das wusste jeder im Osten, stand das MFS (Ministerium für Staatssicherheit).

Dies hatte mir schon mein Fahrlehrer erklärt, niemals ein Fahrzeug mit dieser Kennzeichnung behindern, oder überholen. Dafür gibt es die Höchststrafe, 10 Jahre!

Aber was macht dieser Wagen hier? Ich parkte etwas versteckt hinter einer dicken Eiche. Die Haustür öffnete sich. Doreen trat lachend heraus und begleitete einen sehr attraktiven Herrn zum Auto.

Oh mein Gott, ich zitterte am ganzen Körper, kalter Schweiß lief meinen Rücken entlang. Das war derselbe Mann, mit dem mich Veronika damals zur Großmutter schickte, um ihr angeblich ein wichtiges Medikament zu bringen. Auf der Rückfahrt steuerte er den Wagen in einen Waldweg und versuchte mich zu küssen. Weil ich heftigen Widerstand leistete, hörte er umgehend auf und setzte die Fahrt fort.

Doch was hat Doreen mit ihm zu tun? Ihre neue Affäre? Ich durfte mir nichts anmerken lassen, rauchte erst einmal eine Zigarette und lies ihn vorbeifahren.

Danach steuerte ich langsam auf das Grundstück zu. Durch mehrmaliges Hupen kündigte ich meinen Besuch an und stieg lachend aus dem Wagen.

Erstaunt öffnete sie die Tür. Vor Aufregung spürte ich eine leichte Übelkeit.

„Hallo Doreen, Überraschung, ich habe ganz große Neuigkeiten, musste dich spontan besuchen. Süße, du scheinst aber ziemlich durcheinander, komme ich etwa ungelegen? Was ist los, freust du dich nicht?"

Sie nahm die Blumen und umarmte mich ganz fest.

„Nein, ich freue mich sehr dich zu sehen. Sonst meldest du dich immer an, nun komm schnell rein."

Doreen spürte sofort meine Nervosität. Anfangs konnte sie sich mein Verhalten nicht erklären und fragte nach.

Was für Pillen ich wohl geschluckt hätte, die wolle sie natürlich auch.

„Süße, ich habe keine Pillen geschluckt, was denkst du denn von mir, ich habe mich verliebt. Das will ich dir ja gerade erzählen. Aber sag mal Doreen, hier stehen zwei Kaffeetassen auf dem Tisch, Sektgläser, Gebäck und die Kissen sind schon etwas zerwühlt. Hast du eine Affäre, bist du deshalb so durcheinander? Magst du vielleicht darüber reden?"

Ich beobachtete ihre Mimik genau, konnte in ihrem Gesicht lesen. Doreen hatte etwas zu verbergen, sie log gerade ununterbrochen.

„Gina, ich habe eine Affäre mit einem verheirateten Mann, der auch in der Öffentlichkeit steht. Darüber möchte ich jetzt nicht weiter sprechen, ein andermal vielleicht, sei bitte nicht böse."

Das glaubte ich ihr, sie war meine einzige und beste Freundin, ich vertraute ihr und dachte nicht länger nach. Das Gespräch lenkte ich auf Daniel, sprach ausführlich über unsere aufregende Begegnung.

„Gina, das ist ja irre, ein Dozent mit Lehrstuhl, der passt sehr gut zu dir."

Erstaunt über ihre Bemerkung fragte ich sofort nach.

„Süße, woher weißt du, dass er an der Universität tätig ist, darüber habe ich noch nicht gesprochen?"

Lachend scherzte sie:

„Na, der hat dich ja wirklich durcheinander gebracht, woher sollte ich es denn sonst wissen, wenn nicht von dir?"

Na ja, vielleicht hatte sie recht, ich war wirklich noch immer geschockt, als ich den Typen gerade aus Doreens Haus kommen sah.

Sofort hatte ich wieder die alten Bilder vor Augen, damals im Auto, aber ließ das Thema ruhen.

Dann erzählte ich ihr die ganze Geschichte über Daniel. Sie gab mir den guten Rat, unbedingt den Kontakt aufrecht zu erhalten, denn er würde mir ausgesprochen gut tun.

An jenem Abend beschlossen Daniel und ich, uns täglich zu treffen, auch wenn die Zeit manchmal nur für einen Kaffee reichte.

Er sprach über seine Frau, sie war in meinem Alter, trank sehr häufig Alkohol. In diesen schweren Zeiten trug Daniel die alleinige Verantwortung für seinen kleinen Sohn. Hinzu kamen Vorlesungen verbunden mit diversen gesellschaftlichen Verpflichtungen an der Universität.

Unsere langjährige Affäre begann noch während der Ehe mit Jochen. Wir sprachen nie über eine Scheidung, denn der gesellschaftlich, politische Status beider Ehen blieb unantastbar.

Auf Auslandsreisen, die Daniel dienstlich im Auftrag der Universität durchführte, begleitete ich ihn als Aspirantin.

Gedanken darüber, warum er vieles so unkompliziert organisieren konnte, kamen mir nicht in den Sinn. Wir führten unsere leidenschaftliche Beziehung fernab jeder Realität. Nicht einmal im Traum hätte ich daran gedacht, dass sich diese Affäre später sukzessive in einen Thriller verwandelt, in dem Daniel letztendlich zum Stalker mutiert. Er war ein Narzisst.

Meinem Ehemann Jochen verschwieg ich die Beziehung nicht. Oft sprachen wir darüber, er war mir stets ein guter Freund. Auch er pflegte seine kleinen exquisiten Rendezvous, dennoch spürte ich ständig seine Angst, verlassen zu werden.

Dies wusste Jochen um jeden Preis zu verhindern und somit quälten wir uns weiter durch diese Ehe. Die Kinder Roland und Nicole verstanden sich blendend. Wurde Nicole von ihren männlichen Mitschülern belästigt, zog ihnen Roland sofort die Ohren lang.

Fortan wurde sie in Ruhe gelassen und konnte somit alles in ihrem Interesse positiv durchsetzen. Gern denke ich an die Zeit mit meinen Kindern zurück.

Von Daniel erhielt ich einen Schlüssel zu seinem Bungalow am See.

Somit konnte ich mit den Kids viel Freizeit in der Natur verbringen. Während der Schulferien haben wir dort gespielt, gegrillt und sind oft schwimmen gegangen. Mit einem großen Schlauchboot paddelten wir dabei stundenlang auf dem See.

Dieses Doppelleben zog viel Energie und setzte ein geschicktes Organisationstalent voraus, aber es war spannend und abenteuerlich.

Irgendwie erinnerte es mich oft an Mutter Veronika. Egal, den Kindern gefiel es, wir hatten viel Spaß. Sie sahen in Daniel anfangs den väterlichen Freund. Der beschäftigte sich intensiv mit ihnen, spielte mit Nicole Fußball und lehrte Roland das Autofahren.

Niemals haben wir unsere Gefühle füreinander vor den Kindern ausgelebt, für sie waren wir nur gute Freunde. Unsere langjährige Affäre war ein scharfes Schwert, aber wir verstanden es spielend, damit umzugehen. Auf Familienfesten, an Feiertagen, absolvierten wir brav in unseren Familien das Traditionsprogramm. Täglich telefonierten wir, trafen uns weiterhin im Café.

Intime Zärtlichkeit tauschten wir selten aus. Eigentlich nur dann, wenn wir zum Bungalow fuhren. Für mich war der sexuelle Kontakt zu Daniel nicht vorrangig, vielmehr nutzte ich die Möglichkeit über anfallende Alltagsprobleme zu sprechen. Mit unserer Beziehung gingen wir beide ziemlich locker um. Daniel sprach oft über die Alkoholsucht seiner Frau, die angeblich auch für die sexuelle Abneigung verantwortlich war. Ich glaubte ihm.

Er zeigte großes Verständnis, als ich eindeutig erklärte, Jochen zu verlassen, um mit meiner Tochter Nicole ein neues Leben zu beginnen. Ehrlich und voller Stolz gestand ich, ihn auch weiterhin an meiner Seite als Freund und Liebhaber zu wissen.

Jedoch konnte ich mir eine Lebensgemeinschaft mit Daniel nicht vorstellen. Bald darauf begann er nun akribisch, mir die Scheidungsabsicht auszureden.

Daniel appellierte an die Kinder, meinen Ehemann Jochen, unsere Altersversorgung usw.

Meist überhörte ich alle Einwände diskret. Seine Meinung interessierte nicht, denn ich wollte mich nicht seinetwegen scheiden lassen.

Unsere Affäre lenkte mich nur kurzzeitig von Alltagsproblemen ab und die Realität holte mich schnell wieder ein. Es war ein schönes und entspannendes Gefühl, außerhalb der Ehe einen Menschen kontaktieren zu können, der sympathisch, verständnisvoll und sehr erotisch war.

Daniel überhäufte mich mit Komplimenten und dies schmeichelte meinem angekratzten Selbstbewusstsein.

In meiner Ehe hatte ich mit größeren Problemen zu kämpfen. Durch unsere wilde Affäre, ihren angenehmen Nebenwirkungen, verlor ich sukzessive den Blick für das Wesentliche.

Jochen stellte äußerlich den souveränen, ausgeglichenen und treusorgenden Familienvater dar, der seine kleine Tochter über alles liebte.

Aber ich durchschaute diese glamouröse Fassade. Spürte, dass er Nicole für die Durchsetzung seiner Interessen „benutzte" und verstand nicht, dass er somit riskierte, ihre kleine Seele zu verwunden.

Es kam noch schlimmer. Sein Handeln legte das Fundament, für eine sehr komplizierte Mutter-Tochter-Beziehung.

Spätestens ab diesem Zeitpunkt hätte ich die professionelle Hilfe und therapeutische Unterstützung eines sehr erfahrenen Psychologen in Anspruch nehmen müssen.

Mein Leben und vor allem das meiner Kinder wäre ganz sicher positiver verlaufen. Stattdessen kämpfte ich tapfer gegen Windmühlen, musste mich ständig für mein Verhalten rechtfertigen und entschuldigen.

Nicole wurde von Jochen und seiner Familie stets bevorzugt, hingegen Roland schon für Nichtigkeiten umgehend getadelt oder ignoriert wurde.

Natürlich erzog ich beide Kinder gleich. War immer bemüht, dabei ausgeglichen und gerecht zu handeln, fühlte mich manchmal in dieser Aufgabe überfordert. Wann immer ich das Haus verließ, hatte ich ein ungutes Gefühl, Roland ungeschützt zurückzulassen. Nicole wurde von allen verwöhnt, ihretwegen machte ich mir keine Gedanken.

Ich liebte beide Kinder. Dennoch hatte ich eine falsche Entscheidung getroffen. War der festen Überzeugung, nur in der Ehe mit Jochen geben wir unseren Kindern eine Chance, sich optimal zu entwickeln.

Sicher blieb beiden meine zunehmende Abneigung gegen Jochen nicht verborgen. Die Kinder spürten, dass ich unglücklich war und gaben letztendlich sich selbst die Schuld dafür!

Vor allem mein Sohn Roland, ein sehr sensibler Junge, litt mit mir und versuchte, ständig zu trösten. Der Hauptgrund für seinen frühzeitigen Auszug. Er wollte und konnte seine geliebte Mama nicht mehr leiden sehen. Nicole reagierte zurückhaltender, wurde immer ruhiger und wandte sich fast ausschließlich nur noch ihrem Vater zu.

Jochen nutzte diese Situation zu seinem Vorteil aus und setzte mich somit enorm unter Druck.

Als ich diese fatale Situation erkannte, meine Fehler vor Augen hatte, war eigentlich schon alles zu spät, um eine alternative Lösung zu finden. Die Kluft zwischen äußerem Reichtum und innerer Armut wurde für mich immer tiefer und unerträglicher.

Ich trennte mich sehr schnell und konsequent von Jochen. Im Dezember reichte ich die Scheidung ein.

Mit nur einem Gerichtstermin, wurde unsere Ehe sofort rechtskräftig geschieden. Das Sorgerecht für die Kinder sowie das Wohnrecht, wurden mir zugesprochen. Glücklich geschieden konnte ich das Gerichtsgebäude verlassen. Meinen Exmann Jochen würdigte ich keines Blickes mehr. Versuchte er doch, während der Verhandlung, die Scheidung zu verhindern.

Die nachfolgende Zeit wurde sehr hart für mich.

Roland wohnte nicht mehr bei uns, Jochen zerfloss in seinem Selbstmitleid und Nicole wandte sich völlig ab.

Wenn ich abends Daniel traf, stellte mich Jochen als schlechte Mutter dar.

Er brachte dann Nicole abends zu Bett, aber pflegte seine Affären tagsüber. Dienstlich konnte ich mir das nicht erlauben, musste immer auf die Freizeit ausweichen.

Für sein Verhalten erntete er meine volle Verachtung.

Er führte stattdessen weiter den Kampf mit seinem inneren verletzten Ego.

Meine Freundin Doreen redete mir täglich ins Gewissen, ja sie bedrängte mich förmlich, auch Daniel zu verlassen.

Das wollte ich aber noch nicht. So wichtig war er mir nicht mehr, die Gefühle schwanden stetig.

Nach meiner Erfahrung, geraten Männer bei einer starken Frau ins Fluchtverhalten oder sie versuchen diese zu versklaven!

Wie auch immer, ich sah mich am Ziel meiner Bemühungen, glaubte alle Probleme gelöst zu haben, fühlte mich frei für neue Vorhaben. Gott wie naiv…!

Erneut musste ich mich bald einem sehr langen und schweren Kampf stellen.

# Geschwisterbeziehung:
# Hass - Neid - Zorn

Wir Menschen besitzen als einzige Lebewesen die Fähigkeit uns selbst zu beurteilen.

Ich versuchte immer, mich zu distanzieren, um eine Situation aus der Vogelperspektive zu betrachten. Dies ermöglichte es mir, größere Zusammenhänge zu erkennen und mich selbst nicht mehr für das Zentrum der Welt zu halten.

Unsere Geschwisterbeziehung war eine Beziehung unter Rivalen, urwüchsiger und spontaner als jede andere Beziehung. Geschwisterkonflikte zerstören Vertrauen und zwar dann, wenn es um Privatsphäre ging. Die Kommunikation miteinander wurde auf ein Minimum reduziert.

Laut einer Studie der Harvard-Universität, sind Erstgeborene intelligenter, heiraten mehrmals und meist auch Erstgebärende. Das kann ich nur bestätigen.

Verzweifelt lebte ich im Elternhaus vor allem mit meiner jüngeren Schwester Gerda, die einen großen Einfluss auf mich ausübte. Ich hatte ein Motto, welches ständig meine Gedanken vergiftete.

„Ich halte alles aus, es sei denn ich sterbe daran!"

In meinen Träumen und manchmal auch heimlichen Gebeten wünschte ich mir, stark zu sein. Sagte mir:

„Es ist nicht angenehm, das jeder versucht, mich zu kränken, zu demütigen, ob ich es jedoch zulasse, das entscheide ich selbst!"

Es nahm mich keiner ernst, das war mir egal, ich muss mich ernst nehmen, nur das zählt.

Das alles ist nicht mein, sondern deren Problem!

Meine Schwester Gerda begeht heute ihren 65-jährigen Geburtstag und meine Gedanken an sie, sind mit guten Wünschen verbunden.

Ganze zehn Jahre sind bereits seit unserem letzten Treffen vergangen.

Es war eine tragische Geschichte, die mich zwang, jeglichen Kontakt einzustellen. Nie gab ich die Hoffnung auf, eine gute Beziehung mit Gerda zu führen.

Leider wurde unsere Geschwisterbeziehung von Hass, Neid, Zorn und Schuldgefühlen begleitet.

Mutter Veronika verhätschelte Gerda, was sie sich auch wünschte, sie bekam es.

Als trauriger Zaungast habe ich erfahren müssen, wie ungerecht doch Eltern sein können. Gerda zahlte dafür auch einen hohen Preis. Es fehlte ihr die Erkenntnis, dass sich nicht alles auf der Welt kaufen lässt. Sie wuchs behütet auf, ohne die Realitäten des Lebens anzuerkennen und hatte keine Übung darin, für sich selbst verantwortlich zu sein.

Nach dem Tod meiner Großeltern, brachte man mich zu den Eltern in die Großstadt. Das geschah im Monat April. Gerda war erst wenige Wochen alt.

Wir lebten in einem riesigen Haus am Stadtrand. Allein waren wir selten, es waren ständig Besucher präsent. Viele meiner Erinnerungen sind längst schon verflogen, doch eine Situation blieb unvergessen.

Die Herzlichkeit und Freude vieler Besucher, wenn sie Gerda begrüßten. Ein Akt von Liebkosungen und Streicheleinheiten, fand dann kein Ende. Ich dagegen durfte mich geehrt fühlen, wenn sie mir flüchtig ihre Hand zur Begrüßung reichten.

Mein Gefühl bestätigte sich damit, unerwünscht zu sein. Es fühlte sich so fremd und unwirklich an, nie hatte ich bei meinen Großeltern solch eine Situation erlebt.

Wenn Mutter Veronika sich mit Gerda beschäftigte, hoffte auch ich auf ein wenig Zuwendung. Sie aber schimpfte nur genervt: „Geh raus spielen!"

Ihre laute Stimme brachte Gerda zum Weinen. Folglich wurde Veronika noch zorniger:

„Verfluchte Göre, wärst du doch bloß auf dem Gut geblieben!"

Ich suchte Beistand beim Vater, wenn ich Glück hatte, war er noch halbwegs nüchtern.

Dann strich er über meinen Kopf:

„Mädchen, sie meint es doch nicht so."

Dabei kam mir seine Alkoholfahne so geballt entgegen, dass mir ganz übel wurde.

Der Tag meiner Einschulung nahte, aber ich erhoffte auch ungeduldig das Heranwachsen Gerdas.

Mit meiner kleinen Schwester spielen, sprechen und herumtollen können, dass wünschte ich mir. Es blieb ein Tagtraum.

Sobald ich mittags aus der Schule kam, wurde Gerda in den Kinderwagen gesetzt und ich musste sie ausfahren. Je schneller meine Schwester heranwuchs, je mehr wandte sie sich von mir ab.

Mutter Veronika hing sie ständig am Rockzipfel, brauchte nur einen Laut von sich geben und jeder Wunsch wurde sofort erfüllt. Dabei stand ich immer im Abseits, Gerda wurde umsorgt, ich nur versorgt.

Der erste Schultag meiner Schwester wird mir immer in Erinnerung bleiben. Ich wollte ihre neuen Bücher anschauen, mit ihr lesen, dabei Zahlen und Buchstaben erklären. Sie aber schrie, packte schnell alle Bücher in die Mappe und rannte zu Mutter Veronika. Sofort wurde Gerda mit Schokolade beruhigt.

Ich wäre ja ein dummes Kind und sie solle mich einfach nicht beachten. Dann lachten beide und verschwanden im Wohnzimmer.

So kannte und erlebte ich meine Schwester.

Später, ich besuchte schon die Oberschule, spionierte sie mir ständig nach. Gerda belauschte meine Telefonate mit Freunden, um mich dann abends bei den Eltern zu verpetzen.

Wenn Mutter Veronika mich beschimpfte, mit einem Kleiderbügel schlug, rieb sich Gerda die Hände vor Schadenfreude. Anschließend kuschelten die zwei auf der Saloncouch.

Sehr lange konnte ich mir ihr Verhalten nicht erklären. Darunter litt ich furchtbar und konnte mich nicht wehren. Wie denn auch?

Mitzuerleben, wie sie von Geburt an geliebt und vergöttert wurde, bereitete mir Höllenqualen. Je älter meine Schwester Gerda wurde, schikanierte und demütigte sie, wann immer sich die Gelegenheit bot.

Zutiefst bedaure ich, dass uns keine schönen Momente, Gedanken oder Erinnerung aus der Kindheit verbinden. So sehr ich mich auch bemühte, zwischen uns einen guten Kontakt herzustellen…keine Chance!

Doch dabei wollte es Gerda nicht belassen. Unterstützt durch Mutter Veronika, fanden die Kränkungen kein Ende.

Als ich die Oberschule besuchte und mich bemühte Schulfreunde zu finden, spionierte Gerda und erzählte es abends den Eltern.

Die bestraften mich sofort mit Stubenarrest und Putzarbeiten. Einen Trumpf hatte ich, obwohl sie fast täglich meine persönlichen Sachen durchsuchten, gelang es ihnen nicht, mein Tagebuch zu finden. Das lag gut versteckt auf dem Dachboden, hinter einem lockeren Ziegelstein.

Was waren wir doch für eine „verrückte" Familie. Der Vater versteckte seinen Alkohol im Keller zwischen Stapelholz. Mutter Veronika drehte sich Diamanten in den Bauchnabel und Gerda gab die falsche Schlange.

Mein Tagebuch ruhte derweil von Spinnen beschützt, nebst gurrenden Tauben auf unserem Dachboden.

Veronika machte sich kaum Gedanken um ein Versteck fürs Bargeld. Mit akribischer Sorgfalt schlug sie es in Pergamentpapier ein und legte es anschließend in die Backröhre des Herdes. Darüber informierte sie nur Gerda, ein fataler Fehler.

Wenige Zeit später begrüßten wir an unserer Schule eine chinesische Delegation. Die Gäste hospitierten im Unterrichtsfach Staatsbürgerkunde und sprachen über die Traditionen ihres Landes.

Aus Brotteig wurden wunderschöne Figuren geformt, die historische Personen darstellten. Abschließend wurde alles kurz im Backofen gebrannt.

Das mussten wir zuhause natürlich gleich ausprobieren. Schnell war der Teig zubereitet und dann rein damit in unseren Backofen.

Plötzlich bemerkte meine Freundin:

„Sag mal, riechst du das auch, komisch wie nach verbranntem Papier? Stimmt, vielleicht liegt es am Teig, lass uns lieber den Ofen ausschalten."

Ich ging der Sache nach.

„Oh je, da liegt ja verbranntes Papier auf dem Blech!" Kreideweiß vor Schreck erkannte ich, dass es Geldscheine waren. Wer auch immer das Geld dort platzierte, nun mussten wir schnell handeln.

„Bärbel, du bist meine beste Freundin, bitte hilf mir, wir müssen erst einmal alles vernichten und danach reinigen. Das gehört sicher Veronika, die bringt mich um, wenn sie erfährt, dass ich dafür verantwortlich bin!"

Bärbel beruhigte mich und wir entsorgten zuerst die Brotfiguren. Dann reinigten wir den Backofen mit Salz, der Tipp kam von ihrer Oma.

Mutter Veronika schwieg eisern, sie verlor nie ein Wort über den verbrannten Geldschatz im Backofen.

Wenn meine Schwester Gerda sich mit mir arrangiert hätte, wäre vielleicht die gemeinsame Kinder- und Jugendzeit positiver verlaufen.

Ich erinnere mich an eine Situation, die beispielhaft für viele steht. Als ich meinen ersten Mann kennenlernte, schenkte er mir einen Wildledermantel aus Frankreich. Gerda und Mutter Veronika entdeckten ihn auf dem Gabentisch und mit der Freude war es fortan vorbei.

Wochenlang bedrängten sie mich, diesen Mantel Gerda zu geben. Ich aber wollte ihn behalten, auf gutes Aussehen und modische Kleidung habe ich immer geachtet. Sie gaben keine Ruhe, Mutter Veronika beschimpfte mich sogar:

„Du bist eine so undankbare Göre. Dir habe ich gerade hochwertig eine Wohnung eingerichtet. Dafür habe ich fast ein Vermögen investiert. Schenke deiner Schwester doch endlich diesen Scheißmantel!"

Sie tobte und fluchte, bis ich weinend den Mantel holte und ihn Veronika wütend überreichte. Sie riss ihn an sich und schlug mir dabei ins Gesicht.

Was war ich doch damals feige und eingeschüchtert. Mein Verlobter verlor nie ein Wort darüber, zeigte sich jedoch sehr betroffen.

Als wir verheiratet waren, hatte meine Schwester Gerda kaum noch eine Chance, mir das Leben zu erschweren. Mutter Veronika aber dafür umso intensiver.

Mein Herzenswunsch, studieren zu dürfen, wusste sie erfolgreich zu verhindern. Für Gerda engagierte sie sich sehr. Meine Schwester begann ein Medizinstudium, das sie bereits nach nur zwei Monaten wieder beendete. Kurz darauf lernte sie ihren zukünftigen Ehemann kennen, wurde schwanger, zog in eine eigene Wohnung und heiratete.

Wir begegneten uns meist nur an Feiertagen oder Familienfesten. Mutter Veronika sorgte für Gerda finanziell und materiell. Sie schenkte ihr ein Auto und buchte exquisite Fernreisen.

Neid kannte ich nicht, war aber sehr oft traurig und verzweifelt, wenn beide mich spüren ließen, wie groß doch die Freude war, mich zu demütigen.

Sie taten es, um sich gut zu fühlen. Ein Vorfall, der sich an Weihnachten ereignete, lässt noch heute Tränen in meine Augen schießen.

Mit viel Liebe hatte ich unsere Wohnung weihnachtlich dekoriert und ein Menü vorbereitet. Nebst meinen Eltern, kam auch Gerda mit Familie. Als wir gerade mit der Bescherung beginnen wollten, erklärte meine Schwester, sie hätte schon zuvor ihre Geschenke erhalten.

Mit einem hämischen Grinsen konzentrierte sie sich gespannt auf Veronikas Gaben für meine Kinder. Roland bekam rote Socken, eine Uhr vom Wühltisch, komplett mit Preisschild über 3,- DM ausgezeichnet. Enttäuscht begutachtete er sein Geschenk, bedankte sich höflich bei den Großeltern.

Nicole konnte es kaum erwarten, Oma Veronikas Weihnachtspaket zu öffnen. Doch was kam da zum Vorschein? Ein bereits benutzter Kosmetikkoffer, der starke Gebrauchsspuren erkennen ließ. „MS-Astor" stand in Goldschrift zu lesen. Ja, genau das Traumschiff aus einer ZDF Serie. Ein Mitbringsel ihrer Kreuzfahrt!

Als Nicole diesen kleinen Koffer öffnete, verschlug es uns allen die Sprache. Zehn kleine Apothekenproben der Marke „Latschenkiefer", gegen Schweißfüße zum Baden und Einreiben! Das Haltbarkeitsdatum bereits abgelaufen.

Dieses Weihnachtsgeschenk überreichte sie nun meiner pubertierenden Tochter Nicole. Gerda konnte sich ein schadenfrohes Grinsen nicht verkneifen, als sie sich bei ihrer Oma dafür auch noch bedankte.

Am Abend telefonierte ich mit meiner Schwester, ich weinte und erhoffte Beistand von Gerda. Sie aber zeigte keinerlei Emotionen.

Was ging nur in ihr vor? Warum konnte sie zusehen, wie Mutter Veronika auch noch meine Kinder missachten und demütigten musste?

Vor Jochen, meinen Kindern Nicole und Roland, schämte ich mir so sehr für Veronikas Verhalten und das am Heiligen Abend.

Einmal als Veronika ernsthaft erkrankte und ich sie in der Klinik besuchte, sprach sie sich in einer ruhigen Minute aus.

„Regina, mein Kind, denke nicht so schlecht von mir, manches scheint anders, als es wirklich ist. Mir geht es gesundheitlich sehr schlecht, vielleicht muss ich sterben." Sie weinte verzweifelt und sprach weiter. „Deine Schwester Gerda verbot mir all die Jahre, dich finanziell und materiell zu unterstützen. Sie kontrolliert akribisch meine Konten, stellt ständig Forderungen. Glaube mir, Gerda ist zerfressen von Neid und Missgunst auf ihre Schwester!"

Mutter Veronika wirkte dabei so verzweifelt, ich war mir fast sicher, sie spricht die Wahrheit aus.

Was war nur zwischen beiden Frauen geschehen, was wusste meine Schwester Gerda, womit konnte sie Mutter erpressen?

Fragen die mich sehr belasten, wofür ich nun vielleicht nie eine Antwort erhalten werde. Konnte Gerda wirklich so grausam sein oder Veronika so verlogen?

Ein großer Teil meiner Lebensqualität ging somit verloren. Zum Vorschein kam wieder meine Angst, die ich weiterhin mit Medikamenten unterdrückte und bekämpfte. Wenige Zeit später geschahen noch zwei prägende Ereignisse, die letztendlich zum völligen Kontaktabbruch führten.

Meine Schwester heiratete den Vater ihres Kindes, ein Mann südländischer Nationalität. Diese Ehe wurde schnell, aufgrund unüberwindbarer Differenzen wieder geschieden.

Gerda tat mir aufrichtig leid. Mutter Veronika sorgte derweil Tag und Nacht, liebevoll und selbstlos für Tochter und Enkel. Sie mussten keine schlaflosen Nächte durchwachen, weil Sorgen ihnen den Schlaf raubten. Bei dem Gedanken an Gerda, bewegt mich ein Erlebnis, das weit bis in meine Kindheit zurückreicht.

Es verband mich ein Symbol mit meiner wundervollen Großmutter Elisabeth, die Rose.

Sie liebte die Königin der Blumen. Seit Jahrtausenden haben Rosen eine besondere Bedeutung für den Menschen. Sie sind Symbol für Unschuld, Schönheit, Lebenskraft und für die Liebe. Großmutter liebte Rosen so sehr, dass sie täglich den Himmel meines Stubenwagens mit frischen Rosen bestückte. Ein Ritual, das sie erst beendete, als ich ein Kinderbettchen erhielt.

Später saßen wir zwei oft im Zimmer am großen Holztisch und kramten in ihrer Schmuckschatulle. Dabei zeigte sie mir einen filigran gearbeiteten Ring, mit einem Diamanten als Rosenblüte gefasst. Ein Erbstück ihrer Mutter. Diesen Ring, in Form einer langstieligen Rose gearbeitet, sollte ich nach ihrem Tod tragen. Sie war sehr gläubig und sagte oft:

„Er wird dich ein Leben lang beschützen."

Großmutter erzählte mir Geschichten über den Ring, den bereits ihre Urgroßmutter zur Vermählung trug! Täglich sprachen wir über das mystische Schmuckstück. Als meine Großmutter Elisabeth starb, riss ihn Veronika sofort an sich. Es waren noch viel wertvollere Schmuckstücke darunter, aber nein, sie nahm ihn mir weg.

Veronika musste Großvater versprechen, dass sie den Ring für mich aufbewahrt. An meinem achtzehnten Geburtstag sollte ich ihn endgültig erhalten.

Ich glaubte ihr! Veronika trug nie den Rosenring, aber immer wenn sie ausging oder verreiste, zeigte sie ihn mir.

Jahre vergingen, mein Geburtstag kam, ich wurde endlich volljährig und freute mich wahnsinnig auf Großmutters Ring. Aber falsch gedacht, Mutter Veronika trug ihn, sie hatte noch viel wertvolleren Schmuck, doch sie zeigte ihn voller Stolz. Ich brachte nicht den Mut auf, den Ring zu erbitten.

Bald darauf folgte meine erste Eheschließung, ich war voller Hoffnung, traditionell wird sie mir vor der Trauung Großmutters Ring anstecken.

Doch welch ein Irrtum, Mutter trug ihn triumphierend vor unseren Gästen und genoss dabei sichtlich meinen Schmerz.

Zur Geburt meines Sohnes Roland, hoffte ich auch vergebens auf das einzige Andenken meiner Großmutter. Als junge Frau und Mutter, nahm ich endlich meinen ganzen Mut zusammen und bat Veronika um eine Erklärung.

Mit zitternden Knien ging ich zu ihr und forderte sie auf, doch endlich ihr Versprechen einzulösen und mir den Ring zu geben.

Doch sie beschimpfte mich mit ordinären Ausdrücken und gab mir eindeutig zu verstehen, sie könne meine Verzweiflung so richtig genießen! Den Ring aber würde sie keinesfalls hergeben.

Das Leben ging weiter, inzwischen habe ich ein zweites Mal geheiratet und meine Tochter Nicole geboren. Der Ring verweilte weiterhin in Veronikas Schmuckkasten. Ich wusste, sie wollte mich demütigen und das gelang ihr auch, nahm sie mir doch das einzige Andenken an eine wundervolle Frau, Großmutter Elisabeth.

An einem Weihnachtsfeiertag traf sich unsere Familie bei den Eltern zum Essen. Meine Schwester Gerda kam mit Sohn zu Besuch. Als sie mir zur Begrüßung ihre Hand reichte, funkelte mir der Rosenring entgegen. Stolz mit einem triumphierenden Lächeln im Gesicht, sagte sie nur:

„Den habe ich von Mutti bekommen!"

Fassungslos erklärte ich ihr, er sei das einzige Andenken an die Zeit mit Großmutter, meine Kindheit habe ich dort verbracht. Gerda lachte nur:

„Dann hätte Mutter ihn dir geben können, du bist schön genug, wirst geliebt und brauchst keinen Diamanten. Lass dir doch von deinem reichen Mann einen schenken!"

Schwester Gerda besaß inzwischen den gesamten Familienschmuck, aber sie trug provokativ nur den Rosenring. Meinen Schmerz über diesen Verlust habe ich nie überwunden.

Ich traf Gerda nach Jahren noch einmal zur Trauerfeier meines Vaters Wilfried. Viele Menschen kamen zum Abschied. Die Vorgeschichte zur Beisetzung ist jedoch so grausam und noch immer nicht in Worte zu fassen.

In letzter Sekunde, unter Trauer und Schock stehend, konnte ich es noch juristisch verhindern, dass mein Vater Wilfried im Ausland, verbrannt, eingeäschert und anonym beigesetzt werden sollte!

Ein ausdrücklicher Wunsch Mutter Veronikas und auch der meiner Schwester Gerda, um Kosten zu sparen.

Ich aber kämpfte für meinen Vater.

Im Rahmen einer sehr bewegenden Trauerfeier, nahmen wir würdevoll Abschied von einem wunderbaren Menschen.

Er war nur leider zu schwach, um auf sich selbst und seine Bedürfnisse zu achten. Vater Wilfried wurde in seiner Heimatstadt Berlin beigesetzt.

Nach diesem Ereignis, habe ich jeglichen Kontakt zu Mutter Veronika und Schwester Gerda abgebrochen.

Ein zwingender Grund für mich, das Erlebte in einem Buch zu verarbeiten:

„Meine Mutter eine Stasi-Hure"

Auch wenn ich mit diesem Buch vielleicht den Glauben an den traditionellen, kulturell gesicherten Mythus von der grenzenlosen Mutterliebe erschüttert habe!

Die jahrelangen Erfahrungen mit Gerda haben mir gezeigt, manchmal ist es sinnvoller, wenn Geschwister getrennte Wege gehen.

Vielleicht war es generell ein Problem in unserer Familie, Mutter Veronika pflegte auch keinen Kontakt zu ihrer Schwester.

Vater hatte kaum Kontakt zu seinem Bruder. Gerda war schon immer sehr materialistisch eingestellt. Vielleicht stimmte ja auch Veronikas Behauptung, meine Schwester will um jeden Preis verhindern, dass ich im Testament bedacht werde. Der Osten erbte anders, denn in der DDR gab es kein Pflichtteilsanspruch.

Rückblickend bin ich der festen Überzeugung, dass vor allem Mutter Veronika durch ihre Verhaltensweise, einen verdeckten Narzissmus lebte. Sie war eine Psychopathin. Ein trojanisches Pferd – sie kam ohne Vorwarnung und zerstörte alles, was sich ihr in den Weg stellte.

Meine Schwester, eine Meisterin der Manipulation. Ihr Handeln, ein Versuch zur Wiederherstellung ihres zerstörten, psychologischen Gleichgewichts.

Geschwisterbeziehungen sind ein gewaltiges Kapital. Es ist eine Beziehung der großen Gefühle zwischen Liebe und Hass.

Als Kinder vertrauten wir manchmal einander und waren im nächsten Moment größte Rivalen in einer riskanten Familienkonstellation.

Die Hoffnung auf das einzige Andenken meiner geliebten Großmutter Elisabeth, ihren Rosenring, musste ich nun endgültig aufgeben.

Wie ich sie hasse, die Ohnmacht vor dem Bösen!

# Affären – Magie der Sinne

Jede Affäre hat ihre Wahrheiten, positive und negative. Sie sind von Begegnungen bestimmt, die sind für immer und andere, damit man etwas begreift.

Ein zwei geklaute Stunden Ekstase und schon ist man mittendrin im Karussell aus Leid und Lust namens Affäre. Der Reiz des Unvorhersehbaren, verführerisch und zerstörend zugleich.

Meine Geschichte ist jedoch keine der Geschichten über heimliche Liebhaber. Ich wollte Männer in meinem Leben kennenlernen, aber ich wollte frei sein von meiner Angst davor, von ihnen gefangen, bedrängt oder gar benutzt zu werden.

Intuitiv und instinktiv wusste ich, dass es mich kurzfristig befreien würde, wenn ich alternative und interessante Lebensquellen entdeckte und zusätzliche Befriedigungsmöglichkeiten suchte.

Außerhalb der Ehe führte ich mein eigenes Leben. In meinen wilden Affären erlebte ich emotional unausgesprochenen Groll, stille Sehnsüchte und furiose Ausbrüche. Aber auch zauberhafte Romantik und unvergessene Stunden intimster Zweisamkeit.

Unabhängig von moralischen Wertvorstellungen, muss ich ehrlich eingestehen, ich genoss es und es bereitete mir viel Spaß.

Regina, eine Femme fatale, gepaart mit Charme und Intellekt, verführerisch mit magischen – dämonischen Zügen.

Männer erotisch an mich binden, sie zu manipulieren, dabei ihre Moral untergraben und wenn nötig auch auf fatale Weise ins „Unglück" stürzen...!

Ja, ohne Zweifel, ich trug Mutter Veronikas Gene in mir. Sie waren mein größtes Kapital und dominierten mein exzessives Leben. Männer verliebten sich in mich. Einen Augenblick lang glaubte ich, dass sie mich gesehen hatten und das was sie sahen, auch liebten.

Doch das Feuer der Emotionen schlug wie immer rasch um in Angst vor Nähe und Verlust.

Denn ich kannte mein grausames, jämmerliches Geheimnis.

Mir war bewusst, dass sie nicht mich liebten, sondern das wunderbare und verführerische Bild, dass ich ihnen und der Welt bot.

Meine panische Angst davor, in einem Augenblick der Unachtsamkeit könnten sie das darunter verborgene, hilflose und unsichere Kind entdecken. Ein wehrloses Mädchen, das sich verzweifelt an ihren Retter klammern wollte.

Was ich in meinen Ehen so vermisste, lebte ich in meinen Affären aus, ohne dabei Prioritäten zu setzen.

Es gab interessante und dominante Männer, die bereit waren alles zu geben. Ich konnte dabei immer einen auswählen, der nur für mich maßgeschneidert war.

Einerseits musste ich nicht zu viel Nähe befürchten und konnte meinen Selbstschutz aufbauen, um nicht in ihre Abhängigkeit zu geraten.

Andererseits haben mich die Erfahrungen auch gelehrt, ein Mann scheut eine Konfrontation um jeden Preis. Er wird immer den Weg des geringsten Widerstandes wählen.

Dagegen müssen wir Frauen ein gutes Gedächtnis besitzen, um durch kleine Notlügen nicht in Verlegenheit zu geraten.

Jede Frau sollte einmal diese unbeschreibliche Magie einer Affäre spüren und erleben. Dabei gibt es keine Grenzen für Gedanken, Gefühle und Begehren.

Es ist nur die Angst, die immer Grenzen setzt.

Manchmal muss man eigene Grenzen überschreiten, um sie erweitern zu können.

Der Reiz des Neuen und Unbekannten, lässt Frauen und Männer heimliche Affären beginnen.

Ich finde es nur natürlich, dass Frauen, die in einer festen Beziehung leben, ab und zu davon träumen,

Sex mit jemandem anderen als ihren Partner zu haben.

Leider finden nur wenige den Mut, diese Fantasien auszuleben. Den meisten Frauen ist das Träumen schon aufregend genug. Sehr bedauerlich, sie werden nie erfahren, was sie da versäumen!

Wird jedoch die sexuelle Anziehungskraft vom Objekt der Begierde erwidert, dann könnte diese Fantasie plötzlich realistisch werden.

Für mich lag der Reiz einer intimen Beziehung zu einem anderen Mann vor allem darin, vielleicht dem Traummann begegnet zu sein.

Erst viel später wurde mir bewusst, das was ich suchte, kann mir kein Mann geben, das kann ich mir nur selbst geben!

Doch plötzlich war dann wieder dieser erotische Funke allgegenwärtig und gestaltete mein Leben aufregend. Es ist diese unbeschreiblich sinnliche Spannung, die in meinen Ehen zusehends verblasste.

Neben sexuellem Genuss, war die Affäre mit dem neuen Partner auch eine Auszeit vom Alltag, beruflichen Stress und Problemen.

Ja, selbst die Kinder verschwinden für ein paar Stunden aus dem Kopf und man kann mit absoluter Hingabe, leidenschaftlich die wilde Lust genießen.

Dabei war mir natürlich jederzeit bewusst, welchen unwiderruflichen Schaden solch eine Beziehung davontragen kann. Das ist jedoch nicht die einzige Gefahr, die Affären beinhalten.

Es passierte mir meist, dass sich starke Gefühle in die eigentlich rein erotische Beziehung einschlichen. Beide Partner wollten plötzlich mehr voneinander, als nur ein paar leidenschaftliche Stunden oder Tage. Aus der Affäre entwickelte sich emotional eine über Monate bestehende Partnerschaft, die auf schlechten Voraussetzungen beruhte.

Spontan und ohne Warnsignale erlosch bei mir nach fast identischem Zeitmuster, der sexuelle Reiz des Anderen. Ich ging wortlos, ohne Emotion.

Meine erste Affäre begann im Hochsommer.

Mit unserem Geschäftsführer fuhr ich spät abends zum Flughafen, um ein Team von Computerspezialisten für ein Seminar in Empfang zu nehmen. Wir hatten für sie in einem Seehotel Zimmer gebucht. Für den nächsten Tag war ein Segeltörn geplant, da sich unter ihnen auch einige Wassersportler befanden.

Als der Flieger sich verspätete, suchten wir ein kleines Restaurant in Nähe des Terminals auf. Stephan ein charmanter Gentleman mit guten Umgangsformen stand kurz vor seiner Pensionierung. In zweiter Ehe verheiratet, attraktiv und sehr sympathisch.

Er war nicht glücklich, das spürte ich, dennoch verlor er kein Wort darüber.

Montags erschien er immer sehr bedrückt und nervös im Büro. Ab Wochenmitte lief er zur Höchstform auf, lachte und machte Späße. Je mehr wir uns aber dem Wochenende näherten, wirkte er ruhiger und in sich gekehrt. Über sein Privatleben sprach er nicht, hatte aber immer ein offenes Ohr für die Probleme und Sorgen seiner Mitarbeiter.

Ich weiß nicht, ob es die Flughafenatmosphäre oder die Hitze der Nacht war. Während wir auf die Maschine warteten  und uns bei einem Glas Rotwein vielleicht zwei Sekunden lang zu tief in die Augen schauten.

Stephan nahm plötzlich meine Hand, er sprach kein Wort, seine Blicke jedoch Bände.

Als wir später zum Terminal gingen, suchten wir die Nähe zueinander. Bei der Rückfahrt im Auto verband uns eine unausgesprochene Sehnsucht.

Am nächsten Tag feierte ich meinen Geburtstag.

Mit Kuchen und Champagner im Büro angekommen, empfingen mich schon alle Mitarbeiter und gratulierten. Wir feierten ein bisschen, bevor sich dann wieder routiniert den Tagesaufgaben gewidmet wurde.

Ja, wir waren schon ein tolles Team.

Stephan bat mich in sein Büro, überreichte charmant eine Baccara-Rose, verbunden mit einer Einladung für ein romantisches  Wochenende im Wasserschlosshotel.

Das kam für mich nicht überraschend, waren wir doch beide Romantiker. Ein wenig Zweifel verspürte ich schon, doch dann sagte ich zu.

Jochen war mit den Kindern ans Meer gefahren, warum sollte ich nun zu Hause hocken und Trübsal blasen. In einem Telefonat erzählte ich es gleich Doreen, sie kommentierte sofort:

„Diese Gelegenheit bekommst du nie wieder, wovor hast du denn Angst? Gerade du müsstest schöne Erinnerungen schaffen, um stark sein zu können in schlechten Zeiten!"

Im Büro verhielten wir uns weiterhin reserviert, unser kleines Reisegeheimnis wollten wir nicht preisgeben.

Am späten Nachmittag fuhr Stephan mit mir zum Abendessen in ein altes Burgschloss. Dort hatte er im Konzertsaal einen Tisch reservieren lassen. Wir saßen unter schweren Kristallleuchtern und genossen das Dinner in Begleitung zauberhafter Konzertklänge.

Er erzählte mir seine Lebensgeschichte, dann sprach er über uns. Später entführte Stephan mich in eine Suite… legte Mozarts Meisterwerke auf.

Wir träumten am Kaminfeuer. Stephan plante imaginär eine gemeinsame Zukunft… ich küsste ihn sanft, damit er schwieg…er war ein Gentleman.

Eine romantische Affäre führte mich im November in ein rustikales Berghotel.

Jochen hatte für mich einen Wellnessurlaub gebucht. Ich sollte mich mal richtig verwöhnen lassen, fernab vom Alltag und Kinder.

Anfangs zeigte ich für diese Idee wenig Begeisterung. Wiederum eine Woche volles Verwöhnprogramm, ganz allein, wollte ich nun doch in Anspruch nehmen.

Bereits wenige Tage später fuhr ich schon mit der Bahn in den wunderschönen Süden Deutschlands.

Am Zielbahnhof eines kleinen Örtchens angekommen, begann bereits der Spaß und hörte nicht mehr auf.

Ein freundlicher Bahnhofswart mit Kelle und Pfeife, konnte den Fernzug zur Weiterfahrt nicht freigeben.

Warum? Mein Gepäck befand sich noch nicht vollständig auf dem Bahnsteig.

Etwas grimmig erkundigte er sich, ob es sich um einen Umzug handelt, der Zug müsse doch nun pünktlich weiterfahren.

Noch lustiger dann der Taxifahrer. Wie lange ich denn im Berghotel bleiben würde, dabei richtete er gezielt seinen verschmitzten Blick auf meine Gepäckstücke. Doch es störte mich keinesfalls, denn wir Berliner galten in der Ostzone schon seit Urzeiten als Außerirdische.

Na das fing ja gut an, hatte ich vielleicht doch die falsche Entscheidung getroffen?

Mit dem Taxi fuhren wir dann durch tiefe, dunkle Wälder, dabei wurde ich immer ängstlicher und hörte mein Herz deutlich schlagen.

Plötzlich lag sie vor mir, eine wunderschöne weiße Burg mit kleinen Türmen. In der Empfangshalle wurde ich vom schönen, rustikalen Ambiente überwältigt.

Ein grauer Eisenritter stand gleich neben der breiten Holztür. Antike, mit Metall beschlagene Truhen zierten die Wendeltreppe zur oberen Ahnengalerie. Im großen Rittersaal brannte ein knisterndes Kaminfeuer.

Ja, mein Ehemann Jochen hatte weder Kosten noch Mühen gescheut, um mich fürstlich unterzubringen. Das Märchen fand kein Ende, beeindruckt vom Ambiente des Zimmers, öffnete ich erst einmal den Champagner zur Begrüßung. Ein weißer Tüllhimmel krönte mein riesiges Burgfrauenbett. Durch große eisenverkleidete Gitterfenster, verführte der Blick in eine unendlich schöne und vielfältige Landschaft.

Nach dem Abendmahl am Kamin und einem Glas Rotwein in der Hand, träumte ich ins Feuer der tanzenden Flammen. In diesem Augenblick wünschte ich einen charmanten Ritter herbei, doch leider musste ich mit der alten Ritterrüstung in der Empfangshalle vorlieb nehmen. Das erinnerte mich an die Worte meiner geliebten Großmutter Elisabeth.

„Wenn du dir ganz fest etwas wünschst und auch daran glaubst, wird dieser Wunsch in Erfüllung gehen!"

Der Gedanke zauberte mir ein Lächeln ins Gesicht. Ach Omi, als ich noch klein war, habe ich daran geglaubt.

Plötzlich stand er vor mir. Ein Bild von einem Mann und fragte charmant nach, welcher Anlass mir wohl ein so zauberhaftes Lächeln geschenkt hätte?

Spontan setzte er sich zu mir auf die alte Ledercouch.

Wir sprachen so lang miteinander bis das Kaminfeuer erlosch. An diesem Abend spürten wir, dass wir uns noch viel mehr geben können...

Mein Ritter Christian, ein Apotheker, wollte in der Burg über seine Beziehungsprobleme nachdenken. Er gestand mir, dass er vor allem im Interesse der Kinder den Fehler beging, seine Exfrau nochmals zu ehelichen. Als beiden jedoch bewusst wurde, ihre unüberwindbaren Differenzen bestehen nach wie vor, trennten sie sich. Sie flüchtete mit den Kindern zu den Eltern und er ins Berghotel.

Wir wollten nun gemeinsam diese schönen Tage auf der Burg genießen, sechshundert Kilometer weit entfernt von Familie und Alltag.

Von diesem Mann war ich so fasziniert, ich glaubte ihm jedes Wort.

Am nächsten Morgen besuchten wir nur mit Kilt bekleidet, die Natursauna. Anschließend gingen wir schwimmen und ließen uns lukullisch verwöhnen.

Wir waren das „ Paar" des Berghotels, wurden ständig durch andere Hotelgäste verfolgt und beobachtet. Es störte uns nicht, wir genossen unsere Zweisamkeit.

Gegen Abend hielt Christian eine Überraschung für mich bereit.

„ Bitte zieh dich warm und wetterfest an, wir treffen uns dann am Auto."

Er fuhr zu einer ganz in der Nähe gelegenen Tropfsteinhöhle. Mir stockte der Atem, hatte ich doch unglaubliche Angst vor unterirdischen Gängen und Höhlen.

Niemals zuvor hätte ich freiwillig solche Naturwunder erkundet.

Christian, er wuchs auf stolze 1,95 Meter, nahm mich in seinen Arm und versicherte, wir sind in der Grotte nicht allein.

Ein Führer, extra nur für uns bestellt, wäre ständig in der Nähe. Christian versprach, meine Hand nicht mehr loszulassen. Ich vertraute ihm.

Beim Betreten der Grotte taten sich lange, dunkle Wege vor uns auf. Von den Wänden tropfte das Wasser zu Boden. Erst jetzt bemerkte ich, dass wir auf einer kleinen Brücke standen. Wir blickten in einen tiefen Abgrund. Es war feucht und dunkel.

Christian hielt mich ganz fest und wir stiegen weiter in die Tiefe ab.

Dieses stetige  Tropfen von den Wänden hypnotisierte mich. Der Gang, den wir beschritten, wurde immer enger und niedriger. Ich hatte keine Angst, hörte nicht einmal mehr mein Herz schlagen. Am Ende des Ganges standen wir an einem Brückengeländer.

Plötzlich wurde die Grotte durch Scheinwerfer erhellt, ich war den Tränen nah, so wunderschön der Anblick der vielen Stalaktiten  und Stalagmiten, nebst bunten Kristallen.

Niemals werde ich diesen Anblick vergessen.

Ein türkisblauer See lag vor uns.

Ich dankte Christian unter Tränen, das er mich zu diesem einzigartigen Naturwunder führte.

Aber das Märchen fand noch kein Ende.

Er nahm nur meine Hand und stieg mit mir in ein kleines Boot, das einer venezianischen Gondel gleich kam, die uns dann sanft über den türkisfarbenen See der Grotte geleitete.

Für diesen Augenblick hätte ich gern ein paar Lebensjahre geopfert, um die Zeit anzuhalten!

Als wir in unsere Burg zurückkehrten, saßen wir bei Champagner am Kamin. Wir schauten uns nur tief in die Augen.

Einer innigen Umarmung folgte ein langer, sinnlicher Kuss. Uns erregte der leichte Druck den wir verspürten, als sich unsere Körper berührten, bevor wir im Meer der Leidenschaft versanken.

Wir wussten, wir haben unendlich viel Zeit…!

Ich durfte Christian nicht wiedersehen, er lebte im Süden Deutschlands und ich in Berlin. Diese Beziehung würde ganz sicher an der Geographie scheitern.

Schon sehr frühzeitig, um fünf Uhr morgens verließ ich das Berghotel und bestieg ein Taxi, das mich zum Bahnhof fuhr.

Traurig blickte ich noch einmal hoch zum Zimmerfenster, dahinter lebte ich meinen Traum.

Genau am Abreisetag plante Christian noch einen gemeinsamen Ausflug, da war ich schon fast in Berlin.

Zu diesem Zeitpunkt wurde mir bewusst, ich habe mich in ihn verliebt und das tat so verdammt weh!

In mir entflammte eine Sehnsucht, die so stark war, dass sie dazu führte, das Erlebte wiederzugewinnen.

Auch Christian zeigte ernste Gefühle, das spürt eine Frau intuitiv. Ich war mir nicht sicher, versteckte ich mich erneut hinter einer Maske und passte mich vollends seinen Erwartungen an?

Diese innere Lieblosigkeit mir selbst und anderen gegenüber, machte mich verbittert und letztendlich krank.

Ich fühlte auch stark diese innere Lehre, ein wirklich quälender Zustand, der die Neigung zur sofortigen Bedürfniserklärung hervorbrachte.

Es ging mir noch schlechter, als der Zug im Berliner Hauptbahnhof einfuhr.

Kaum zu Hause eingetroffen, erreichte mich schon Christians Anruf.

Wir weinten beim Telefonat, ich bereute sehr meine überstürzte Abreise. Stunden später fragte ich mich, woher kannte er eigentlich meine Telefonnummer? Darüber haben wir nie gesprochen, dachte jedoch nicht weiter nach.

Der Alltag hatte mich schnell eingeholt, mit vielen Gedanken an Christian und unsere wahnsinnig schöne Zeit im Berghotel.

Eine Woche später. Ich erinnere mich ganz genau an diesen Abend, über Berlin tobten sehr starke Gewitter. Dabei deckte eine Windrose komplette Dächer ab.

Meine Kinder schliefen schon, ich bereitete gerade einen Tee zu, da läutete es stürmisch an der Wohnungstür. Barfuß eilte ich zur Tür. Als ich sie öffnete stockte mir der Atem.

„Christian, du ?" Schnell griff er unter meine Arme, ich sank fast zu Boden.

„Hallo Liebes, ich musste dich wiedersehen, ich weiß, dein Mann hält sich dienstlich in Kuba auf."

Langsam erlangte ich wieder die Fassung.

„Was machst du in Berlin, komm bitte rein."

Wir küssten uns leidenschaftlich und schafften es nicht einmal, die Kleidung auszuziehen, spürten nur noch pure Lust und Leidenschaft!

Nach gefühlten Stunden im Flur, kam ich dann endlich zum Kaffee kochen. Wir konnten einfach nicht die Hände voneinander lassen, es fühlte sich so gut an.

Beim Essen, wieder Herr meiner Sinne, fragte ich nach:

„Sag mal Christian, wie kommst du zu meiner Adresse und woher hast du die Telefonnummer, die ist geheim? Jochen ist in Kuba, ja das stimmt, aber woher stammt diese Information?"

Gespannt erwartete ich eine Antwort.

„Regina, ich habe mich in dich verliebt, gegen dieses starke Gefühl bin ich machtlos. Ich habe es in der Hand, damit umzugehen.

Ich kam nach Berlin, um dich zu warnen. Liebes, du musst jetzt ganz stark sein, ich bin Romeo - Agent der Staatssicherheit, kurz gesagt, ich ficke fürs Vaterland!"

Er zitterte, dabei verfärbten sich seine Lippen dunkelblau.

„Was bitte machst du?"

Christian umarmte mich nur ganz fest.

„Gina, auch du hast dich verliebt, wir empfinden tief und ehrlich füreinander.

Aber, ich wurde auf dich angesetzt, habe eine Mission zu erfüllen. Ich kenne deine Kaderakte und deinen Lebenslauf bis ins kleinste Detail. Mir ist nicht bekannt, was die Hauptabteilung Aufklärung mit dir plant.

Liebste, wenn du jemals darüber sprechen solltest, gefährdest du nicht nur unser beider Leben. Du musst wissen, du zerstörst auch das unserer Familien. Die Zukunft deiner Kinder steht auf dem Spiel. Denke bitte immer daran!"

Mir zog es gerade wieder den Boden unter den Füßen weg, jetzt brauchte ich einen großen Cognac und sehr starken Kaffee.

„Christian, dann lass uns jetzt reden, wenn nötig die ganze Nacht und du kannst bleiben, solang du willst. Ich danke dir sehr, dass du mich gewarnt hast, mich interessiert nur, wer hat die Stasi beauftragt und warum?"

„Mein Ehemann Jochen?" Christian lachte laut.

„Nein, dein Mann hat damit absolut nichts zu tun, er darf nie erfahren, dass die dich im Visier haben!

Regina, zwar kann das jetzt mein Todesurteil sein, aber dahinter steht deine Mutter Veronika. Was ich stark vermute, sie wird eine ziemlich hohe Position in den Reihen der Aufklärung bekleiden!"

Ich glühte vor Wut, stand kurz vor einer Panikattacke.

„Christian, halte mich bitte, ich glaube ich werde wahnsinnig, das kann mein Verstand nicht mehr fassen. Meine Mutter Veronika also. Ja das ist typisch für sie, die hasst mich abgrundtief, ist neidisch auf meine Jugend, mein Aussehen. Die ist der Teufel in Person und bringt auch die Hölle zum Erfrieren!

Veronika wusste, du entsprichst genau meinem Beutechema, alles eiskalt geplant, auch unsere Burgbegegnung. Na ja, wenn ich darüber nachdenke, hat das schon eine gewisse Faszination. Was machen wir nun, ich möchte dich nicht verlieren."

Christian berührte zärtlich meine Lippen und fuhr durch mein langes Haar.

„Liebes, wir dürfen uns nicht mehr sehen. Ich werde in meinem Bericht schreiben, du lehnst den Kontakt völlig ab, wolltest nur ein kurzes, erotisches Abenteuer.

Das ist glaubhaft und kann schon mal vorkommen, lass das nur meine Sorge sein. Versprich mir bitte, dass du schweigen wirst und mich niemals vergisst!"

Unter Tränen gab ich ihm mein Wort.

„Wunderbare Regina, du wirst jetzt spüren, was du mir bedeutest. Eine letzte gemeinsame Nacht, lass sie uns unendlich genießen!"

Wir haben uns nie wiedergesehen, er war ein außergewöhnlicher Mann, Freund und Geliebter.

Für viele Menschen ist Politik leider nur ein Begriff. Es geht um alles, was mit Gestaltung und Einflussname in der Gesellschaft zu tun hat, sowohl im persönlichen, als auch im öffentlichen Bereich. Ob in der Politik oder zwischenmenschlichen Beziehungen, wer blind vertraut ist leicht zu manipulieren. Symbolisch gesehen, wenn du Menschen dein Vertrauen schenkst, gibst du ihnen ein Schwert in die Hand, mit dem sie dich verteidigen oder töten können.

Eine verhängnisvolle Affäre, mit all ihren Emotionen und Gefahren, erlebte ich in einer mehrjährigen Beziehung mit Daniel.

Er lehrte an der Universität Naturwissenschaften.

In einem Café nahe der Universität, lernten wir uns kennen. Zuerst bemerkte ich nicht, dass sich Daniel zu mir an den Tisch setzte. Er entsprach keinesfalls meinem Beutechema. Zusätzlich belasteten mich familiäre Probleme so sehr, dass ich kein Interesse an einer erneuten Affäre zeigte. So empfand ich es nur als angenehme Abwechslung, auf sein Gesprächsangebot einzugehen. Dabei erweckte Daniel zunehmend mein Interesse. Er sprach über seine Studenten, die vielfältigen Aufgaben an der Universität. Ich fand ihn sehr sympathisch und charmant.

Über sein Privatleben sprach er nicht, währenddessen ich mein Herz auf der Zunge trug. Gestand ihm vertraulich, in meiner Ehe nicht glücklich zu sein.

Obwohl ich deutlich zu verstehen gab, keinesfalls an einer Affäre interessiert zu sein, tauschten wir dennoch unsere Telefonnummern aus. Darauf folgte ein erneutes Treffen für den nächsten Abend im Café.

Daniel, sein erfrischendes Naturell, empfand ich als willkommene Abwechslung im Ehealltag.

Ich lernte einen interessanten Mann kennen, konnte mit ihm Gespräche über jede Thematik führen, ohne dabei Gefahr zu laufen, Gefühle zu verletzen. Er könnte ein guter Freund werden, daher interessierte es mich anfangs auch nicht weiter, dass er beim Treffen nie über sein Privatleben sprach. Auch geschahen manchmal merkwürdige Dinge, die ich einfach ignorierte.

Es begann damit, dass spät abends unser Telefon in bestimmten Zeitabständen klingelte. Ein Teilnehmer war nie erreichbar. Wenn ich dienstlich Messen oder Seminare besuchte, konnte ich Daniel telefonisch nie erreichen.

In den achtziger Jahren mussten wir noch mit einem Festnetzanschluss vorlieb nehmen, da erst das Zeitalter der Handys begann. Sprach ich mit Daniel über anstehende Dienstreisen, war er so gut über Details informiert, dass es mir die Sprache verschlug. Auch darüber machte ich mir weiter keine Gedanken.

Zwischenzeitlich heiratete meine liebe Freundin Doreen zum dritten Mal. Diesmal ehelichte sie einen Kapitän, der im Auftrag einer Seerederei, Kreuzfahrtschiffe über die Meere steuerte.

Ihre Hochzeitsfeier nahm sie gleich zum Anlass, uns ebenfalls einzuladen. Doreen wollte Daniel unbedingt persönlich kennenlernen, denn es gefiel ihr nicht, dass er sein Privatleben geheim hielt. Diesbezüglich warf sie mir Naivität und Gutgläubigkeit vor.

Hätte ich doch nur ihren Worten den nötigen Glauben geschenkt.

Noch während der Feierlichkeiten teilte sie mir schon ihre Bedenken mit:

„Meine Liebe, vor diesem Mann muss ich dich schützen, der gefällt mir nicht, bitte behandle ihn mit allergrößter Vorsicht!"

So kannte ich meine Freundin nicht, noch nie hat sie sich derart über einen Menschen geäußert. Doreen besaß eine exzellente Menschenkenntnis, ihr erster Eindruck ängstigte mich sehr.

Daniel traf ich weiterhin in unserem Café. Bei einem Treffen bat ich ihn ganz spontan, doch einmal über sein Privatleben zu sprechen. Er reagierte wütend, ja sogar abweisend auf meine Fragen. Sein Gesicht wurde dabei rot vor Zorn, man konnte am Hals seinen erhöhten Pulsschlag erkennen. Sehr gereizt teilte er mir mit, dass meine Fragen deplatziert wären. Seine Reaktion verletzte mich, erweckte aber gleichzeitig auch die weibliche Neugier.

Als Doreen nach einem Monat von ihrer Hochzeitsreise zurückkehrte und wieder in der Villa verweilte, schmiedeten wir einen Plan. Daniels Geheimnis um sein Privatleben, musste nun endlich gelüftet werden!

Er wohnte in einem der begehrten Hochhäuser unseres Standzentrums.

An einem Samstagabend im November, machten wir uns nun auf den Weg in die Stadt. Wir platzierten uns, ausgerüstet mit zwei Nachtsichtgeräten, Angelhockern, und Kaffee im Thermobehälter, auf dem Außenbalkon des gegenüberliegenden Hochhauses.

Auf unseren Angelhockern sitzend, beobachteten wir nun Daniels Wohnung wie zwei Spanner einen FKK Strand. Zeitweilig mussten wir vor Lachen pausieren, stellten uns vor, was wohl unsere Freunde dazu sagen würden.

In uns kamen die kleinen albernden Mädchen zum Vorschein, aber es bereitete so viel Spaß und tat wahnsinnig gut.

Das verging uns aber schnell, als wir durch unsere Ferngläser guckten und in Daniels Wohnung eine nackte Frau erblickten. Diese spazierte abwechselnd zwischenWohn- und Schlafzimmer. Er saß dabei völlig desinteressiert auf seinem Sofa und schaute einen Fernsehfilm.

Als dann plötzlich noch ein kleiner Junge durch die Wohnräume tobte, waren wir völlig irritiert.

Wer war dieser Mann wirklich?

Eine Stunde verfolgten wir dieses Schauspiel. Die Dame führte unentwegt ihren nackten Auftritt weiter und der kleine Junge jagte dabei eine Katze durch die Zimmer.

Vor Schreck genehmigten wir uns erst einmal einen Prosecco, der natürlich auch zum Handgepäck gehörte.

Plötzlich öffnete sich die Tür zum Notbalkon des Treppenhauses und zwei knackige Herren in Lederjacke standen fragend vor uns.

„Einen wunderschönen Abend, die Damen. Interessant sie zu sehen. Verraten sie uns bitte, was sie hier eigentlich treiben?"

Schnell zog ich ein Bild meines Sohnes Roland aus der Tasche. Uns war sofort klar, diese beiden Herren konnten nur von der Stasi sein. Die Leute hockten hinter jedem Busch und nirgends auf der Welt konnte sich eine Frau öffentlich so sicher fühlen, wie in Ostberlin.

Gleich nach dem ersten Schreck ließ ich meinen ganzen Charme spielen.

„Guten Abend die Herren, das erkläre ich Ihnen sehr gern. Bitte schauen sie auf dieses Foto, das ist mein Sohn Roland. Er feiert seine erste Party, ich möchte ihn mein Vertrauen schenken und bin angeblich bei einer Freundin. Mein Mann ist dienstlich in Japan.

Wir Frauen beobachten nun hier vom Balkon aus das Treiben. Ich bin sehr stolz auf meinen Sohn, alles im grünen Bereich in der Wohnung im Hochhaus gegenüber. Verstehen sie mich bitte, ich bin eben eine besorgte und fürsorgliche Mutter, die nichts dem Zufall überlassen will.

Mein Ehemann arbeitet im Ministerium und hält sich gerade im Ausland auf, daher obliegt es meiner Verantwortung den noch nicht volljährigen Sohn zu beaufsichtigen.

Aber darf ich sie vielleicht einladen, auf einen Kaffee oder Prosecco, wir sind hier sehr gut sortiert."

Erstaunt schauten sie uns an und lächelten dabei.

„Wir erhielten eine Eilmeldung, sie wurden von Bewohnern beobachtet.

Erstaunlich, ihr Sohn kann stolz sein auf die Mama. Trotzdem, verlassen sie bitte jetzt langsam den Balkon, es ist auch gefährlich hier oben. Ihre Personalien werden von uns nicht aufgenommen, es ist einfach genial, was wir gerade erleben, das glaubt uns doch niemand. Na dann, noch einen schönen Abend meine Damen!"

Sie amüsierten sich beide und verschwanden wieder durch die Balkontür. Also die waren eindeutig von der Staatssicherheit. Jetzt kann ich Mutter Veronika verstehen, die waren doch sehr nett, und gut sahen sie auch aus!

Wir hatten genug gesehen, packten unsere Sachen ein und verließen das Haus über die Nottreppen. Doreen kommentierte nur:

„Süße, darf ich dir einen Rat geben? Daniel sofort abhaken. Es schwimmen noch viele Frösche im Teich."

Beim nächsten Treffen stellte ich ihn im Café zur Rede. Ich war im Begriff unsere Beziehung umgehend zu beenden. Plötzlich konnte er endlich einmal über sein Privatleben sprechen.

Mit einer alkoholkranken Frau sei er seit drei Jahren verheiratet. Der stressige Job an der Uni und da wäre ja auch noch die Betreuung und Erziehung seines zweijährigen Sohnes Anton. Aus Angst und Scham mich vielleicht zu verlieren, schwieg er.

Er gestand mir, nur ihr gemeinsames Kind würde die Ehe noch zusammenhalten. Tja, heute weiß ich, das ist die klassische Männerlüge!

Sexuellen Kontakt hätten sie seit der Geburt des Sohnes nicht mehr, denn jeder von ihnen führe schließlich sein eigenes Leben.

Erfahrene Frauen wissen natürlich, dies behaupten fast alle Männer, die eine Affäre beginnen wollen.

Ich konnte Daniel gut verstehen, glaubte und vertraute ihm. Obwohl ich erst tags zuvor mit Doreen vom Balkon des Hochhauses beobachten konnte, wie seine Frau nackt durch die Wohnung tanzte.

Daniel war keinesfalls ein Romantiker wie mein Burgritter Christian. Dennoch bemühte er sich sehr, unserer Beziehung ein Hauch von Romantik zu verleihen. Spontan überreichte er mir im Café einen Schlüssel zu seinem Waldbungalow. Mit meinen Kindern erhielt ich somit die Möglichkeit, unserer Stadtwohnung zu entfliehen, wann immer wir auch Lust verspürten.

Damit hatte er mein Herz im Sturm erobert. Als er mir dann auch noch seinen Wagen überließ, während er Tagungen und Seminare besuchte, schmolz ich dahin. Daniels Großzügigkeit beeindruckte mich total und ich war der festen Überzeugung, dieser Mann führt wirklich auch ein eigenständiges, unabhängiges Leben.

Ich begleitete ihn oft auf seinen Dienstreisen. In privater Atmosphäre stellte er mich als Partnerin vor.

Auf gesellschaftlichen Veranstaltungen war ich seine Aspirantin oder persönliche Assistentin. Dabei kamen wir uns sehr nah, dennoch spielte dabei der Sex immer eine untergeordnete Rolle.

Mit meinen Kindern verband ihn ein freundschaftliches Verhältnis. Für Doreen und Jochen blieb er ein rotes Tuch, sie vertrauten ihm nicht.

Im Laufe unserer Beziehung zeigte Daniel zunehmend Eifersucht. Er begann damit, mir Vorschriften und Verhaltensregeln zu diktieren.

Dies nervte mich zunehmend, ein Grund für mich, zeitlich größere Abstände zwischen unsere Treffen zu legen.

Währenddessen begleitete ich unseren Firmenfotografen über ein Wochenende an die Ostsee, wo wir zauberhafte Stunden erlebten.

Nie werde ich den Tag vergessen, als wir abends von unserem Meeraufenthalt zurückkehrten. Der Fahrer parkte den Wagen direkt vor meinem Wohnhaus, wo Daniel uns bereits erwartete.

Er schrie, betitelte mich als Flittchen und erklärte; er sei uns nachgefahren und hätte auch im selben Hotel „Neptun" übernachtet.

Mein Fotograph versuchte die Situation unter Kontrolle zu halten, stellte sich schützend an meine Seite und begleitete mich in Haus.

Jochen beobachtete das Schauspiel schon von der Loggia aus. Gemeinsam sprachen wir noch bis nach Mitternacht über den Vorfall. Dabei musste ich ständig an Doreen denken, ihre warnenden Worte über Daniel. Der stand doch wirklich die ganze Nacht mit seinem Auto vor unserem Haus.

Meinem Ehemann Jochen ging das nun zu weit, ohne mich darüber in Kenntnis zu setzen, suchte er gleich am nächsten Tag Daniels Ehefrau auf.

Jochen erzählte ihr alles über die langjährige Affäre zwischen ihrem Mann und mir.

Als er sie über Einzelheiten informierte, reagierte sie mit Fassungslosigkeit, zitterte beim Cognaceingießen so sehr, dass alles auf dem Tisch landete.

Für sein Handeln war ich Jochen sehr dankbar und dafür, dass er diesen Weg wählte.

Ruhig und gelassen nahm ich seine Botschaft entgegen, zeigte keine Eifersucht und fühlte sie auch nicht.

Aber warum hatte Daniel mich so belogen?

Mit diesem Mann wollte ich nichts mehr zu tun haben, die Enttäuschung war zu groß. Ich brach sofort den Kontakt ab.

Einige Zeit später bat ich ihn erneut um ein Treffen in unserem Café. Vielleicht flammte in ihm dabei der Gedanke an Versöhnung auf.

Für dieses Rendezvous machte ich mich besonders hübsch.

Mit einem Glas Champagner an unserem Lieblingstisch teilte ich ihn voller Stolz mit, seit fünf Stunden eine glücklich geschiedene Frau zu sein.

Erklärte in diesem Zusammenhang auch, zukünftig meinen weiteren Lebensweg ohne ihn zu planen.

Zu viele Lügen, Intrigen – letztendlich vermittelte er mir nur noch das Gefühl, von ihm versklavt zu werden.

Auf eine Reaktion, ein Wort seinerseits wartete ich vergebens. Daniel schwieg. Sein Blick, leer und kalt.

Nach unendlich gefühlten nonverbalen Stunden, hatte ich endgültig genug, stand auf und ging wortlos.

Frisch geschieden, vom Freund und Geliebten spontan getrennt, musste ich erst einmal meine Gedanken und Gefühle ordnen. Dies gelang mir recht gut, die neu erworbene Freiheit spendete die Kraft dafür.

Als ich dann Monate später meinen zukünftigen Ehemann Alexander kennenlernte, erschien plötzlich Daniel wieder auf der Bildfläche.

Er mutierte zum Stalker, verfolgte mich Tag und Nacht. Schlich ständig um unser Haus und stand sogar schon morgens vor dem Institut. Sein irres Verhalten betrachteten meine Mitarbeiter zunehmend mit Sorge.

Daniel terrorisierte mich mit Anrufen und machte auch vor der Chefetage nicht halt.

Nachmittags hielt er sich ständig vor dem Gebäude auf. Er hoffte auf eine Begegnung nach Dienstschluss. Währenddessen verbrachte ich mit Alexander einen zauberhaften Urlaub auf den Kanaren.

Doch Daniel ging noch weiter, von Hass besessen, drohte er damit, meiner Institutsleitung Lügen aufzutischen, die eine sofortige Suspendierung zur Folge hätten. Somit wollte er ein Treffen erzwingen. Was bezweckte er wirklich mit seinen Handlungen?

Ich hatte Angst.

Selbst vor seiner Lehrtätigkeit zeigte er keinen Respekt mehr, sie war ihm gleichgültig geworden.

Doreen fühlte sich nun in ihrer Meinung voll bestätigt. Ständig predigte sie:

„Regina, ich habe dich gewarnt, der ist nicht normal, sondern ein durch geknallter Psychopath! Du bist echt in Gefahr!"

Sie zitierte ihre Oma, die sagte immer, einen Bock verlässt man nicht. Doreen versorgte mich ständig mit Zeitungsartikeln, die täglich über zwischenmenschliche Horrorgeschichten und Tragödien berichteten.

Mein Verlobter Alexander sah nun Handlungsbedarf. Als Geologe verfügt er über eine perfekte Konstellation von Intellekt, Emotion und Kondition.

Zwar kannte er Daniel nicht, war aber sofort der Auffassung, der Mann sei feige und ängstlich. Solche Typen belästigen vorzugsweise immer wehrlose und verängstigte Frauen, diesen Irren müsse man ganz schnell stoppen.

Als Daniel mich wieder einmal in der Stadt mit seinem Wagen verfolgte, passierte es.

In meinem Auto saß auch Alexander, versteckt auf dem Rücksitz. Mitten im Kreuzungsbereich hielt ich spontan an, verursachte sofort einen riesen Stau.

Alexander sprang aus dem Auto, riss Daniels Wagentür auf, packte ihn am Kragen, sprach kurz mit ihm und stieg danach wieder relaxt ins Auto.

Eine moralische Gradwanderung für mich, bei der ich befürchtete, den Verstand zu verlieren.

Anschließend fuhren wir in ein beliebtes Restaurant und ließen diesen ereignisreichen Tag mit einem guten Essen ausklingen.

Alexander hat nie verraten, mit welchen Worten er Daniel so überzeugen konnte, dass der das Stalking sofort einstellte.

Jahre später, wir hielten verkehrsbedingt an einer Ampel. Neben uns ein schwarzer Porsche, hinter dem Lenker...Daniel.

Er erkannte uns sofort, schaute dann stur geradeaus auf die Fahrbahn und jagte mit seinem Auto davon.

Mutter Veronika sprach mich bei einem meiner Besuche gezielt auf diesen Mann an. Ihre Worte rissen mir fast den Boden unter den Füßen weg:

„Regina, ist dir eigentlich bewusst, dass auch Daniel von der Stasi auf dich angesetzt wurde?"

Entsetzt schaute ich sie an.

„Niemals, das glaube ich nicht!" sie aber lachte nur.

„Kind, sei doch nicht so naiv, er ist ein Romeo-Agent und sollte deine Ehe zerstören. Dafür gibt es nur einen Grund. Du musst nun endlich Aufgaben übernehmen, die von der Stasi für dich vorgesehen sind. Aber dieser Idiot verliebt sich in dich und somit wurde auch deine Scheidung sinnlos und uninteressant.

Aber du, meine liebe Tochter, konntest deine frisch erworbene Freiheit in vollen Zügen genießen und wir standen erneut am Anfang. Dein Daniel hat all unsere Pläne durchkreuzt, weil er sich in dich verliebte. Dafür hat ihn die Stasi degradiert und somit war seine Romeo-Kariere beendet!"

Das konnte ich nicht glauben, was für Menschen befanden sich bloß in meinem Lebensraum.

Daniel arbeitete im Auftrag der Stasi. Er benutzte und manipulierte mich. War alles nur gelogen?

Mutter Veronika mischte dabei noch kräftig mit, für mich brach eine Welt zusammen.

Welchen Menschen kann ich noch vertrauen?

Auch Daniel wurde schwach, wie mein Burgritter, der mir in einer intimen Stunde alles gestand. Beide Männer waren Romeo-Agenten der Staatssicherheit, dennoch verliebten sie sich ernsthaft in mich.

Ich denke, allein diese Erkenntnis rettete mich letztendlich vor einem völligen Zusammenbruch.

Die Sexualität empfand ich dabei als Ausdruck eines seelischen Prozesses der Liebe – durch die ich eine kurzfristige Zufriedenheit spürte.

Glücklich war ich in jeder Beziehung nur kurzzeitig.

Ich kannte mein dunkles Geheimnis – niemals werde ich die Sehn(sucht) besiegen, mich neu zu verlieben…!

Überall dort, wo Menschen aufeinander treffen, sind Konflikte und damit auch ein gewisses Maß an Leiden unausweichlich.

Es gab in meinem Leben viele Beziehungen und Affären. Christian und Daniel waren darunter ganz sicher nicht die einzigen Romeo–Agenten der Stasi. Längst hatte ich erkannt, wer sie wirklich waren.

Narzissten, Soziopathen, die fleischgewordene Feigheit. Lügner, Versager, ein Nichts!

Sie handeln zwar ohne jegliche emotionale Intelligenz, aber trotzdem psychologischer Raffinesse. Denn diese Typen wissen sehr wohl, das Hauptelement um Macht über einen Partner auszuüben, ist die Herrschaft über den Kontakt…!

Doch war ich wirklich das Opfer? Nein, keinesfalls!

Jede Beziehung, definitiv jede, beendete ich. Von allen tief verletzten oder enttäuschten Partnern, kam darauf die obligatorische Frage:

„Regina, hast du mich je aufrichtig geliebt?"

Grundsätzlich muss ich ehrlich gestehen, dass (Hass) hinter jeder Interaktion die treibende Kraft war. Partner wollten eine tiefere Verbindung mit mir eingehen.

Ich aber war nur daran interessiert, etwas Bestimmtes zu bekommen bzw. zu erhalten.

Affären, Beziehungen betrachtete ich als eine Art Jagd.

Ich, die unerreichbare Verführerin, die Jägerin und der Mann, war nur die Beute.

Liebt ein Raubtier seine Beute? Die ganz klare Antwort: Nein! Es war mir egal wie ich an meine Beute rankam.

Die Partner (verheiratet oder in festen Beziehungen), waren willentlich an einer dauerhaften Beziehung mit mir interessiert.

Meinerseits war es eine subtile und passive Art der Kontrolle. Sie gaben alles, physisch, psychisch und finanziell.

Alles positive was dabei von mir getan oder gesagt wurde, hielt nur solange an, bis ich am Ziel war.

Die diabolische Seite in mir wurde solange unterdrückt.

Mir war nicht wichtig was Partner waren oder boten, um mich besitzen zu können, sondern nur, wie ich mich bei ihnen fühlte.

Ich achtete sehr auf gebildete und starke Männer, sie waren eine Herausforderung für mich. Beute, die mir in einem partnerschaftlichen Verhältnis diente, psychisch essentiell zu überleben!

Ein Raubtier liebt seine Beute nicht, es labt sich daran und hat es zum Fressen gern, bis nichts mehr übrig geblieben ist!

Ich weiß nicht ob ich je einen Mann geliebt habe, aber ich habe irgendwann aufgehört mich zu lieben und musste es wieder mühsam erlernen, um in meinem Leben der wichtigste Mensch zu sein.

Die Grundvoraussetzung für eine Veränderung. Ein langjähriger Prozesses, der alle Lebensbereiche berührt.

Meine äußere „Fassade" zeigt keinen Makel, Frauen reagieren neidisch, Männer begehren mich.

Niemand erkannte, wie es wirklich in mir ausschaute.

Um sich von der Vergangenheit lösen zu können, musste ich mich mit Menschen verbünden, die stärker, erfahrener und unabhängiger waren.

Ich suchte mir professionelle Hilfe.

# Kuraufenthalt – eine „Irre Erfahrung...

Ein nasskalter und trüber Herbsttag.

Verkrampft sitze ich auf dem Beifahrersitz unseres Wagens. Alexander steuert ihn auf der Schnellstraße in Richtung Norden zur Autobahn.

Ängstlich blicke ich auf vorbeirasende Autos, fühle mich sehr schlecht. Mir wird bewusst, auf dieser Fahrt werde ich noch Stunden leiden.

Er versucht mich zu beruhigen:

„Bald wird dir geholfen werden, aber jetzt musst du noch einmal stark sein."

Das ist leicht gesagt, denn sehr viele Menschen können nicht nachvollziehen, was Todesangst bedeutet. Ich verkrampfe weiter auf meinem Sitz. Während der ganzen Fahrt, blieb meine Hand dabei am Türgriff.

Von Alexander kein Vorwurf, kein böses Wort, obwohl die Fernfahrt definitiv eine absolute Herausforderung war.

Es regnete so stark, dass die Wischblätter auf der Frontscheibe fast den Geist aufgaben. Ich dachte nur, Selbstmörderwetter.

Durch den Regen und Nebel fühlte ich mich nicht so sehr von vorbeirasenden Autos bedroht.

Meine Gedanken zwangen mich, Haltung anzunehmen.

Es war ein langer, schwieriger Weg bis zu dieser Fernfahrt und er ist mit Hoffnung auf eine bessere Lebensqualität gepflastert.

Während der Fahrt kreisen meine Gedanken...

An einem Hochsommertag saßen wir beim Frühstück auf unserer Terrasse. Alexander wollte mit mir zum Golfen fahren. Ich bekam plötzlich Angst, konnte kaum atmen, zitterte und geriet in Panik vor der Autofahrt. Um nicht auf den gut besuchten Platz spielen zu müssen, suchte ich ständig nach neuen Ausreden.

Er sprach sehr ernst:

„So geht das nicht weiter, du gehst kaum noch raus.

Gegen deine Ängste müssen wir jetzt etwas unternehmen."

Allein dieses „Wir" nervte mich schon.

Schnelle professionelle war nun dringend erforderlich.

Die aber konnte ich nur in einer Fachklinik für Psychosomatik erhalten.

Umgehend stellte ich einen Kurantrag, der wie erwartet, prompt abgelehnt wurde.

Ich begann meinen Kampf, wollte endlich von den Ängsten befreit werden. Nun kam Bewegung ins Spiel, ein Gutachtertermin wurde anberaumt.

Bei herrlichem Sommerwetter suchte ich die Praxis des Gutachters auf. In den Straßen, zwischen alten Häuserfluchten, fühlte ich Enge.

Ich war fest überzeugt, in einer Spaßsendeng des Deutschen Fernsehens „Versteckte Kamera" zu sein, als ich den Weg zu seinen Praxisräumen aufsuchte.

Diese befanden sich im Kellergewölbe eines großen Mietshauses. Eine steile Wendeltreppe führte mich an dunklen Kohlenverließen vorbei, in einen weiß angestrichenen, muffigen Raum. Ein total vergittertes Souterrainfester zeigte zum Innenhof. Vergebens hoffte ich, aus diesem Albtraum zu erwachen.

Noch während ich mich kaum atmend umsah, erschien ein kleiner Herr, der sichtlich starke gesundheitliche Probleme hatte. Ganz offensichtlich litt auch er unter der extremen Hitze.

Ich konnte nur bangend hoffen, dass er nicht schlapp machte. Da ich noch nie zuvor psychologisch begutachtet wurde, hatte ich auch keine Vorstellung, wie dies von statten gehen würde.

Dann legte der Mediziner mit energischer Stimme los.

Wortkarg und mürrisch forderte er mich auf, folgende Fragen nur mit einem ja oder nein zu beantworten.

Wohlbemerkt, es ging ernsthaft um ein psychologisches Gutachten, das ein promovierter Psychiater erstellte.

Wollte ich in einem Satz antworten, unterbrach er sehr ungehalten.

Ich erhielt keine Chance meine Symptome zu erklären, er entschied nach Aktenlage. Medizinisch erachtete der Gutachter eine Kur für nicht erforderlich. Er wollte alternativ einen umfangreichen Einsatz spezieller Psychopharmaka verordnen.

Für eine psychische Erkrankung sah ich zu gut aus, er hielt mich für einen Hypochonder.

Nun reichte es mir wirklich und mit erhobener Stimme antwortete ich spontan:

„Jetzt hören Sie mir bitte einmal zu Herr Doktor. In den vergangenen Jahren, habe ich trotz vieler Panikattacken, juristisch Senioren betreut und für sie ehrenamtlich mit Behörden und Krankenkassen gekämpft. Nun benötige ich ernsthaft einmal Hilfe und erwarte auch, dass sie mir bewilligt wird!"

Intuitiv spürte ich, wenn er vor Schreck nicht umfällt, erhalte ich meine Kur.

Zwei Wochen später wurde mir eine achtwöchige psychosomatische Kur in einer bekannten Fachklinik bewilligt. Geht doch!

Ein wenig stolz über das Erreichte, zog ein sanftes Lächeln in mein Gesicht. Dann erst bemerkte ich, dass Alexander ziemlich rasant fuhr. Die Fahrt mit mir zum Kurort, war sicher keine Kaffeefahrt für ihn.

Spontan und behutsam holte er mich aus meinen Gedankengängen.

„Mädchen, du hast es überstanden. Unser Ziel ist gleich erreicht."

Schon befanden wir uns auf der Zufahrtstraße zur Kurklinik. Diese lag in einem traditionellen Badeort und trug den Namen einer römischen Göttin.

Gigantisch thronte das Gebäude in einer malerischen Parkanlage, neben antiken Brunnen.

Mittendurch plätscherte ein kleiner Bach, der im See mündete.

Beim Gepäck ausladen blickten wir auf die riesigen Speisesaalfenster, in denen mit Lichterketten bestückte Eisenlaternen platziert wurden.

Wahnsinn, diese Klinik machte einen königlichen Eindruck, ein Viersternehaus mit allem Komfort.

An der Rezeption angekommen, überreichte man mir freundlich den Schlüssel zum Appartement. Wir fuhren in das oberste Stockwerk. Als sich die Aufzugstür öffnete, traute ich kaum meinen Augen. Breite, lichtdurchflutete Flure, großzügig mit Veloursteppich ausgestattet.

Das Dach, eine riesige Glaskuppel.

Ich fühlte mich gleich geborgen. Mein schönes Appartement mit Balkon gewährte einen weiten Blick in den Kurpark. Zur hochwertigen Zimmerausstattung gehörten Flachbildfernseher, Klima und Telefon. Alexander schaute so erstaunt, für ihn war das keine Klinik, sondern ein Palast.

Gesunde Menschen können nicht nachempfinden, was Angst, Depression oder Panik bedeuten. Der Gedanke acht Wochen in einer unbekannten Umgebung mit fremden Menschen zu leben, machte mir Angst.

Nachdem Alexander sich verabschiedet hatte, richtete ich mich erst einmal ein. Anschließend verließ ich mutig mein Appartement und inspizierte die Kurklinik.

In unserem großen Restaurant, lichtdurchflutet durch helle Kronleuchter, wurde ich vom Servicepersonal an einem Fenstertisch platziert.

Bald gesellte sich eine Dame hinzu, die zum gleichen Zeitpunkt anreiste und auf meiner Etage wohnte. Sofort spürten wir Sympathie füreinander und verabredeten uns für den Abend. Im Kinosaal wurde der Film: „Die weiße Massai" gespielt.

Dieser Film bewegte uns so sehr, dass wir danach noch die Hausbar aufsuchten, um bei einem Glas Rotwein das Erlebte ausklingen zu lassen.

Ja, unser Kurpalast ließ wirklich keine Wünsche offen. Die Schwimmhalle, Restaurants mit großer Tanzbar im Palmengarten, nebst vielen Meditationsräumen.

Das Wichtigste jedoch, in allen Behandlungsräumen kam modernste Medizintechnik zum Einsatz.

Täglich wurden bis zu 600 Patienten behandelt.

Hauptsächlich auf dem Gebiet der Neurologie und Orthopädie.

Für uns gab es nur die eine Station. Wir hatten immer sehr viel Spaß, denn Schmerzen kannten wir ja nicht. Einen Makel aber hatte das Ganze dann doch. Wenn wir den Aufzug benutzten, sich die Türen unserer Etage öffneten, blickten alle sofort auf ein überdimensionales Hinweisschild in fettgedruckter Aufschrift:

Station für Neuropsychiatrie
und Psychosomatik

Dieses Schild erschreckte nicht nur uns, Patienten und anwesende Gäste im Aufzug auch.

Die roten Flure, gedimmte Lampen, Ledergarnituren, Kaffeeautomaten, es fehlte an nichts.

Andere Stationen präsentierten sich nur weiß gefliest. Wir waren die Irren von der roten Station. Viele machten sich darüber lustig, was sie auch lautstark zum Ausdruck brachten, wir wussten uns zu wehren, sie verstummten sehr schnell.

Das geschah meist aus Neid. Wir hatten Narrenfreiheit, denn so haben die meisten Menschen nicht einmal ihren Urlaub verbracht.

Glücklich war ich, in Marga eine gute Freundin gefunden zu haben. Gemeinsam erlebten wir in der Kurklinik acht zauberhafte Wochen, in denen wir unglaublich viel Spaß hatten.

Mein erstes Gespräch mit dem Chefarzt fand am Nachmittag des Anreisetages statt. Im Beisein des Stationsarztes wurde mein Therapieplan aufgestellt. Immer unter der Berücksichtigung, dass sämtliche Verordnungen auf freiwilliger Basis angenommen und durchgeführt werden konnten.

Das Augenmerk richtete sich dabei hauptsächlich auf Entspannung. Ich sollte „runterkommen" und zu mir selbst finden, fernab von allen privaten, beruflichen Problemen und Stresssituationen. Erfahrungen der Kindheit und eigene schädliche Verhaltensmuster.

All diese Dinge standen im Zusammenhang mit meiner damaligen Lebenssituation und setzten mich unbewusst unter Druck.

Psychisches Leid aus den tiefen Schichten der Persönlichkeit kam im Erwachsenenleben zum Tragen.

Täglich wurden von einem Team, bestehend aus approbierten Fachärzten, je nach medizinischer Indikation, gruppentherapeutische Veranstaltungen durchgeführt.

Zusätzlich wurden aufwendige spezielle Maßnahmen der Körpertherapie angeboten. Medizinische Bäder, Ganzkörpermassagen und Elektrotherapie.

Auf die erfolgreiche Wiederherstellung meiner positiven Lebensqualität legten Mediziner besonderen Wert. Diverse differenzierte Entspannungsverfahren; wie autogenes Training, progressive Muskelrelaxation, nach Jacobsen oder beim Atemfeedback.

Rasant konnte ich bereits nach wenigen Tagen die ersten positiven Erfolge verbuchen. Meist blieb kaum Zeit, zwischen den Behandlungen die Mahlzeiten einzunehmen.

Richtig spannend und interessant wurde es nach dem Abendessen. Dann wurde sich aufgebrezelt, und für Marga und mich begann der krönende Tagesabschluss unseres Kuraufenthaltes.

Zu keinem Zeitpunkt ist es uns in den Sinn gekommen, einen Kurschatten an Land zu ziehen. Männer interessierten uns nicht, aber für wilde Streiche waren wir immer zu haben.

Abends gegen 19.00 Uhr riefen unsere Ehemänner an und erkundigten sich nach dem Wohlbefinden. Danach suchten wir die Bar der Kurklinik auf und hatten sehr viel Spaß beim Zuschauen des Balzverhaltens mit Paarbildung einiger Kurpatienten. Ihr Verhalten war so vielseitig, amüsant und unglaublich, diese Geschichten müssen veröffentlicht werden. Schon beim Lesen werden garantiert unzählige Stresshormone abgebaut. Hier nur eine kleine Kostprobe:

Wir hatten den Barkeeper bestochen, dafür hatte er uns acht Wochen am besten Tisch platziert und guten Rotwein serviert.

Doch anwesende Herren störten ständig, machten uns den Hof, forderten zum Tanz auf und respektierten nicht unser Dessinteresse. Alle gierten sie nach einer Kuraffäre. Tagsüber stützten sich die Damen und Herren auf Krücken und an Gehilfen, aber abends in der Bar flogen dann die Krücken in die Ecken. Welch ein Wunder, plötzlich konnten alle tanzen als gäbe es kein Morgen mehr.

Marga war schon ganz verzweifelt, sie wollte über ihre familiären Probleme sprechen. Jedoch dafür fanden wir weder Ruhe noch Gelegenheit.

Schon wieder kamen Herren, um zum Tanz aufzufordern. Nun wandte ich eine List an und meine Rechnung ging voll auf!

Einer der Herren trat mutig an unseren Tisch.

„Warum wollt ihr zwei Hübschen denn nicht tanzen, wir laden Euch ein?"

„Das hat uns der Arzt verboten!" antwortete ich kess.

„Ihr kommt doch von der roten Etage, richtig?"

„Ja und nun?" fügte ich genervt hinzu.

„Na dann seid ihr doch Psychos und nicht körperlich krank, oder seid ihr etwa zum Entzug hier?"

„Treffer, darum verschwindet ihr jetzt lieber!"

Doch die Typen wollten einfach nicht aufgeben.

„Aber wie Alkoholikerinnen seht ihr gar nicht aus, bestimmt Drogen oder Pillen?" fragte er frech.

Zwischenzeitlich standen alle Herren an unserem Tisch.

Es reichte nun endgültig, lautstark und selbstbewusst kam prompt meine Antwort.

„Ja klar, wir sind beide sexsüchtig und so gut wie austherapiert. Hier hoffen wir auf professionelle Hilfe, unsere Sucht zu stoppen, um zukünftig nicht mehr jeden interessanten Mann flachlegen zu wollen!"

Kaum hatte ich das ausgesprochen, verließen die Herren fluchtartig unseren Bartresen.

Die stürzten sich lieber auf „willige Opferdamen", die es ihnen auch sehr leicht machten.

Diese Feiglinge, nur eine große Klappe und zuhause warten derweil Mutti und Dackel „Zottel" auf Vati.

Wir beobachteten unzählige Kurgäste, wobei viele eine Affäre suchten und auch begannen.

Am Nachbartisch sitzt ein Vater von zehn Kindern, er ist zur Therapie seines Burnout-Syndroms in der Klinik und küsst bereits die zweite Dame schamlos. Tags zuvor besuchte ihn noch seine Ehefrau mit den Kindern.

Wir kamen zur Erkenntnis, es können nur wenige Beziehungen wirklich erfüllt sein. Respekt voreinander ist und bleibt für viele Paare ein Fremdwort.

Bewundernswert fand ich das Verhalten eines Patienten. Er wurde nach einer erfolgreichen Knieoperation physiotherapeutisch behandelt. Täglich kam er zum Essen mit einem Blumentöpfchen ins Restaurant, ein Geschenk seiner Ehefrau. Er platzierte es auf dem Tisch und schenkte den Blüten sein Lächeln. Dreimal am Tag wiederholte er dieses Ritual.

Als wir uns einmal nur zu zweit im Aufzug befanden, fragte ich nach, warum er das Töpfen nicht im Zimmer ließe. Er begründete es damit, die Pflanze wäre traurig, denn seine Frau würde es fühlen. Dieser Mann arbeitete noch in seiner Apotheke.

Viele machten sich über ihn lustig, wir fanden sein Handeln sehr menschlich und tausendmal sinnvoller, als promiskuitives Verhalten seiner Mitpatienten.

Abends traf man sich in der Bar, die sich im Foyer befand. Gegen das Trinken eines Gläschens Weines hatten die Mediziner nichts einzuwenden. Marga und ich hatten aber manchmal schon nachmittags Lust auf ein Glas Rotwein. Wir waren ja schließlich gesunde Mädels und Suchtkranke wurden in unserer Klinik nicht therapiert. Für uns war der Aufenthalt Wellens pur.

In diesem Zusammenhang eine lustige Begebenheit mit unserem Stationsarzt. Der spielte in meinem Leben noch eine ziemlich brisante Rolle.

Das ahnte ich aber zum damaligen Zeitpunkt noch nicht. Also, zurück zum Glas Rotwein am Nachmittag. Den Wein kaufte Marga im Einkaufszentrum. Für jeden Nachmittag standen Piccolo Fläschchen in unserem Kühlschrank bereit.

Damit wir nicht erwischt werden, füllten wir den Rotwein in große Porzellanbecher, die an den Kaffeeautomaten der Etagen standen. Dann begaben wir uns zum Aufzug, um ins Foyer zu fahren.

Plötzlich trat auch unser charmanter Stationsarzt in den Lift, blickte interessiert in die gefüllten Tassen, samt roten, flüssigen Inhalt.

„Hagebutte", sprach ich und wurde dabei ganz verlegen.

Er grinste: „Sehr gesund" und fügte hinzu:

„Hat aber einen eigenartigen Geruch."

Verlegen erwiderte ich:

„Ja, die Früchte sind schon etwas gegoren!"

Er lächelte, beim Aussteigen drückte er mich und wünschte uns einen schönen Nachmittag.

So verbrachten wir beiden Mädels die meisten Abende, immer gut gelaunt und mit viel Spaß verbunden.

Nachts nutzten wir manchmal die Schwimmhalle, stellten uns Musik an und drehten unsere Runden im Mondlicht erhellten Becken. Wir tobten ausgelassen wie übermütige Kinder.

Einmal erwischten wir dabei ein Kurschattenpärchen beim Liebesspiel im Schwimmbecken.

Als wir nachts durch die Umkleideräume zum Hallenbad gingen, vernahmen wir Brunftgeräusche, die eindeutig aus dem Wasser kamen. Zwei Patienten unserer Station kamen sich gerade beim Paarungsspiel näher. Das wir durch sie am Mitternachtsschwimmen gehindert wurden, durfte nicht ungestraft bleiben.

Geschickt angelte sich Marga mit Hilfe eines Schwimmhakens die Bademäntel des Pärchens. Sie verschloss diese umgehend in einen Kabinenschrank und warf anschließend den Schlüssel in den Zentralkasten der Rezeption.

Danach begaben wir uns noch einmal leise in die Schwimmhalle und schrien laut: „Feuer!"

Panisch sprang das Pärchen aus dem Schwimmbecken, nackt..., wollten sich ankleiden, doch die Bademäntel und Zimmerschlüssel blieben unauffindbar.

Marga lachte:

„Der arme Kerl bleibt nun für den Rest seines Lebens sicher impotent."

Mein Kommentar:

„Wenn es so sein sollte, kann er sich hier therapieren lassen, ist ja eh alles Kopfsache."

Leider haben wir nicht in Erfahrung bringen können, wie sie nackt, acht Stockwerke überbrückten, um endlich ihre Appartements zu erreichen, wofür ihnen jedoch der Schlüssel fehlte.

Wir fürchteten uns nur vor der Gruppentherapie in progressiver Muskelrelaxation nach Jacobsen, die unser Stationsarzt durchführte.

Eine der wirklich effektivsten Entspannungstechniken, nach persönlicher Erfahrung.

Aber wenn wir beiden Mädels uns in die Therapiestunde zwecks Entspannungstechnik begaben, tendierten wir immer zum Lachflash.

In einem Klinikraum befanden sich 20 übergewichtige Damen auf einer Bodenmatte im Halbkreis liegend.

Dann warteten alle gemeinsam auf das Kommando des Stationsarztes:

„Entspannen sie sich bitte!"

Dabei kniete er vor uns.

Die Damen platschten mit ihren korpulenten Körper zu Boden und begannen tief einzuatmen, alle stöhnten dabei so laut, als lägen sie in den Presswehen.

Nur Marga und ich absolvierten die Übungen mit einem Stuhl und begründeten dies dem Arzt gegenüber mit Rückenproblemen.

Somit konnten wir das Schauspiel aus einer besseren Perspektive verfolgen.

Der Spaß begann:

Unser Doktor sprach mit sehr erotischer Stimme nacheinander alle Körperregionen, ausgehend vom Kopf bis zu den Zehenspitzen an.

Dabei schloss er die Augen, atmete tief ein und pustete dabei den vor ihm liegenden Damen die Technik laut und deutlich vor.

Wiederholt stellte er die Frage:

„Fühlen sie wie sich das anfühlt, spüren sie ihren Körper?"

Er atmete dann so stark aus, dass die Fensterstores wild umherflatterten. Einige Teilnehmerinnen waren so entspannt, dass sie einschliefen und dies durch lautes Schnarchen kundgaben.

Noch Stunden später konnten wir darüber herzlich lachen und das tat unendlich gut.

Beim Atemfeedback ließ es sich dagegen wunderbar entspannen. Solch ein medizinisches Trainingsgerät wünschte ich mir für den privaten Gebrauch. Gebettet auf einer komfortablen Liege wurden mir Kopfhörer aufgesetzt, parallel dazu auf dem Oberkörper ein kleiner Sensor platziert

Beim Einschalten des Gerätes wird über Kopfhörer der Rhythmus des Atems in Form von Klangmusik erkannt und gesteuert.

Atmet man richtig, tief und ruhig, wird japanische Klangmusik übertragen. Dies fand ich nicht nur faszinierend, es wirkte sich auch positiv auf die Psyche aus. War die Atmung unregelmäßig, flach und zu schnell, wurden kreischende Töne über Kopfhörer gesendet. So erlangte man binnen kurzer Zeit eine optimale Entspannung, die in Notsituationen lebensrettend sein kann.

Sehr individuell wurde in der Kurklinik auf persönliche, gesundheitliche Probleme der Patienten eingegangen.

Gegen Depressionen therapierte man Marga.

Täglich absolvierte sie Programme, die sehr schnell eine Besserung erkennen ließen.

Natürlich trugen auch unsere lustigen und bewegenden Abende dazu bei.

Ich durfte oft den ganzen Tag entspannen, dabei Spezialmassagen genießen, und langsam wieder zu mir selbst finden.

Während meines Aufenthaltes bin ich vor allem in Gesprächstherapien Patienten begegnet, die furchtbares Leid erfahren haben. Ihnen konnte man nicht so schnell die Probleme und Sorgen nehmen.

Dagegen erschienen mir meine Ängste ganz klein und ich vergaß dabei fast, dass sie mich sehr einschränkten und beherrschten.

Sehr lang bewegte mich das Schicksal einer Patientin. Ihre einzige Tochter, gerade volljährig geworden, war den harten Drogen verfallen. Mehrere Entzugstherapien zeigten keinen Erfolg und wurden nach kurzer Zeit abgebrochen. Sie veräußerte sukzessive das gesamte Wohnungsinventar, um ihren Drogenkonsum zu finanzieren. Zuletzt den Trauring ihrer Mutter. Diese nahm daraufhin wiederholt Kredite auf.

In allen Einzelheiten legte sie die Drogenkarriere ihres Kindes dar und wusste keinen Rat mehr.

Mit einem Zusammenbruch und suizidgefährdet kam sie letztendlich in die Kurklinik.

Ein Team von Ärzten und Psychologen haben dann alles Menschenmögliche für diese Frau getan.

Noch während des Kuraufenthaltes wurde sofort eine Wohnung in einer anderen Stadt angemietet und ein neuer Arbeitsplatz für sie geschaffen.

Noch nie habe ich einen Menschen so glücklich erlebt, wie diese kleine Frau. Sie kam als gebrochener Mensch, dem Tod sehr nah in unsere Klinik. Nach zwölf Wochen Reha, startete sie in einer anderen Stadt in ihr neues Leben. Wir alle waren überzeugt, sie wird es schaffen, sie war eine starke Frau.

Viele Patientinnen meiner Altersgruppe wurden von ihren Ehemännern wegen einer jüngeren Partnerin verlassen.

All diese Frauen und Mütter haben meist allein die gemeinsamen Kinder betreut und aufgezogen. Sich natürlich auch um Wohnung, Haus und Garten gekümmert.

Plötzlich standen diese Frauen allein dar, waren zuvor nicht berufstätig oder Jahrzehnte schon raus und nun auf sich selbst gestellt. Dies stürzte sie in eine tiefe Lebenskriese.

Andere, vor allem männliche Patienten, kamen mit den Auswirkungen der hochzivilisierten Wirtschaftswelt nicht mehr zurecht. In der beruflicher Erfolg und Effizienz, gepaart mit hohem finanziellem Gewinn als wichtigstes Ziel erscheinen.

Bei diesen Menschen litten Körper und Seele, das wiederum führte zu krankhaften Veränderungen und letztendlich in die Kurklinik.

Nach drei Wochen Aufenthalt besuchte mich Alexander. Trotz des schlechten Wetters fuhren wir mit dem Auto in eine romantische Stadt.

Er zeigte sich erstaunt darüber, dass Selbstfahren bereitete mir wieder richtig Spaß und dabei hatten Angst und Panik keine Chance mehr.

Durch den Kuraufenthalt, der therapeutisch nicht immer einfach und angenehm war, erhielt ich eine bessere Lebensqualität.

Zunehmend gelang es mir, ganz langsam zu meiner wahren Persönlichkeit zu finden und mich selbst zu erkennen.

# Psychoanalyse – Zeit der Veränderung...

Im Leben dreht sich fast alles um zwischenmenschliche Beziehungen. Die Erfahrung lehrt uns dabei, positive Beziehungen machen glücklich, negative unglücklich. Der Mensch sehnt sich danach, angenommen und geliebt zu werden. Im Idealfall konnten wir während unserer Kindheit das dafür nötige Selbst- und Urvertrauen entwickeln.

Es gibt eine lange Tradition in der Psychologie und in der Psychoanalyse, sich mit den inneren Zuständen der Kindheit zu befassen, dem Inneren Kind.

Es bezeichnet und symbolisiert die im Gehirn gespeicherten Gefühle, Erinnerungen und Erfahrungen aus der Kindheit, die wir durch unsere Eltern oder andere Bezugspersonen erfahren haben. Das „innere Kind" ist die Summe aller Kindheitsprägungen.

Insbesondere Kränkungen und Verletzungen verankern sich tief im Unterbewusstsein und delegieren uns als Erwachsene immer wieder in Sackgassen und ins Unglück.

Mit meinem Schicksal von täglichen Angst- und Panikattacken beherrscht zu sein, hatte ich mich fast schon identifiziert. Ich war ständig auf der Suche nach Möglichkeiten und Kompromissen, diverse Lebenssituationen so zu bewältigen, dass meine Persönlichkeitsstörung unentdeckt blieb.

In der Öffentlichkeit verhielt ich mich unauffällig, aber mein Leidensdruck stieg stetig, währenddessen die Lebensqualität sukzessive verloren ging.

Mich zu verstellen war eine Methode, die mir schon in Fleisch und Blut übergegangen war. Wofür ich tausend Masken benutzte. Masken, die ich abzulegen fürchtete und keine dieser Masken war ich.

Der Ausdruck auf meinem Gesicht täuschte. Der Eindruck, dass ich sicher bin, dass alles sonnig und ruhig um mich herum ist, war nur gespielt.

Meine Oberfläche war eine sich ständig variierende und immer etwas verbergende Maske. Darunter lag keine Selbstgefälligkeit, keine Selbstzufriedenheit, darunter wohnte mein wahres Ich.

In Verwirrung, in Angst, in Einsamkeit.

Kein Mensch sollte dies erfahren. Ich versteckte alles und wurde panisch bei dem Gedanken an meine Schwächlichkeit, fürchtete mich davor ihr ständig ausgesetzt zu sein. Deshalb kreierte ich meine Maske, eine lässige raffinierte Fassade, die mir half, etwas vorzutäuschen und mich abschirmte.

Aber ich fürchtete mich immer davor, in meinem Leben einmal dem „Einen" zu begegnen und seine Gefühle zu erwidern. Weil ein richtiger Mann versteht, dass in dem Moment, in dem die „Eine" in sein Leben tritt, nicht ein einziger Grund zum Zögern bleibt!

Doch meine Angst davor, er würde alles entdecken, mich verletzen, wurde zur Bedrohung.

Dieses hoffnungslose Versteckspiel mit der Fassade von äußerlicher Sicherheit und einem zitternden Kind innerhalb.

Die Befürchtung, er denkt schlecht von mir, lacht über mich. Sein Lachen würde mich töten. Und daher spielte ich mein hoffnungsloses Spiel weiter, den glitzernden aber leeren Maskenball und mein Leben wurde zur Front.

Mein Schicksal aber war auch meine Chance! Ich benötigte ein gesundes Selbstvertrauen, um mich zukünftig dem Leben gewachsen zu fühlen.

Als ich einmal an einem Spiegel vorbeiging, erblickte ich darin das Bild meiner Mutter. Mein Gesicht zeigte einen Ausdruck, den ich bei ihr am wenigsten mochte; Arroganz!

Damit wollte ich mich keinesfalls identifizieren. Spontan begann ich mich optisch zu verändern. Meine langen dunklen Haare wurden blond gesträhnt, die Frisur verändert und professionelle Stylisten gaben dem Ganzen einen Rahmen. Eine Businessfrau in Perfektion.

Doch dies reichte mir noch immer nicht, es führte der Weg zu einem bekannten plastischen Chirurgen nach Süddeutschland. Er sollte dieses Gesicht verändern. Mein Mann Alexander versuchte erst gar nicht mir den Wahn auszureden.

Der Arzt zeigte mir gleich die rote Karte. Er attestierte sogar schriftlich, dieses natürlich schöne Gesicht würde er nicht einmal mit einem Skalpell auch nur berühren!

Warum also diese Veränderung?

Doch ich kämpfte täglich weiter mit meinem Spiegelbild, bis ich endlich die professionelle Hilfe eines Psychoanalytikers in Anspruch nahm.

Mit zitternden Knien und Herzklopfen betrat ich die Praxis, die sich im Erdgeschoß seines Hauses befand. Dunkle Möbel aus Ebenholz, afrikanische Masken, rote handgewebte Teppichbrücken, bei gedimmtem Licht, zierten den Raum.

Eine schwarze, geräumige Ledercouch diente der Therapie. Diese stand so platziert, dass ich immer im Blickfeld des Psychologen war, währenddessen sich mein Blick auf die beruhigenden Skulpturen richten konnte.

Hier spürte ich gleich ein Gefühl der Geborgenheit und mein Puls steuerte wieder in einen Normalmodus.

Für sein Setting benutzte er die Couch. Sie ist weit mehr als ein historisch bedingtes Ritual der Psychoanalyse. Die analytische Grundregel, das freie Sprechen und Schweigen, lassen sich nun einmal optimal in der Couchlage verwirklichen. Sie erlaubt dem Therapeuten die für das Geschehen notwendige Zurückhaltung.

Meine positive Erfahrung dabei, in der von ihm abgewandten Liegehaltung, konnte ich bedeutend mehr Wichtiges und Intimes zur Sprache bringen

Meinem Psychoanalytiker, einen sehr sympathischen und charmanten Mann, schenkte ich seit der ersten Begegnung, volles Vertrauen.

Ich sprach zuerst über mein Spiegelbild und erklärte, was ich darin erkannte.

Die identischen Gesichtszüge und Verhaltensweisen Mutter Veronikas. Ich wollte endlich das Spiegelbild verdrängen und kämpfte doch täglich weiter mit diesem Anblick.

Die Vorstellung, dass ich all das, was ich an Mutter Veronika gehasst habe, vielleicht selbst geworden bin, war schockierend.

Die Verarbeitung dieser gewonnenen Erkenntnis, grausam. Ich benötigte Monate für die Bewältigung.

Er zitierte Freud, sprach vom „Wiederholungszwang" bezüglich meiner Ehen!

Ich heiratete Männer, zu denen ich die gleiche unbewusste Bindung hatte wie zu Mutter Veronika, weil ich unfähig war, zu akzeptieren, dass sie mich nie geliebt hat.

Dies erklärten auch die unverhältnismäßig starken Zorngefühle, die in mir aufstiegen, wenn Alexander in Konfliktsituationen zu mir sagte:

„Du bist wie deine Mutter!"

Sofort identifizierte ich mich dann mit meiner kontrollierenden, dominanten Mutter. Einer nörgelnden, hysterischen Frau, die ihren Ehemann erst zum Pantoffelhelden und anschließend zum Alkoholiker machte.

Sehr häufig hatte ich Angst davor, kontrolliert zu werden. Somit übernahm ich lieber selbst die Kontrolle.

Wollte nie wieder zu einem hilflosen und gedemütigten Kind abgestempelt werden.

Ich entwickelte einen sekundären Narzissmus, wurde als eitel und arrogant bezeichnet, weil ich nicht aufhörte mich zu loben, um Aufmerksamkeit und Anerkennung zu erhalten.

Dabei wollte ich nur den Mangel an Zuwendung in der Kindheit wettmachen, den ich von meiner Mutter in jenem Entwicklungsstadium gebraucht hätte.

Das größte Übel aber, das sie mir je antun konnte, war nicht ihr offensichtlicher Hass gegen mich, sondern ihre Gleichgültigkeit, die sie mich gnadenlos spüren ließ.

Dies empfand ich als unmenschlich!

So wurden aus einem glücklichen Kleinkind ein verstörtes Mädchen, dann ein verwirrter Teenager, und später eine Frau, die diese Verwirrung gegen sich selbst richtete.

Über einen langen Zeitraum wurde ich therapeutisch nach zwei Grundsätzen behandelt. Dabei kam analytisch die Tiefenpsychologie zur Anwendung.

Das Eindringen in tiefere Schichten der Persönlichkeit, um das Leid der Kindheit hervorzulocken und somit an die Ursachen der Erkrankung zu gelangen.

Scham, Verdrängung, Schweigen und Angst, die Folgen seelischer Misshandlungen, die in früher Kindheit begannen, haben mich für Jahrzehnte hinaus emotional verkrüppelt.

In der Verhaltenstherapie standen vor allem meine Ängste und Panikattacken im Mittelpunkt.

Dabei wurde mir bewusst, dass eventuell aufkommende Angstgefühle nur körperliche Symptome sind, die wiederum durch auftretende Stresssituationen ausgelöst wurden.

Therapeuten provozierten mich mit meinen stärksten Ängsten und lehrten mich damit umzugehen. Dank ihrer Hilfe durchbrach ich diesen Teufelskreis.

Langsam wurde ich zu einer Frau, die ein gutes Selbstbildnis von sich hat.

Eine Frau, die Lob für ihre Arbeit als angemessen akzeptiert und lächelnd auf ihr positives Spiegelbild in den Augen anderer reagiert.

In einem Zeitraum von fast zwei Jahren wurde ich erfolgreich tiefenpsychologisch und analytisch therapiert.

Das Thema Psychologie ließ mich fortan nicht mehr los! Erst als ich meinem Leben und meiner Geschichte ins Auge schaute, entwickelte ich ein Grundgefühl dafür, was ich will und wohin ich will.

Ich versuchte ich mich dort zu sehen, das zu visualisieren.

Ich beschritt einen neuen Weg, den bis heute aufregendsten meines Lebens.

Mein Schicksal, als Chance, ich wusste sie zu nutzen und stürzte mich in die Gezeiten des Lebens...!

**Zuerst ignorieren sie dich, dann lachen sie über dich, dann bekämpfen sie dich und dann gewinnst du…!**
(Mahatma Gandhi)

In alten Märchen klingt es anfangs fast immer gleich:
„Es begab sich zu einer Zeit als den Wünschen noch geholfen ward."
Um sich seinen Lebenstraum zu erfüllen, um Neues zu beginnen oder Begonnenes zu vollenden, gibt es keine Altersgrenze.
Mein Lebenswunsch, Psychologie zu studieren, wusste Mutter Veronika mit aller Gewalt zu verhindern.
Darauf folgte meine Flucht in die erste Ehe.
Nach der Scheidung ist mein Lebensweg geprägt von weiteren Ehen, Kindererziehung, Beruf, Karriere und Weiterbildung.
Im Alter von neunundsechzig Lebensjahren habe ich mir endlich meinen Lebenstraum erfüllen können und ein Gasthörerstudium an der Freien Universität Berlin (FU) aufgenommen.
Das Fluidum der Uni, die gewonnenen Erfahrungen im ständigen Austausch mit erstaunten Studenten und charmanten Dozenten, gehören mit zu den schönsten und erfüllten Momenten meines Lebens.
Ich tat es nur für mich!
Rückblickend verlief mein Leben nicht unbedingt glücklich, aber ich habe nicht eine Minute davon sinnlos vergeudet.
Viele Menschen haben leider nicht begriffen, dass Liebe zuerst bei uns selbst beginnt. Wer sich selbst nicht liebt, der kann auch andere Menschen nicht lieben!
Ein Problem mit verheerenden Folgen.
Wir werden bedürftig, gierig, ja süchtig sein nach der Liebe anderer.
Wir bekommen nur einmal im Leben Liebe geschenkt. Wenn wir Glück haben, in der Kindheit die Liebe der Eltern.
Später können wir sie uns nur selbst geben.

Haben wir als Kind keine Liebe erfahren...sind wir für unser weiteres Leben geprägt. Wir geraten treffsicher in Beziehungen, die dann nicht selten in die Sackgasse einer Sucht führen.

Meine Notizen aus Erfahrungen in entsprechenden Beziehungen, lesen sich wie Dokumente des Grauens.

Es ist mir unglaublich wichtig, diese Kenntnisse weiterzugeben.

Denn ich brauchte fast ein Leben lang, um überhaupt zu verstehen, warum ich zielführend in zerstörerischen Beziehungen gelandet bin.

Sollten Sie mit der Problematik auch ein Thema haben, dann lesen Sie bitte die nachfolgenden Seiten sehr aufmerksam und schauen dabei immer wieder einmal (ehrlich) auf sich selbst.

Manchmal verliert man in Beziehungen und gewinnt sich selbst! Ein sehr, sehr langer Prozess.

Auch ich habe es geschafft. Aber bitte, immer zuerst auf sich schauen, auf die Kindheit und erst dann auf den Partner.

Wie stark sich der Einfluss unserer Kindheitserlebnisse auf Beziehungen im Erwachsenenalter auswirkt, lässt sich kaum ermessen. Was immer wir in der Kindheit erfahren, verbinden wir mit Liebe. Das programmieren wir dann auf unser Suchmuster.

Unbewusst verbinden wir die Erlebnisse (egal wie schlimm sie auch waren) mit Geborgenheit.

Und genau daraus, entwickelt sich eines der drei Haupt-Bindungsmuster:

**A.** Das sichere Bindungsmodell, bei dem sich genügend Urvertrauen bilden kann und sowohl Nähe als auch Distanz vertragen werden.

**B.** Der unsicher-vermeidende Bindungsstil, entwickelt sich bei ständiger Überforderung oder Vernachlässigung und wird dann tendenziell als bedrohlich erlebt.

Das bedeutet: Überabgrenzung gegen andere aus Machtstreben, aggressive Grenzüberschreitungen, keine Nähe und Bindung und letztlich Einsamkeit.

**C.** Das unsicher-beunruhigte Bindungsmodell (bei zeitweiser Vernachlässigung). Hier wird sich immer wieder Tendenz zu Verlustangst und Wunsch nach ganz viel Nähe (klammern), entwickeln.

Finden Sie sich in einem der drei Bindungsmuster vielleicht wieder?

Wenn nicht, kein Problem, spätestens nach Lesung des Buches wissen Sie es ganz sicher, wenn Sie mögen.

Ich entwickelte natürlich den unsicher-vermeidenden Bindungsstiel. Unfähig Nähe zu ertragen, ernsthafte Bindungen einzugehen und provozierte passiv, aggressiv Grenzüberschreitungen.

Eine Bindungsangst die viel schwieriger zu erkennen ist, weil ich sie nicht als Angst erlebe, eher als Gefühl, dass ich eingeengt werde. Meine Freiheit verliere oder mir die Luft abgedrückt wird.

Es entsteht der Eindruck, irgendwie benutzt oder zumindest zu sehr gebraucht zu werden. Ich fühle mich nicht wirklich sicher in Beziehungen. Immer in Angst, nicht das zu bekommen was man wirklich will oder aber die Sorge, dass man sich nicht mehr abgrenzen darf.

Die Gefahr ist dabei, dass man sich immer tiefer in diese Muster gräbt.

Es ging mir extrem schlecht. Ich entwickelte ein hohes Maß an Egozentrik, Selbstbezogenheit und mangelndes Mitgefühl meinen Partnern gegenüber.

All das versteckte ich hinter einer sehr verletzlich wirkenden Fassade.

Warum? Ich wusste nicht, dass Kindheitserfahrungen uns ein ganzes Leben lang prägen. Sie beeinflussen unsere Psyche, die Entwicklung und somit unsere Persönlichkeit und Zukunft.

Dieser eine Satz hätte mir genügt, das Wissen darum. So manches unverantwortliche Drama wäre mir und meinen Mitmenschen erspart geblieben.

So musste und konnte ich nur über den Beziehungsschmerz meine Erfahrungen sammeln und mich weiterentwickeln.

In einer normalen Beziehung sollte man das Beste des Anderen im Blick behalten.

Meine Ego-Interessen waren mir immer wichtiger. Um Nähe und Ängste zu vermeiden, tat ich alles für mich selbst, aber unter erotischem Aspekt.

Wenn ich in Beziehungen von „Liebe" sprach, stimmte es mit meinen eigenen Bedürfnissen von Nähe, Beziehung und Beziehungsstiel keinesfalls überein.

Respekt ist die absolute Grundlage jeder Beziehung. Für sich einstehen zollt Respekt.

Ganz wichtig, wenn der Partner dich nicht respektiert, kann er dich auch nicht lieben!

Das mag sich jetzt vielleicht grausam lesen. In meinen Beziehungen habe ich mein Kindheitstrauma bewältigt.

Die Partner manipuliert, gedemütigt, benutzt, verletzt und dabei auch manchmal schmerzhafte Lust und Befriedigung erfahren.

Ja, ich habe zwei Kinder geboren und gab dreimal das Eheversprechen und war jedoch nach kurzer Zeit wieder unglücklich.

Mein psychopathischer Charakterstiel, die Sucht nach Bestätigung, es brauchte verschiedene Wege, um das zu kompensieren.

Baute Schutzstrategien auf, das war alles so desaströs. Ich hatte diesen Minderwert, weil meine Grenzen in der Kindheit ständig überschritten worden.

Ich wurde oft geschlagen, über Stunden in dunkle Räume gesperrt (nur von Mutter Veronika).

Vater konnte nicht helfen, er war meist im Delirium. Diese Erlebnisse spaltete ich total ab, sie existierten nicht mehr im Bewusstsein.

Meinen ganzen toxischen Scham, die Selbstablehnung, projizierte ich nach außen auf die Beziehungspartner.

Das bedeutet, ab diesen Zeitpunkt war nicht ich mehr ablehnungswert, sondern immer der jeweilige Partner!

Ich stellte mich imaginär auf einen Podest. Plötzlich war ich dieses Ideal, eine so tolle Frau, brauchte ständiges Anhimmeln, das mir die Partner auch reichlich gaben.

Ich forderte und bekam pausenlos Bestätigung und zwar von jedem Mann der interessant für mich war.

Es funktionierte, denn die Männer brauchten mich, um sich aufzuwerten, ich war ihr wertvollstes Statussymbol. Ich manipulierte und benutzte sie, um auf dem Podest zu bleiben.

Es war jedoch immer nur ein gegenseitiges Wunden anziehen. Dabei schaute ich nicht auf mich selbst und konnte somit nie eine echte Autonomie erreichen.

Aus der Kindheit habe ich die negativsten Erlebnisse abgespalten. Ein Nährboden für Narzissmus, dem unersättlichem Bedürfnis nach Aufmerksamkeit, Anerkennung und Bewunderung.

Ich fand immer Männer die mich auf ein Podest stellten und mein Spiel mitspielten.

Obwohl ich auch emotional instabil bin und manchmal im Match zwischen Wut, Verzweiflung und Drama jongliere.

Oft total selbst bezogen, egozentrisch und meist nur den eigenen Vorteil sehend. Unfähig normale Beziehungen zu führen, durch totale Bindungsangst.

Das führte mich in manipulative Dreiecksbeziehungen, weil der andere Partner eben nicht verfügbar war und somit keine weitere Gefahr bestand.

Wenn ein Mann mit mir eine Beziehung einging, musste er schon sehr klare Vorstellungen haben, wo seine eigenen Grenzen und Standards sind.

Jeden reizte meine kühle Zurückhaltung. Weil ich eben eine unerreichbare Verführerin bin, die sofort den Jagdinstinkt eines Mannes auslöst.

Die meisten Frauen begehen schon am Anfang einer Beziehung den größten Fehler. Sie sind leicht zu haben, sprechen zu offen, zu viel und klammern sofort. Wenn vorerst auch nur verbal.

Das treibt jeden Mann in die Flucht.

Anders bei mir, es kam schnell der Zeitpunkt, wo Partner versuchten mich zu retten. Ich bin keine Frau für den Alltag, dass erkannten sie sehr schnell.

Retten vor dem Ertrinken. Kaum zogen sie mich raus, sprang ich wieder zurück. Dabei haben sie sich völlig erschöpft, lagen am Boden und steuerten oft in die Abhängigkeit. Somit wurden sie uninteressant für mich. Mit einem Lächeln zog ich dann spontan weiter.

Das geschah anfangs meist unbewusst und soll auch keine Entschuldigung sein. Denn jeder Mensch muss für sein Verhalten, Verantwortung übernehmen.

Ich bin wie ich bin und es gibt genügend Männer, die es tolerierten.

Psychologen bezeichnen Frauen mit dieser Persönlichkeitsstörung als besonders hübsch, reizvoll, intelligent, und sehr interessant.

Ja sicher, ich bin halt anders, nicht zu fangen und dabei ständig auf der Suche nach interessanten Herausforderungen. Gleich welcher Art.

In einem Seniorenclub, Kirchenchor oder Töpferkurs, wird man mich vergebens suchen. Jedoch garantiert im Hörsaal einer Universität finden.

Im Alter muss man sich nichts mehr beweisen, man kann und darf das tun, was schon immer ein lebensbestimmender Wunsch war.

Meine Kindheit, ein so gefährlicher Ort, ich konnte ihn nicht unbeschadet verlassen. Leider durfte ich es nie erleben, auf eine gesunde Art und Weise geliebt zu werden und positive Nähe zu erfahren.

Doch jedes Kind muss die Regeln und Gesetze des menschlichen Miteinanders lernen, um später in einer Gruppe akzeptiert und anerkannt zu werden.

Die kalte „Zuneigung" Mutter Veronikas, war immer eine Form der Erpressung.

Dies habe ich als ein schwächendes Gefühl erlebt, das mich hilflos machte. Noch schlimmer, das Gefühl hat mich enttäuscht und gekränkt.

Daher achte ich in jeder Beziehung auf Nähe, Distanz und bindende Gefühle.

Eine Schutzstrategie, um die Kontrolle über mich selbst und über den Partner zu behalten.

Entsprechend suchte ich treffsicher Männer, die zum eigenen Muster passten. Ich nahm es gar nicht wahr, dass dies nicht die „gesunde" Liebe ist. Es fühlte sich nur passend an, weil mein Kopf eine illusionäre Lösung daraus bastelte.

In Wirklichkeit war es nur eine gedachte Phantasie.

Ich suchte immer wieder Partner mit ähnlichen oder ergänzenden Liebes- und Wertmustern. In der ewigen Hoffnung auf Wiedergutmachung für das erfahrende Leid.

Somit waren wir in der Beziehung nicht fähig den anderen, um seiner selbst willen zu lieben.

Es wurde zum irrsinnigen Unterfangen, vom Partner die eigenen, schmerzhaften Erfahrungen wiedergutgemacht zu bekommen. Basierend auf Ereignisse, die seit unserer Kindheit das Streben und Denken beherrschen.

Beziehungen scheiterten immer, weil diese alten infantilen Forderungen, die sich heute leider auch in den materiellen Forderungen nach Status und Schönheit zeigen, nicht mehr eingefordert werden konnten.

Aus all den Erfahrungen, die ich bis heute gemacht habe, konnte ich ganz langsam den Weg zu mir selbst finden.

Ich denke, dass jeder die Chance bekommt und auch hat, sein eigenes ICH zu erfahren. Dabei niemals einen ganz wichtigen Punkt vergessen darf, nämlich vergeben zu können!

Aus meiner Sicht ist das der Weg, sich seiner selbst bewusst zu werden.

Während exzessives Analysieren und Denken über Verhalten, dem eher entgegenwirkt.

Doch wie ambivalent schaute nun die Realität aus.

Mein Kindheitstrauma wiederholte sich in jeder wichtigen Beziehung unbemerkt und schmerzhaft ungelöst.

Garantiert, die am häufigsten vermiedene, verleugnete, missverstandene und unbehandelte Ursache für meine instabile Persönlichkeitsproblematik.

Gute, wertvolle Beziehungen gelingen nur, wenn die Partner Veränderungen zulassen.

Aber selbst der Veränderungswille ist keine Garantie für den sicheren Bestand der Partnerschaft.

Wenn zum Beispiel beide ihre Autonomie so stark betonen, dass sie sich nie wirklich aufeinander und damit auf Bindung einlassen.

Intimität, Gefühlsnähe, die Fähigkeit zu intensiven Beziehungen (auch in den Ehen), scheiterten immer durch meine Unfähigkeit, Intimität und Nähe dauerhaft zu ertragen.

Das erinnerte sofort an verletzende Situationen der Kindheit, folglich zu den Eltern, diese wiederholt zu erleben.

Panische Angst davor führte dazu, dass all meine zwischenmenschlichen Beziehungen oberflächlich blieben. Oder aber in länger dauernden Beziehungen, aufkommende Gefühlsnähe immer wieder abgewehrt wurde.

Manchmal jedoch in eine Beziehung so verrannt, dass ich nicht mehr ein noch aus wissend vor Leid, dabei ohnmächtig vor Schmerz und Schuld.

Jede Beziehung ist eine Verbindung auf Zeit. Das Wissen auf garantierte Vergänglichkeit tut gut. Meist setzte mich das Wunschdenken meiner Partner hinsichtlich der Dauer unserer Beziehung sehr unter Druck.

In der heutigen Zeit haben wir etwa siebzig Jahre vor uns, in denen wir in Partnerschaften leben können.

Die Idealisierung der einzigen Ehe oder Partnerschaft hätte mich sicher in eine aussichtslose Situation getrieben. Denn 40 Lebensjahre verbrachte ich bereits mit drei Ehegatten.

Alte Bindungen und Verbindungen zu früheren Partnern, mit denen ich Kinder habe, wirken auch heute noch unbewusst. Schaut man genau hin, ist es in meinem Fall die Erklärung dafür, dass wir als Paar nur eine geringe Chance hatten, etwas anders zu machen.

Jedoch war ich nicht bereit, mich damit abzufinden, dass einmal geschlossene Ehen in Katastrophen oder im Nichts enden müssen. Ich zog rechtzeitig die Reißleine für eine kompromisslose Trennung.

Mit dem Instinkt eines Trüffelschweines landete ich fortan und zielsicher in berühmt-berüchtigten On/OFF Beziehungen.

Ich wünschte mir Nähe und hatte gleichzeitig panische Angst davor, vom Partner abhängig oder gar benutzt zu werden.

Beziehungen im On-OFF-Modus sind natürlich großes Kino für die Gefühlswelt. Sie sind mit gewaltigen Emotionen besetzt, wie Sehnsucht und Leidenschaft, Lust und Schmerz.

Genau dieser emotionale Kick, übt großen Reiz aus.

Aus der Lernpsychologie wissen wir, dass gerade der Wechsel von Belohnung und Schmerz eine fast suchtartige Bindung auslöst. Der Grund, warum man sich auch nur sehr schwer aus diesen Beziehungen befreien kann.

„Normale" Beziehungen erscheinen dagegen langweilig und alltäglich, sie reizten mich gar nicht. Eine normale Beziehung eingehen zu müssen, mit einem netten Mann, den aufmerksamen Schwiegermutter – Liebling?

Ja, aber sollte ich mich denn quasi selbst vergewaltigen, um mit solchen Partnertypen leiert zu sein?

Was die ach so netten Männer doch alles so anstellten. Ihr verzweifeltes Bemühen, um mich letztendlich doch noch zu ihrem Statussymbol zu erheben, wurde ja schon beschrieben.

Zu meiner Verteidigung, und das ist ehrlich gemeint, es waren wirklich tolle Menschen, nur passten sie nicht in meinen lebensbestimmenden Bindungsstil.

Leider gibt es auch sehr gefährliche Bindungsmuster, die Suchtcharakter haben.

Ich, die unerreichbare Verführerin, zog magisch einen nicht verfügbaren Partner an und landete mit ihm in einer toxischen Beziehung.

Das erste Mal in meinem Leben, wusste ich bis zum bitteren Ende nicht, ob ich mit dem besten Partner der Welt zusammen bin, oder ob dieser Mann das Schlimmste ist, was mir je passiert ist!

Eine toxische Beziehung zeichnet sich durch einen ständigen und abrupten Wechsel von intensiver Nähe und Distanz, Stress, und Trennungsandrohung aus.

Mit diesen Beziehungen ist keinesfalls zu spaßen, sie zerstören das ICH und man spürt es nicht einmal.

Findet man jedoch den richtigen Umgang damit, und vor allem was man selbst damit zu tun hat, (Blick auf die eigene Kindheit), kann eine toxische Beziehung viele alte Wunden heilen.

Genau das ist mir passiert, und im Nachhinein hat sich diese sehr schmerzhafte Erfahrung als exakt dosiertes Gegengift zu alten Verletzungsmustern erwiesen!

Die Beziehung mit einem Narzissten.

Psychopathen schlagen sich sehr gut in Berufen, in denen eine große Machtdynamik herrscht. Psychologen sind davon leider auch nicht ausgeschlossen und um solch eine (Liebes) Beziehung handelt es sich in meinem Fall.

Dabei ging es ihm nicht um Konfliktlösung, sondern nur um Macht und Aufmerksamkeit, die er von mir bekam. Immer dann, wenn er mich psychisch sehr schmerzhaft verletzte.

Was bedeutet das nun?

Ich fungierte als Projektionsfläche für seinen Selbsthass und sein inneres Chaos. Er übertrug schlichtweg seine Inhalte und Befindlichkeiten auf mich.

Jede Frau die das schon einmal erlebt hat, weiß genau was gemeint ist. Es ist der präzise Ablauf eines Musters, auch Zirkel genannt.

Dieser Mann wurde seine eigenen unliebsamen Inhalte los und bekam dafür alles, was ihm selbst fehlte.

Neben meiner Kraft und Lebensenergie, die gesamte Aufmerksamkeit, meine Zeit, meine Ressourcen, und meinen Körper.

Es ist bekannt und ich kann das nur bestätigen, der Sex mit einem toxischen Mann ist gigantisch!

Aber Achtung!

Dieser Beziehungstyp basiert auf dem seelischen Kannibalismus eines psychopatischen Nimmer satt.

Heute weiß ich, diese ganze Tortur hat einen Namen: Emotionale Misshandlung – Narzissmus, Psychopathie.

Ich schreibe so ausführlich, weil es vielen Frauen nicht bewusst ist, sich in einer toxischen Beziehung zu befinden.

Auch ich hatte anfangs das Gefühl, die Beziehung sei etwas anstrengend, weil ich es auch bin.

Nun, er war halt ein Macho, crazy aber sehr sexy.

Meine weise Großmutter gab mir den Rat:

„Mädchen, einen Bock verlässt man nicht ungestraft."

Aber, dass es sich in toxischen Beziehungen um etwas handeln kann, dass eigentlich als Strafbestand deklariert werden müsste, ist den meisten Betroffenen nicht klar.

Wie verläuft nun in der Praxis der toxische Kreislauf in diesen sogenannten Suchtbeziehungen:

Der Beziehungsverlauf mit Narzissten, Borderlinern, Menschen mit antisozialen Persönlichkeitsstörungen, besteht aus drei Phasen, die sich immer wieder zeigen.

Es beginnt mit der Idealisierungsphase, auch als Love Bombing (das Überschütten mit „Liebe") bezeichnet.

Die Idealisierung dient dazu, sich auf die Beziehung einzulassen und an den „Gestörten" zu binden.

Wir begegneten uns während meines Kuraufenthaltes im Englischen Garten in München. Eigentlich bemerkte ich ihn schon bei der Anreise, er war absolut kein Durchschnittstyp.

Sofort nahm er die Fährte auf und „verfolgte" mich bis zum Café. Heiße Blicke, charmante Worte, Komplimente, er überließ nichts dem Zufall.

Jan, Psychologe und Oberarzt einer nahegelegenen Klinik. Er konfrontierte mich mit großen Illusionen und begann dabei schon die ersten Schritte in Richtung Isolation einzurichten.

Jan überschüttete mich mit Gefühlen und gemeinsamen Plänen und verstrickte mich mittels gezielter Lügen in die Beziehung.

In einem Zeitraum von über vier Wochen, glaubte ich diesen Traumpartner und war die glücklichste Frau der Welt. Wir waren beide sehr verliebt, ich aufgrund ehrlicher Gefühle und er…nichts davon entsprach der Wahrheit und der Realität.

Aber mit netten Worten, Blumen und romantischen Nächten, konnte man mich nicht erobern, wenn es über eine Affäre hinaus gehen sollte.

Das erkannte mein Psychologe natürlich. Er mietete für mich eine Wohnung in Konstanz an und ermöglichte es mir, in der Verwaltung seiner Klinik eine Beschäftigung aufzunehmen.

Jan erfasste relativ schnell, was mir wichtig war, wie ich mir meine Zukunft vorstellte. Meine Träume und Wünsche wurden von ihm betätigt und die Erwartungen erfüllt.

Meinen berühmten Satz:

„Mach es jetzt nicht kompliziert…" hat er nie gehört. Sehr intensiv habe ich über einen Neubeginn in Konstanz nachgedacht. Das zog sich über Monate hin, wir führten eine Fernbeziehung.

Er lebte getrennt, dennoch leiert mit Frau und zwei Kindern. All das konnte ich in unserer Beziehung nicht negieren.

Für mich war und blieb Jan ein nicht verfügbarer Partner. Meine Angst vor „Verbindlichkeiten" in der Beziehung mit ihm, flammte sofort auf.

Deshalb stillte ich meine emotionale und sexuelle Sehnsucht mit nichtverfügbaren Partnern.

Aber wehe, ein solcher Wunschtraum-Mann wird Wirklichkeit und verliebt sich ernsthaft in mich.

Dann grübelte ich pausenlos, wie ich ihn auf charmante Weise schnellstens loswerden kann. Das funktionierte immer ganz gut, aber nicht mit einem Psychologen, wie Jan.

Wir waren schon ziemlich verliebt, konnten nicht die Finger voneinander lassen. Doch er manipulierte mich und mein Leben, disziplinierte und isolierte mich.

Es war seine Wohnung, seine Klinik und Ich - sein Statussymbol auf Lebenszeit?

Ich habe all die Jahre dafür gekämpft, frei zu sein, um glücklich ein selbstbestimmtes Leben zu führen.

Und nun hänge ich mich an einen Weißkittel, der mich nicht liebt. Will ich wirklich solch ein Leben führen? Niemals!

Da war sie wieder die Bindungsangst – sofort zog ich die Reißleine. Mein Verhalten akzeptierte Jan nicht und leitete sofort die zweite Phase des toxischen Kreislaufes ein. Die Abwertungsphase:

Diese Phase beginnt meist plötzlich ohne Anzeichen. Ich reagierte mit einem Schock. Ohne ersichtlichen Grund begann er damit, alles an mir zu kritisieren.

Wie ich esse, schlafe oder die Zigarette halte. Er lud mich in ein Café ein, bestellte unseren Lieblingskuchen, ließ aber mein Stück sofort zurückgehen.

Sein Kommentar:

„Engel, es ist besser Du isst den Kuchen nicht."

Ich trage die Konfektionsgröße S/M, treibe Sport, fühle mich fit und sexy.

Es tat einfach nur weh und irritiert völlig. Alles was vorher so toll an mir war, wurde nun niedergemacht.

Der Wechsel zwischen Aufwertung und Abwertung, lässt keinen klaren Gedanken aufkommen.

Zwischendurch schaffte er wieder Paradiese für uns. Exklusive Zweisamkeit und schöne Stunden. Er sorgte dafür, dass ich alles habe und fühle, was ich suchte. Hatte er mich wieder an der Angel, fühlte ich mich sicher, begann er sofort emotional zu verletzen.

Der Mann wollte, dass ich jeden Halt und den Kontakt zu mir selbst verliere.

Aber das schaffte er nicht, trotz der Gefühle die ich noch immer für ihn empfand. Genau diesen Kick brauchte Jan, seine narzisstische Zufuhr!

Er ist ein Narzisst und wenn Narzissten lieben, dann spielt die Partnerin keine Rolle. Immer nur er und seine Bedürfnisse stehen im Mittelpunkt.

Meine einzige Funktion in unserer Beziehung bestand darin, ihm das zu geben was er will und braucht.

Das ist Aufmerksamkeit, Kontrolle (über mich) und Macht.

Ich mutierte immer mehr zum „Wegwerfmädchen."

Jan machte mir ständig Vorwürfe für etwas, wofür er selbst verantwortlich war, und drohte zusätzlich noch mit Trennung.

In der Praxis sah das dann so aus:

Er buchte angeblich einen Kurzurlaub. Am Abreisetag fragte er verwundert, warum ich zum Flugplatz wolle?

Seine Mutter feierte ihren Geburtstag. Ich kam aus extra aus Berlin, er bat mich darum.

In Konstanz gelandet, fragte Jan verwundert, was denn der Grund für meinen außerplanmäßigen Besuch wäre. Die Mutter befindet sich doch mit ihrer besten Freundin auf einer Kreuzfahrt.

Diese Verknotungen und Verdrehungen konnte ich nicht lösen, aber versuchte es in meiner wirklich seelischen Not ständig.

Bemühen, für sein irres Handeln eine Entschuldigung einzufordern, erzeugten nur Aggressionen, Lügen und Abwehrstrategien.

Ich versuchte krampfhaft mich nicht mehr der Illusion hinzugeben durch Gespräche etwas zu erreichen.

Jede Diskussion mit einem Narzissten führt eine Stufe tiefer, nie höher!

Wenn diese Typen sagen „ich liebe dich", hat dieser Satz absolut nichts mit Liebe zu tun.

Er dient nur dazu, Macht einzugehen, zu erhalten oder noch auszubauen!

Mein exzessiver Lebensstil, die daraus resultierenden Erfahrungen, hat mich intuitiv davor bewahrt, meinen Lebensmittelpunkt von Berlin nach Konstanz zu verlegen.

Als ich diese Entscheidung traf, lief er zur Höchstform auf und eröffnete sofort die dritte Phase des toxischen Kreislaufes. Die Wegwerfphase:

Die Wegwerfphase wird nur dann eingeleitet, wenn er bemerkt, dass die Partnerin aus der Beziehung ausbrechen möchte, oder sie spontan beendet.

Ebenso entsorgt er seine Partnerin, wenn sie nicht mehr interessant für ihn ist, weil er sie völlig ausgesaugt und zerstört hat.

In dieser Phase spielt er seine Macht und Kontrolle vollständig aus, gepaart mit emotionaler, exzessiver Gewalt. Er lässt sein „Opfer" eiskalt und plötzlich sitzen, mit all den von ihm verursachten Brandherden und tiefen Wunden.

Diese Phase bin ich nicht mehr durchlaufen. Jan konnte mich nicht brechen.

Ich nahm meine Beine in die Hand und ging zurück nach Berlin.

Es gibt absolut keine Chance mit einem Narzissten, Psychopathen eine gesunde Beziehung zu führen. Die einzige Chance mit ihm auszukommen – ist ihn strickt zu meiden - oder ihm bedingungslos zuzustimmen!!

Er wird immer deine Zeit binden und positioniert dich auf die Art und Weise, dass du ihm beständig zur Verfügung stehst.

Du bist für ihn immer erreichbar, wartest auf ihn und reagierst sofort. Er kontrolliert dich, deine Emotionen, dein Denken und somit auch dein Verhalten. ER, wird nie loslassen…wenn man nicht die Kraft aufbringt (meist nur mit professioneller Hilfe), aus dem Missbrauchskreislauf auszusteigen!

Meine Kindheit zeichnet verantwortlich dafür, dass ich Beziehungen eingehe, Partner suche und auch treffsicher finde, die ähnliche Persönlichkeitsstörungen aufweisen. Gerade diese Muster sind mir ja vertraut und haben mich geprägt. Über den unerträglichen Schmerz, der in diesen Beziehungen dominiert, konnte ich Erfahrungen sammeln und mich weiterentwickeln.

Denn nur durch Schmerz, lernt man zu verstehen und baut Schutzstrategien auf.

Das trifft auch auf Beziehungen zu. Was man nicht fühlt, erfahren hat, kann man auch nicht verstehen. Lesen oder studieren bildet, aber wird immer Theorie bleiben. Jeder Mensch muss eigene Erfahrungen machen, selbst denken und fühlen, um komplizierte Beziehungsprozesse zu verstehen.

Aus diesem Grund schreibe ich so ausführlich über die Beziehungsproblematik. Nämlich dann, wenn Anteile aus unterschiedlichen Persönlichkeitsstörungen zum Tragen kommen.

Wäre mir zu einem früheren Zeitpunkt bewusst geworden, welch psychische Problematik mich steuert, meinen Kindern, Partnern, nahestehenden Menschen, wäre Leid, und Enttäuschung erspart geblieben.

Der Grund hierfür liegt klar auf der Hand, diese Beziehungen hätte es nie gegeben!

Ebenso eine unvergessene, interessante und sehr schmerzhafte Beziehung. Eine intensive Verbindung, in der neben starker narzisstischer Anteile des Partners, die Borderline – Persönlichkeitsstörung diagnostiziert wurde.

Frank laborierte an zwei wirklich schweren psychischen Störungen. Ein typisches Beispiel aus der Praxis:

In einem Moment schwört er dir seine Liebe, nimmt dich an die Hand, lacht, liebkost und tanzt mit dir durch die Wohnung. Kurz darauf schreit er dich an, hasserfüllte Blicke sprühen aus seinen Augen, weil du die Kaffeetasse falsch auf den Tisch platziert, oder seinen Aschenbecher verschoben hast.

Diese Menschen kennen nur Extreme. Es sind Grenzgänger zwischen Euphorie und Depression, Selbstüberhöhung und Selbstzweifel. Alles oder Nichts, gefangen zwischen Schwarz und Weiß.

Grausam an dieser Störung ist, dass die Partner es am Anfang der Beziehung wirklich vollkommen ernst meinen.

Erst wenn es verbindlich wird, stürzen sie ab. Dieser Kreislauf wiederholt sich ab Beginn einer Beziehung erneut. Es werden dem Partner enorme Schmerzen zugefügt. Meist hinterlassen sie in Beziehungen nur noch verbrannte Erde.

Schafft man es nicht rechtzeitig auszubrechen, oder besteht vielleicht schon eine CO-Abhängigkeit zum Partner, muss man mit seiner Leere, Wut und Angst Leben!

Sobald eine Situation entsteht, die ihm unangenehm scheint, wertet er sich sofort ab und rasende Wut steigt in ihm auf.

Das können mitunter ganz banale Dinge sein. Hundebellen, ein Nachbar der die Wohnungstür knallt.

Dramatisch wird es, wenn geschäftlich Termine und Forderungen anstehen, auf die er reagieren muss.

In einer Beziehung führt dieses Verhalten immer zur Katastrophe. Weil er sich in diesen Situationen wie ein Nichts fühlt und die Partnerin, die ihn so nimmt wie er ist, mit all seinen Schwächen akzeptiert, in seinen Augen ja auch ein Nichts sein muss.

Das steigert seine Wut und bringt ihn zum explodieren.

Franks paradoxes Verhalten machte es mir unmöglich eine emotionale Intimität aufzubauen.

In der Anfangsphase unserer Beziehung überschüttete er mich mit viel Aufmerksamkeit und Liebesbekundungen. Er hat mich regelrecht glorifiziert und auch das für dieses Beziehungsmuster typische Schwarz-Weiß-Denken, lässt ihn glauben, eine feste Partnerschaft einzugehen.

Bis zu dem Zeitpunkt, wenn die ersten Unstimmigkeiten und Streitereien auftreten, die er bewusst provoziert, um wieder Distanz zu schaffen.

Das ist ein sehr schmerzhafter Prozess, denn dann wird die einst so geliebte Partnerin von jetzt auf gleich zum Feindbild degradiert. Er riss mich förmlich mit auf seine negative Stimmungsebene. Auch hierfür ein typisches Beispiel aus seinem Gefühlschaos:

Frank plante ein Wochenende in Hamburg zum Musical "Der König der Löwen."

Mit seinem Wagen wollte er mich morgens abholen. Als ich mit meinem Koffer dann aufgeregt vor der Haustür stand, wartete ich vergebens, kein Lebenszeichen von ihm.

Frank war wie vom Erdboden verschwunden. Tagelang, mitunter bis zu drei Wochen verkroch er sich in seiner Wohnung. Kein Kontakt möglich!

Dass dieses Verhalten auf eine schwere Persönlichkeitsstörung zurückzuführen ist, wusste ich nicht.

In der Psychologie spricht man von der „Schweigebehandlung." Diese wenden Narzissten an, um ihre Partnerin zu disziplinieren. Keine Reaktion auf Telefonanrufe, E-Mails, postalischen oder persönlichen Kontaktversuch.

Ich fühlte mich völlig hilflos, so hat sich mir gegenüber noch nie ein Mensch verhalten und ich spürte nur noch unbeschreibliche Wut, dass sich ein Mann so benimmt. Er ist krank, das ist schlimm, aber möchte ich solch eine Beziehung führen? Sicher nicht.

Ich muss auf mich schauen. Einmal solch eine Phase erleben zu müssen reicht! Das kann und darf eine Frau, niemals zulassen.

Jeder, wirklich jeder Mann, verliert absolut den Respekt vor der Partnerin, die das verzeiht und mitmacht!

Für mich zeigt sich der Wert eines Mannes in seinem Verhalten mir gegenüber.

Frank meldete sich plötzlich wieder und lockte mit einer kleinen Eigentumswohnung am Meer. Warnemünde, ein Dachgeschoss mit Meerblick. Ein Traum, das Meer, es wäre toll gewesen. Viele Frauen hätten sofort verziehen.

Er war ein sehr vermögender Mann, das Appartement konnte er aus der Portokasse finanzieren, inklusive der Schenkungssteuer. Für mich hatte das keinen Wert. Aber interessant was Männer so anstellen, wenn sie an eine unerreichbare Verführerin geraten…!

Es gibt keine Chance jemals wieder in die idealisierende Anfangsphase zu kommen. Es ist nur die verzweifelte Hoffnung, die einen solange in diesen Beziehungen gefangen hält.

Frank bewertete alles aus seiner jeweiligen Gefühlslage. Ich denke, er wusste nicht, wer er wirklich ist und verlor sich ständig in seinem Gefühlschaos. Diese Menschen brauchen einen Partner, über den sie sich definieren können, einen Spiegel.

Das ist meist der Partner. Frank erwartete immer, dass ich zur gleichen Zeit das Gleiche fühle wie er, dass konnte ich nicht. Darum versuchte er dieses Gefühl zu provozieren und anfangs gelang es ihm auch manchmal.

Als ich ihm letztendlich zu verstehen gab, dass ich nicht seine Projektionsfläche bin und die Beziehung spontan beendete, eskalierte die Situation. Er mutierte zum Stalker.

Einen Narzissten, Psychopaten, Borderliner, unabhängig um welche Anteile der jeweiligen Störung es sich auch handelt, zu verlassen, bedeutet Selbstmord auf Raten.

Schafft man es nicht mehr aus eigener Kraft, weil die eigene, gesamte Energie in diesen Beziehungen verloren geht, muss professionelle Hilfe in Anspruch genommen werden.

Darum schnellstens raus aus diesen Beziehungen, denn jeder weitere Kontakt, wird nur schlimmer und schmerzhafter!

Das sind typische Muster, die immer den gleichen, identischen Verlauf nehmen.

Ganz klar zu erkennen ist, diese Menschen besitzen zwar Charme und Charisma, aber übernehmen keine wirkliche Verantwortung für eine Beziehung.

Sie haben einen Mangel an Empathie und sprechen auch anders über Gefühle.

Sie respektieren weder Gesetzte noch die Rechte anderer und handeln nahezu ausschließlich eigennützig. In der Partnerschaft erzeugen sie ein hohes Maß an Schuld und Schamgefühlen beim Partner.

Sie übernehmen keine Verantwortung für ihre Fehler und Verletzungen, die sie anderen zufügen. Das Wort Entschuldigung, Verzeihung, existiert nicht in ihrer Kommunikation. Wenn doch einmal, dann dient es nur manipulativen Zwecken.

Ja, ich weiß, diese Menschen leiden auch furchtbar unter ihrer Problematik, sind innerlich voller Schmerz und Leere. Sie haben auch ein Recht auf Beziehung.

Bei aller Liebe, muss ich mich deshalb zum Opfer machen? Was ist mit meinem Leben?

Frank bedeutete mir sehr viel.

Meine Entscheidung, diese psychopathische Beziehung zu verlassen, erforderte wahrlich, sehr viel Mut und Konsequenz!

Er war nicht gut genug für mich. Punkt.

Die Psychologie ließ mich seitdem nicht mehr los.

Ich muss auf mich und mein Leben schauen, trotz innerer Stärke fehlte der Mut zur Liebe…

# Nach der politischen Wende -
# sukzessiv in die Lebenswende...

Der Mauerfall am 9. November 1989 traumatisierte mich mit starken ambivalenten Gefühlen.

Wir Menschen sehen uns selbst, klug, wissend, vernunftbegabt. Unser Stammbaum reicht viele Millionen Jahre zurück. Wir haben uns den Namen „Homo sapiens" gegeben.

Ich denke, wir müssten „Homo sapiens et Ambivalenz" heißen, der wissende und widersprüchliche Mensch.

Hierzu gern ein Beispiel:

Im Jahr der Wende, stürmten an jenem Abend unzählige Menschen hochmotiviert eine Grenze aus Beton. Sie folgten ihrem Instinkt, den Weg in den Westen. Ein Volk, euphorisch aufgeladen, mit einer vierzigjährigen „eingemauerten" Historie, aus einem Staat ohne Demokratie flüchtend.

Aber nur die Fähigkeit Ambivalenzen auszuhalten, sichert die Stabilität einer offenen, toleranten und vielstimmigen Demokratie. Wer sich dieser Notwendigkeit und ihren Ansprüchen verweigert öffnet der Radikalisierung Tür und Tor.

Damals vermittelten die Ereignisse generell, aber vor allem weltpolitisch orientierten Menschen ein Gefühl der Ohnmacht.

Starke Menschen haben nie eine einfache Vergangenheit. 1989/90 gab es für mich nichts, dass mein Leben von Grund auf umgeworfen hätte. Schreiben war schon immer meine Passion, ich arbeitete in einem internationalen Handelszentrum, dabei stark auf Messetätigkeit fokussiert.

Der Ost-West-Handel war für mich kein Fremdwort.

Jedoch die Reaktionen und Verhaltensweisen der Menschen im Osten nach der Grenzöffnung machten nicht nur mir Angst.

Meinem damaligen Geschäftsführer erging es ebenso.

Er, seinen Namen möchte ich nicht schreiben, ein wichtiger Politiker und "meistgesuchte" Mann nach der Wende, schlug in einer Besprechung die Hände über den Kopf zusammen.

Wir schauten alle auf die Bilder der Nacht, sahen dabei in die Gesichter der Menschen. Sein Kommentar:

„Oh Gott, die armen Schweine, sie wissen nicht was sie tun und was die im goldenen Westen wirklich erwartet. Ich fühle mit ihnen, wenn sie aus ihrem Traum erwachen, wird die eiskalte Realität unheilbare Wunden hinterlassen!"

Wir haben ihn verstanden. In sehr vielen beruflichen Positionen waren die wirtschaftlichen und sozialen Unterschiede in Punkto Marktwirtschaft hinreichend bekannt.

Natürlich gab es auch Gegner und massiven Widerspruch, dennoch war der größte Wunsch der Menschen die Wiedervereinigung. Die Marktwirtschaft stellte für die meisten Bürger eine neue Welt dar.

Gutgläubige Menschen aus dem Osten, fielen auf Betrüger rein, weil sie diese Welt nicht kannten. Leichtgläubigkeit und Unerfahrenheit wurden von Geschäftspartnern aller Wirtschaftszweige schamlos ausgenutzt.

Die meisten Ostdeutschen glaubten natürlich an ein zweites Wirtschaftswunder. Das kam nicht wirklich.

Als die Euphorie verstummte, verloren viele ihren Arbeitsplatz. Unzählige, darunter auch gute Produkte aus dem Osten verschwanden aus den Regalen. Dafür kamen Westprodukte ins Land.

Ostdeutschland fühlte sich langsam als wehrloser Verlierer der Wende, weil Westdeutschland mehr und mehr Gewinn daraus machte.

Ein Betroffener sagte in einem Interview zum Thema: Scheitern an der neuen Freiheit:

„Nicht nur die Mauer ist gefallen, auch ich, und zwar auf die Fresse!"

Man diskutierte und lachte gern über politische Witze.

Worin unterscheiden sich z.B. Geschäftspartner aus Ost und West, wenn sie sofort Kapital benötigen?

Der Ostler überfällt eine Bank, der Westler gründet sie.

In diesem Buch bin ich insbesondere auf die politische Thematik der Wende eingegangen, insoweit es autobiographisch relevant erscheint.

Nach der friedlichen Revolution haben sich für uns unzählige Chancen eröffnet, von denen Generationen vor uns nicht einmal zu träumen wagten.

Um diese Chancen nutzen zu können, brauchten wir vor allem Politiker, Wirtschaftsführer und gesellschaftliche Eliten mit historischem Verständnis. Die auch den Weitblick haben, mit der Fähigkeit, konzeptionell und strategisch zu denken, mit Mut zur Entscheidung und zur Handlung.

Es scheint noch immer für viele, ehemalige DDR-Bürger besser zu sein vor vollendete Tatsachen gestellt zu werden, anstatt mitzuwirken.

Die Menschen kamen aus einem Land, in dem es psychische und soziale Probleme nicht geben durfte.

Dagegen existiert in westlichen Bundesländern seit langem ein breitgefächertes Netz von Beratungs- und Anlaufstellen.

Diese waren im Osten 1989 so extrem ausgedünnt, dass die meisten Bürger mit ihren Fragen, persönlichen Irritationen und psychischen Berg- und Talfahrten radikal auf sich allein gestellt waren.

Das Wort „Individuum" wurde aus dem Vokabular der DDR gestrichen. Individualität, Kreativität und ein aufgeschlossener Geist wurden folglich im Osten eher unterdrückt.

Menschen aus dem Westen Deutschlands sind weniger offen für neue Begegnungen, Erlebnisse und Denkweisen. Das kann ich voll bestätigen.

Weil genau diese Erfahrungen zu den Eigenschaften zählen, die dafür bekannt sind, das Wohlbefinden zu trüben. Folglich auch die Zufriedenheit mit dem eigenen Leben schmälern können.

Ein Alltag in der DDR war für die meisten Menschen gesäumt von Mangel, Überwachung und Einengung. Einige Regionen Ostdeutschlands sind noch heute gegenüber ihren westdeutschen Nachbarn benachteiligt. Dies betrifft Themen in Bildung, Karrierechancen oder Gehältern.

Das stürzte viele in Identitätskrisen mit verheerenden Folgen. Es ist auch kein Geheimnis, Menschen aus ehemaligen DDR - Gebieten sind emotional instabiler, ängstlicher oder tragen Gram in sich. Laut Statistik sind sie oft neurotischer als ihre westlichen Mitmenschen.

Man hat den Ostler markiert, seine Zugehörigkeit zu jener Minderheit, die bei genauerer Betrachtung eigentlich nur noch diskursiv existiert.

Wiedervereinigt in ein Land, mit zwei Seelen.

Denn das DDR-Regime hat die Psyche seiner Bürger stark geformt. Bis heute haben ehemalige Ostbürger andere Persönlichkeitszüge als jene aus dem Westen.

Ebenso gab es aber auch schon damals diverse Ausnahmen.

Eine davon betrifft die sogenannten Wendehälse. So betitelte man Personen der DDR, die in der Wendezeit ihre Gesinnung vor dem Hintergrund des zusammenbrechenden sozialistischen Systems stets der aktuellen politischen Lage anpassten.

Dabei handelte es sich beispielsweise um Kader der SED, der FDJ oder der Blockparteien, die zuvor die Politik der SED in der Öffentlichkeit vertreten hatten.

Mit der Wende jedoch auf eine genau entgegengesetzte Position umschwenkten.

Dies dokumentierten sie auch durch Parteieintritte in die CDU, die SPD oder FDP.

Es ist auch längst kein Geheimnis mehr, teils sitzen diese Leute in piek neuen Chefbüros, verbeamtet und im Dienst des öffentlichen Rechts beschäftigt. Hier stellt sich doch die Frage, warum gelang es gerade diesen Kadern so schnell und unbemerkt die Planstellen zu besetzen...?

Ich denke, sie konnten sich aufgrund ihrer politischen Historie, der westdeutschen Kommunikationskultur perfekt angleichen.

Ein Westler ist darauf trainiert, im Berufsleben Privates vom Geschäftlichen immer zu trennen. Was ihm ein Gefühl der Unverletzlichkeit bringt und gleichzeitig als professionelles Verhalten angesehen wird.

Ein Ostler hat traditionell die Gewohnheit, Persönliches und Berufliches nicht zu trennen. Das wiederum vermittelt ihm ein gutes Gefühl von Sicherheit und Vertrauen. Dabei wurde überall meist geduzt.

Nur Hunger, Durst, und Sex, die Triebkräfte aller menschlichen Handlungen, haben den gleichen Stellenwert, wo auch immer auf der Welt.

Doch was passierte mit mir nach der Wende und wie sah ich den Westen?

Darauf möchte ich mit einem Zitat Albert Einsteins antworten.

„Man muss die Welt nicht verstehen, man muss sich nur darin zurechtfinden."

Ich besuchte damals in Ostberlin die Erweiterte Oberschule (EOS). Sie war die höhere Schule im Schulsystem der DDR und führte nach der zwölften Klasse zur Hochschule.

Mein innigster Berufswunsch war, ein Psychologie-Studium an der Humboldt Universität aufzunehmen.

Wie verrückt muss man sein, um ausgerechnet Psychologie zu studieren?

Man muss sich eben für Menschen interessieren, ihr Verhalten und Erleben.

Die Psychologie wird in ihrer offiziellen Definition als eine Wissenschaft des Erlebens und Verhaltens von Menschen bezeichnet.

Sie setzt sich aus den altgriechischen Wörtern Psyche (Seele, Gemüt) und Logos (die Lehre) zusammen. Dabei beschreibt und erklärt die Psychologie den Menschen, sowie seine Entwicklung unter allen inneren und äußeren Gegebenheiten und Einflüssen.

Wahrnehmung und Bewusstsein gehören dabei ebenso zum Forschungsbereich wie Sprache und Emotion.

In fast allen Bereichen unseres Lebens findet man psychologische Konzepte und Strukturen.

Gerade im Osten stand nicht der therapeutische Ansatz im Vordergrund. Nein, ich wollte wehrlosen Kindern und Jugendlichen helfen. Menschen, die traumatisiert und emotional verwahrlost ihre Kindheit verbringen und bewältigen mussten.

Offiziell existierte darüber keine Statistik. Diese geschändeten Kinder wurden erst in berüchtigte Heime und später in Jugendwerkhöfe gesteckt. Eine Einrichtung im System der Spezialheime der DDR.

Konzipiert für schwererziehbare Jugendliche zwischen 14 und 18 Jahren, die nicht in das Gesellschaftsbild passten.

In diesen Einrichtungen herrschten menschenunwürdige Bedingungen. Die Insassen waren de facto weitgehend rechtlos und sehr oft Gewalt, Missbrauch, Schikanen und Misshandlungen ausgesetzt.

Während ihrer komplizierten Kindheit, sahen sich die Jugendlichen gezwungen, Gefühle zu unterdrücken und das Trauma zu verdrängen. Ja sogar die Täter (Eltern, nahe Bezugspersonen) noch zu idealisieren. Das Erlebnis der Schmerzen in der Einsamkeit konnten viele nicht mehr ertragen.

Die abgespaltenen Gefühle des Zorns, der Ohnmacht, Verzweiflung, Furcht und Sehnsucht, suchen sich jedoch ein Ventil. Dann werden sie nicht selten gegen sich selbst gerichtet. Eine Brutstätte für teils schwerste Persönlichkeitsstörungen.

Geprägt durch Erfahrungen meiner negativen Kindheit, war ich mit der Thematik bestens vertraut. Ich bemühte mich vornehmlich um ein Studium in der Fachrichtung Kinder- und Jugendpsychologie.

Ganz sicher besaß ich für dieses Gebiet das nötige Einfühlungsvermögen, gepaart mit einer professionellen Distanz.

Meine hoffnungsvollen Gedanken an ein Studium, machte Mutter Veronika zunichte. Die torpedierte diesbezüglich alles, wenn erforderlich auch mit Gewalt. Sie hatte ganz andere Pläne im Visier.

Ich sollte nach entsprechender Ausbildung ihre Nachfolge antreten. Politisch, wirtschaftlich und erotisch, das war zielführend vorgesehen.

Ich entwickelte daraufhin eine hohe Frustrationstoleranz und die Fähigkeit, mich auf Dinge zu konzentrieren, die völlig irrelevant waren.

Mein instrumentalisiertes Fluchtverhalten in die erste, zweite und dritte Ehe. Unzählige Beziehungen und Affären, waren ein ständiges Davonlaufen.

Emotionaler Missbrauch in der Kindheit hat immer schlimme Folgen, vor allem weil solche Traumata das Gehirn verändern können.

Dabei lernte ich sehr frühzeitig meine Lektionen über Macht in Beziehungen. Derjenige der die Macht hat, herrscht auch über den Kontakt.

Diese Erfahrungen prägen auf Lebenszeit. Keine Phase unseres Lebens erleben wir gleichzeitig so intensiv und wunderschön, sind in dieser so verletzlich, wie in unserer Kindheit.

Wird sie jedoch stets mit Leere erfüllt, basiert auf Missachtung und Zurückweisung, verspürt man nur Misstrauen und Groll.

Von den Eltern wurde ich nicht mit bedingungsloser Unterstützung und Liebe versorgt. Sie zeigten sich distanziert, abwertend und egozentrisch.

Was es mir fast unmöglich machte, später eine gesunde Beziehung (gleich welcher Art), zu einem anderen Menschen herzustellen.

Vertrauen in sich selbst ging verloren. Misstrauen und Furcht waren an der Tagesordnung. Freundschaften konnte ich nur schwer knüpfen und es war noch weitaus komplizierter, Liebesbeziehungen aufzubauen.

Ich forderte Liebe ein, war jedoch unfähig, diese zu akzeptieren.

Wenn es ernst wurde, flüchtete ich, um nicht enttäuscht oder verletzt zu werden.

Die gemachten Beziehungserfahrungen in Form von Erlebnissen und Aussagen, bestimmten maßgeblich mein Selbstwertgefühl und die daraus gebildeten Überlebensstrategien.

Unterordnen und Angst aushalten oder dafür sorgen, dass Menschen mich fürchten.

Ich hielt es fortan wie N. Machiavelli:

„Es ist viel sicherer gefürchtet, als geliebt zu sein."

und Winston Churchill sagte einmal:

„Lache nie über die Dummheit der anderen. Sie ist deine Chance."

Das Umsetzen dieser Zitate, hat mich im Leben oft weiter gebracht...

Ein Hinweis in eigener Sache. Die Autobiographie ist die Beschreibung meiner eigenen Lebensgeschichte.

Individuelle Daten und konkrete Erlebnisse sind so verfremdet, das kein Rückschluss auf reale Personen möglich ist. Wer dennoch glaubt von sich zu lesen, möge das gern als Anlass zur Selbstreflektion nehmen und sein Verhalten einmal überdenken.

**Schicksal als Chance, ab in den goldenen Westen...**

Als Kaufmann eines Außenhandelsunternehmens, arbeitete ich jährlich auf der Leipziger Messe.

Sie war ein kompetenter Partner für Messen, Kongresse und Events - regional, national und international.

Die Messestadt zählt mit ihrer 850-jährigen Tradition zu den ältesten Messestandorten der Welt und ist somit eines der wichtigsten Zentren im Ost-West-Handel.

Zu unseren Vertragspartnern gehörten ausschließlich Aussteller aus nicht sozialistischen Wirtschaftsländern.

Während einer Verhandlungspause, richtete ich meine Aufmerksamkeit auf eine höchst interessante Statistik.

Im Focus stand die Anschaffung eines Fernsehgerätes.

Für einen Fernseher muss ein Leipziger 422 Stunden arbeiten, ein Kölner nur 48 Stunden!

Ganze 374 Stunden muss ein Ossi dafür mehr schuften als ein Wessi! Das ist ja unglaublich!

Was könnte man nicht alles mit 374 Stunden mehr Freizeit anfangen?

Und wie schaut dann die Statistik erst bei diversen anderen Anschaffungen aus?

Nein, das war mir nun wirklich zu blöd, dafür habe ich nicht studiert, nein danke!

Mein Schicksal, meine Chance, meine Entscheidung; ab in den goldenen Westen...

Ich erkannte schnell, der Narzissmus hatte die moderne Gesellschaft fest im Griff.

Er existiert flächendeckend auch in der Politik und zeichnet sich immer stärker durch Verhaltensweisen und Einstellungen aus.

Zum Beispiel generiert auch eine Wahl wieder einen strahlenden Narzissten, der mit seiner Fassade Menschen anzieht, vernebelt oder manipuliert...!

Politischer und gesellschaftlicher Narzissmus, nährt sich nach stets gleichem Muster.

Da sind immer soziale Raubtiere am Werk.

Soziale Beziehungen, Liebesbeziehungen, beginnen sehr häufig mit Verführung, aber dahinter steht dann oft eine Beziehungslosigkeit und Unfähigkeit sich zu binden.

Überall bieten sich Möglichkeiten an, narzisstische Verhaltensweisen auszuleben oder zu beobachten.

Narzissmus ist nichts Neues, hat es immer schon gegeben.

Inzwischen mutiert Narzissmus zur Lebensform und gehört zum Zeitgeist.

In einer Gesellschaft wo Karriere, Geld, Macht, Aufstieg, hohe Werte sind, bin ich mit meiner narzisstischen Struktur genau richtig! Ich musste mich im besten Licht zeigen, in grandioser, charismatischer und hypnotischer Ausstrahlung.

Auf den Punkt gebracht, für mich ist Narzissmus eine sehr clevere konstruktive Form, mit Problemen, mit Selbstwertverletzungen umzugehen, wo auch immer ich mein Selbstwertgefühl bedroht sehe! Das ist meine persönliche Meinung – ich weiß mich zu schützen.

Wir alle haben narzisstische Verhaltensweisen, denn wir alle müssen uns täglich mit Selbstwertproblemen auseinandersetzen.

Gesunder Narzissmus ist ausschlaggebend für eine gute Lebensphilosophie.

Wir scheitern ja bereits heute daran, in der Politik, der Wirtschaft und in der Gesellschaft, einen Konsens über das Gute zu finden.

Menschen mit positiven Narzissmus die wissen um sich und kommen relativ schnell wieder ins Gleichgewicht.

Aber, alles Positive in mir, geht auch ins Negative.

Ein Extrem. Man liebt mich oder man hasst mich!

Der Fairness halber muss gesagt werden, auch ich komme aus einem desstruktiven, zerstörerischen und völlig außer Kontrolle geratenen Elternhaus. Das ist nun mal Fakt - ein hilfloses, kindliches Opfer von Gewalt.

Trotzdem bin ich nicht zum psychopatischen Täter mutiert und weder kriminell noch gewalttätig.

Dafür entscheiden sich dann die „Dummen". Sie sind sehr gefährlich. Dummheit, die ABC-Waffe der Welt!

Das sind Menschenfänger, die nur zerstören wollen, damit sie sich selbst gut fühlen.

Ihnen fehlt es komplett an Sozialkompetenz und absolut jeder tätigen Einsicht. Letztendlich fliehen sie dann, als fühllose Zombies in die eine oder andere Sucht.

Ich wählte eine andere Strategie.

Nicht der Stärkste überlebt, das ist nicht wahr. Der Cleverste überlebt, einer der sich am besten anpassen kann, wenn erforderlich auch mit psychologischer Raffinesse.

Stärke allein überlebt in der Evolution nicht mehr.

Ein ganz klassischer Denkfehler. Das unterschätzt der Wahnsinn eines Narzissten/ Psychopathen generell.

Beispiele dazu lehrt die Geschichte:

Zar Nikolaus II. (ehem. Kaiser von Russland), hatte einen eminenten Denkfehler gemacht. Er erkannte nicht, dass sich sein Volk gegen die monarchistische Diktatur der letzten Jahrhunderte wendete und mit einem kommunistischen Politiker und Revolutionär, namens Lenin, kokettierte, der dann das Volk auf seine Seite zog. Zar Nikolaus II. ist nicht abgetreten, er wurde abgetreten und zwar von Lenin. Die Ermordung der Zarenfamilie durch die Bolschewiki ereignete sich im Juli 1918 in Jekaterinburg.

Große Feldherren beharren stur auf ihre Denkfehler. Adolf Hitler, negierte die Warnung seiner Generäle vorm Zusammenbruch der Ostfront. Aber der „Führer" bleibt hart: kein Zurückweichen.

Der Mythos von der unbesiegbaren Wehrmacht zerbricht vor Stalins Hauptstadt. Doch der Krieg tobte noch 3 Jahre weiter, bis zur endgültigen Niederlage. Hitler jedoch gab nicht auf, hat seinen Denkfehler gehalten, bis 1945 die Alliierten ihn dann beibrachten, der Krieg ist vorbei und du bist auch vorbei!

Denkfehler sind fatal, besonders in der Politik, wenn die Einsicht fehlt.

Es ist doch unverkennbar, dass auch die Gesellschaft unsere narzisstischen Strukturen fördert. Dazu gibt es eine neue Untersuchung der Charité – Berlin:

Dabei wurde festgestellt, dass die Narzissmus-Werte derer, die im Westen, in der individualistischen, wettbewerbsorientierten Gesellschaft aufgewachsen sind, viel höher waren, als von Menschen der mehr kollektivorientierten Gesellschaft im Osten.

Das hat sich nach der Wende angeglichen.

Denn eine Gesellschaft die auf Leistung, Profit, Gewinn und Status ausgerichtet ist, schafft Menschen die dem folgen - in Selbstsucht und Macht.

Es gibt in unserer Gesellschaft Menschen die sehr mächtig sind und Menschen die sich ohnmächtig fühlen. Beide leben in unterschiedlichen Welten.

Die Mächtigen fühlen sich zum Handeln aufgefordert und die Ohnmächtigen ziehen sich zurück. Leider, denn wir alle besitzen Macht, auch wenn wir uns nicht in einer Machtposition befinden.

Obwohl ich nicht über die Mittel und Möglichkeiten politischer Macht verfüge, ist mein Buch eine Botschaft, Freiheit und gleichzeitig Macht des Wortes zu verinnerlichen.

Ein unglaubliches Beispiel aus der Politik:

„Mit Hartz IV zu leben bedeute nicht, arm zu sein, mit Hartz IV hat jeder das, was er zum Leben braucht!"

Jens Spa...

(Politiker)

Es ist doch unfassbar, diese Äußerung ist in meinen Augen menschenverachtend, die Würde der Menschen gröblich verletzend!

Wann kapieren Politiker endlich einmal Menschen wirklich anzusprechen – auch in ihrer Not.

Die Menschen, die in unserer Gesellschaft nicht mithalten können, weil sie zu alt, zu krank oder über zu wenig Einkommen verfügen, landen ganz schnell am Rand der Gesellschaft.

Das betrifft Menschen, die sich dem Leistungsdruck nicht mehr unterwerfen wollen oder können und sich ihrem Schicksal ergeben. Es betrifft auch die Menschen, die ihr ganzes Leben berufstätig waren, aber so wenig Rente erhalten, die dann mit Grundsicherung aufgestockt werden muss – so leben auch sie nur von einem (Harz IV) Einkommen.

Ich weiß, wovon ich spreche, denn ich engagiere mich trotz Schöffentätigkeit, zusätzlich in sozialen Bereichen ehrenamtlich.

Und wie schaut die Realität in vielen Familien aus? Kulturveranstaltungen: Oper, Theater, Kino, Reisen, ja sogar Zoobesuche, sind inzwischen Fremdwörter. Diese Menschen fühlen sich nicht mehr würdig.

Wir sprechen hier nicht über eine kleine Minderheit, nein, das betrifft Millionen Menschen.

Und was passiert erst mit den Kindern? Sie sind die Zukunft…!

„Ich beschäftige mich nicht mit dem, was getan worden ist. Mich interessiert was getan werden muss."

Marie Curie

Auch wenn vielleicht einige Leser anderer Meinung sind, ist es mir ein inneres Bedürfnis und Empfinden, diesbezüglich meine ganz persönlichen Erfahrungen anhand zentraler Figuren aufzuzeigen.

Denn sie gehören zu meinem Weg dazu, mit allem Schmerz und aller Freude!

In der Nacht auf den 3. Oktober 1990 sang die deutsche Staatsspitze auf dem Balkon des Reichstags die Nationalhymne. Seit jener Nacht, seit der Wende verließen Millionen Menschen den Osten und lösten eine demografische Katastrophe aus – ich gehörte dazu.

Unzählige Unternehmen, Betriebe und Einrichtungen, einschl. Außenhandelsunternehmen, wurden aufgelöst.

Man musste sich schnell entscheiden; Ost oder West.

Ich zögerte nicht lange, setzte mich ins Auto und fuhr zum Kurfürstendamm. An einem großen Zeitungskiosk hielt ich spontan. Mein Herz schlug dabei bis zum Hals.

Der freundliche Betreiber fragte höflich, was ich möchte?

„Bitte, wo leben hier die Schönen und Reichen?"

„Na, in Grunewald und Zehlendorf, meine Schöne."

Er schenkte mir eine Tageszeitung. Das reichte völlig, denn Seitenweise wurden darin Jobs angeboten.

Eine Anzeige führte mich gleich zu einer Lady, Wohnort Grunewald, die für einen Bridgenachmittag Gesellschaft suchte.

Wir wurden Freundinnen, einmal wöchentlich besuchte ich sie. Oft fuhren wir ins Kaufhaus des Westens, besuchten Veranstaltungen oder plauschten bei Kaffee und Kuchen. Sie zahlte gut. Das Geld tauschte ich dann in Ostmark um und hatte für 5 Stunden Unterhaltung und Spaß, mehr als ein Ost-Monatsgehalt in der Tasche.

Ein Anfang war gemacht, ich hatte kein schlechtes Gewissen, für mein Geld habe ich gearbeitet. Aber, um im Westen wohnen und leben zu können, brauchte ich eine versicherungspflichtige Beschäftigung. Studium und gute Referenzen konnte ich ja bereits vorweisen.

Meine Freundin Ulla, half bei der Vermittlung einer Wohnung im gleichen Haus.

Nun standen diverse Behördengänge an:

Meldebehörde, Arbeitsamt, Krankenkasse, Finanzamt...

Aus Datenschutzgründen werde ich mein vertragliches Dienstverhältnis in einer Einrichtung des öffentlichen Dienstes, nicht nennen. Politisch hochinteressant, setzt es auch noch heute, Menschen in Erstaunen und manche in rasende Wut.

Während einer behördlichen Anmeldung, kam zufällig einer der Direktoren ins Büro. Er schaute mich an, blickte kurz in meine Unterlagen und sagte:

„Sie können gleich mit mir kommen, wir suchen noch Mitarbeiter. Sie haben Biss und werden sich wenn nötig, niveauvoll durchsetzten, das erkenne ich sofort."

Ein erster Schock für mich. Nur anmelden und schon einen Job erhalten. Welch ein Glück, das fing ja gut an.

Der zweite Schock ließ nicht lange auf sich warten. Er ging mit mir weiter zur Personalabteilung und wollte gleich persönlich alles in die Wege leiten.

„Hier sind wir im Sekretariat der Personaldirektorin."

Als er die Tür öffnete, ich Frau Direktor erblickte, blieb fast mein Herz stehen. Hinter dem Schreibtisch saß Ina M. meine ehemalige Kaderleiterin!

Die Personalabteilung eines Betriebes hieß in der DDR „Kaderabteilung", und der Leiter dieser Abteilung „Kaderleiter". Sie waren besonders vertrauenswürdige Führungskräfte für Partei und Staatsicherheit.

Der Direktor spürte anscheinend die Spannung und verließ vorsichtshalber das Zimmer.

Ich weiß nicht, wie andere Menschen in meiner Situation gehandelt hätten. Meine psychopathischen Anteile ließen jedoch nur eine Reaktion zu.

Ina M. starte mich an. Ich lächelte, verzog keine Miene:
„Hallo, Frau Kaderleiterin, ich mache es kurz! Entweder bekomme ich hier einen guten Job, oder wir gehen beide zum Arbeitsamt, um Leistungen zu beantragen. Die Entscheidung treffen Sie jetzt!"
Zwei Wochen später hatte ich eine super Planstelle, Sachbearbeiterin mit umfangreichem Aufgabengebiet.
Wow, das war geschafft. Als ehemalige Mitarbeiterin eines Unternehmens im Osten, rechnete ich natürlich nicht mit dem Wiederstand der neuen Kolleginnen, die plötzlich eine weisungsberechtigte „Ossi" akzeptieren mussten.
Erneut eine Herausforderung, die ich bewältigen wollte. Zuhause studierte ich dann nächtelang Gesetze, Vorgaben und Anspruchsvoraussetzungen. Das gelang mir problemlos, war ich doch energetisch gut ausgestattet.
Darauf folgte postwendend das Mobbing der Damen, die Krone unserer Zusammenarbeit. Sie verweigerten Auskünfte und negierten mich völlig. Aufgeben war für mich keine Option, Ostmenschen sind stolz und wissen was sie können! Wir regeln unsere Dinge gern selbst. Eine Beschwerde war also ausgeschlossen.
Wir hatten eine Bereichsdirektorin, eine bissige Stute, jeder männliche Mitarbeiter warnte mich vor dieser Frau. Doch vielleicht war gerade sie die Rettung? Morgens ab 6.30 Uhr arbeite sie bereits schon.
Ich hatte Gleitzeit und stand mutig am nächsten Tag mit Schokokuchen und Kaffee, in ihrem Büro.
„Wer sind Sie denn, ich kenne Sie nicht?"
„Entschuldigen Sie bitte, aber darf ich ehrlich sein?"
„Ja, nur zu, so stehlen Sie mir nicht ganz meine Zeit!"
„Ich bin die Mitarbeiterin aus dem Osten und meine Kollegen behaupten, Sie wären, na ja, sehr speziell. Ich möchte mir aber selber eine Meinung bilden und mich dabei gleich vorstellen."
Plötzlich stand sie auf und begrüßte mich freundlich.
„Das ist typisch für diese Heuchler, Sie gefallen mir.

Man, Sie haben wirklich Mut, Respekt Mädchen!"
Sie setzte sich wieder und stöhnte dabei vor Schmerz.
„Kann ich helfen?", fragte ich besorgt.
„Ach, ich war bei vielen Ärzten, aber alles Quacksalber, ist mir ja auch ein bisschen peinlich."
„Jetzt genießen wir erst einmal Ihren schönen Kuchen."
Plötzlich konnte diese Frau lächeln und dann platzte alles aus ihr heraus:
„Mein Mann ist ein Pflegefall, ich betreue ihn abends und nachts allein. Er ist ein großer, schwerer Mann und vom Heben habe ich nun ein ganz schlimmes Hämorrhoidalleiden bekommen und könnte vor Schmerzen nur noch schreien."
Gott, wie vertraut sie doch war, ich musste helfen.
„Ich habe eine super Salbe dabei, hole sie sofort aus dem Büro. Ein befreundeter Arzt hat sie mir gegeben, ist eigentlich nur Klinikmaterial und wird nach Operationen verabreicht."
Diese Salbe half ihr sofort. Verrückt, aber eine Hämorrhoiden-Salbe brach das Eis zwischen uns. Natürlich sprach ich über das Mobbing meiner Kollegen. Nach nur wenigen Tagen ernannte sie mich zur Gruppenleiterin mit eigenem Büro.
Zu meiner Entlastung, wäre ich zu blöd gewesen für diesen Job, hätte es keine zehn Jahre Zusammenarbeit gegeben. Im elften Jahr meiner Beschäftigung, wurde sie pensioniert.
Das Schicksal nahm seinen Lauf. Es gab in dieser Behörde tatsächlich Menschen, die Rache forderten. Nach elf Jahren, wurde mein Job ganz plötzlich wegrationalisiert. Ein Schichtdienst in unserer Telefonzentrale war die Alternative.
Meine ehemalige Bereichsdirektorin, die Dame mit dem Hämorrhoidalleiden, zwischenzeitlich pensioniert, half erneut. Kurz darauf konnte ich in einer übergeordneten Behörde, meinen Dienst antreten.
Tja, unabhängig von der Politik und Geographie, Beziehungen sind im Leben eben Gold wert.

Ob im Osten oder Westen, ich war immer stolz darauf, eine Berlinerin zu sein. Ich lebe, liebe und arbeitete in dieser Stadt, seit ich denken kann.

Berlin ist seit eh und je ein Schauplatz deutscher Geschichte.

Mit seiner Ansprache vor 70 Jahren erlangte Berlins damaliger Oberbürgermeister Ernst Reuter Weltruhm.

Sein voll Leidenschaft vorgetragener Schlusssatz, „Ihr Völker der Welt, schaut auf diese Stadt", überzeugte die Amerikaner...

In meinen Augen hat sich die Stadt nach der Wende sehr verändert und irgendwann wollte auch ich Berlin den Rücken kehren.

Viele konnten schon damals nicht mehr den Slogan eines Berliner Bürgermeisters hören:

Berlin: „Arm, aber sexy". In Berlin ist jeder sechste Bürger von Armut bedroht; ob diese Menschen das witzig finden? Oder sich trösten, dass sie sexy sind?

No comment!

Der Freistaat Bayern wurde mein neuer Lebenskreis. Eine Ausbildung zur Ernährungsberaterin absolvierte ich problemlos und wurde Couch in einem großen Unternehmen. Innerhalb drei Wochen, war der Umzug in den Süden Deutschlands abgeschossen. Ein schönes Haus zur Miete mit Blick auf die Isa, lies uns Berlin schnell vergessen.

Nun, mein erster Arbeitstag, vollbesetzte Gruppen, mit hochmotivierten und gut situierten „vollschlanken" Damen stand an.

Keinesfalls wollte ich mit langen Reden, grünen Kochrezepten und Kuchenverbot die Teilnehmerinnen quälen. Nein, daran sind bereits schon unzählige Vorgängerinnen gescheitert.

Nach einer kurzen Vorstellung, forderte ich sie alle auf, mit mir in den Baumarkt zu fahren. Die Verkäufer schauten ziemlich ängstlich auf die hineinstürmende Invasion wilder, femininer Wuchtbrummen, in der Altersklasse zwischen 18 und 80 Jahren.

Das jedoch störte uns nicht. Die Damen sollten getönte Spiegelfliesen kaufen. Sie taten es. Mein Auftrag, jede muss die Außentür ihres Kühlschrankes damit bekleben. Ich war sehr streng. Sprach nur zwei Sätze:
„Meine Damen, das ist keine Bitte, das ist ein Befehl! Jeden Abend, jede Nacht, wann immer Sie den Kühlschrank öffnen wollen, um zu naschen, müssen Sie vollkommen nackt sein! Was Sie dann im Spiegel erblicken, wird Sie garantiert von weiteren Aktionen abhalten!"
Ein Volltreffer! Es wurde ein grandioser Erfolg, bald konnten sie sich in Boutiquen einkleiden.
Wir dagegen haben nur noch gearbeitet, konnten keine neuen Teilnehmer mehr aufnehmen. Ob Makler, Bürgermeister oder Hausdame, sie kamen alle, erzielten beste Ergebnisse und hatten dabei so viel Spaß.
Ich war schon immer ein wenig crazy; Spiegelfliesen fürs Selbstbild, Glasmurmeln fürs Kalorien zählen und in Dessous am Abend zum Ehepartner, schließlich zahlten die ja auch die hochpreisigen Kurse.
Die Frauen begriffen langsam, wenn sie etwas für sich selbst erreichen, endlich anfangen auf sich selbst zu schauen, dann sind sie wirklich glücklich. Das schenkt Selbstvertrauen, Selbstliebe, das kann man nicht kaufen.
Die Damen haben mich quasi vergöttert, ich hatte plötzlich aufrichtige, dankbare Freundinnen, die uns halfen wo sie konnten. Ich liebte die Menschen, unvergessen die wunderbare Zeit im schönen Bayern.
Doch das Glück hielt nicht lange an, das Unternehmen nahm mir meine Gruppen und somit meine Lebensfreude. Zukünftig sollte ich neue Couches ausbilden, ihnen zeigen, was einfache Spiegelfliesen am Kühlschrank bewirken können. Dem stimmte ich nicht zu. Alle Frauen kündigten sofort ihre Mitgliedschaft.
Schweren Herzens sagten wir Bayern adieu!
Ich, eine geprüfte Lebenskünstlerin steht aufrecht und lächelt: Kopf hoch, Krone geraderichten, weiter geht's! Wir steuerten das nächste Paradies an.

Eine Nordseeinsel. Nach 10 Std. 19 Min. (986,7 km) Fahrtzeit inklusive Autozug, rannten wir Barfuß den breiten Sandstand entlang. Was für eine Atmosphäre.

Ein kleiner angemieteter Fischerkaten direkt hinter den Dünen, zählte zur neuen Heimat. Krasser Gegensatz zu Bayern, doch Extreme sind mein Lebenselixier.

Neue Jobs mussten her. Mein Partner arbeitete im ansässigen Golfclub, ich in der Kurverwaltung.

Beim Golfen lernten wir sehr schnell alle wichtigen Leute kennen und wurden ständig eingeladen. Im Herbst, der sehr rau an der Nordseeküste sein kann, bei Sturmflut im November, rücken die Insulaner ganz eng zusammen. Für mich war diese Art Nähe nebst gleichzeitiger Langeweile, kaum zu ertragen.

Das wirklich grausame daran, der klare „Küstennebel". Zum einen, ein Naturereignis draußen und zum anderen, der namensgleiche Alkohol drinnen. Dieser floss meist ungebremst in Gastgeber und Gäste.

Wir sind keine Fans alkoholhaltiger Getränke.

Nüchtern zuschauen wie alle langsam durch den Küstennebel die Orientierung verloren, machte keinen Spaß.

Erinnerungen wurden wach, ein suchtkranker Vater, der suchtkranke Exmann – ich wurde langsam depressiv.

Meine letzte Chance, eine Lüge, die uns zukünftig vor Alkohol schützen sollte. Bei einem traditionellen Martinsganzessen erklärte ich dann unseren Gastgebern: „Mein Partner ist seit Jahren trockener Alkoholiker und möchte es auch bleiben".

Das klappte schon mal nicht. Kopfschüttelnd ohne Mitgefühl oder Verständnis, feierten sie fröhlich weiter.

Wenig später kassierten wir die Quittung dafür.

Sie schlossen uns einfach aus. Keine Einladungen mehr zu Festivitäten. Golfturniere fanden ohne uns statt. Wir lehnten nur den Alkohol ab, wir waren nicht kriminell.

Nein, auf dieser Insel wollte ich keinesfalls meinen Lebensabend verbringen. Die Menschen waren so kalt, rau und unberechenbar wie das Nordseeklima.

Wir hatten noch einen Koffer in Berlin, der befand sich in unserer ehemaligen Dachgeschoßwohnung, die zeitgleich zur Anmietung frei stand.

Vier Wochen später feierten wir Einweihung, das war Glück auf Umwegen.

Jedoch hielt unsere Beziehung den häufigen Orts- und Wohnungswechsel nicht stand. Zwar waren wir ein gutes Team, aber eben nicht emotional. Einvernehmlich beschlossen wir getrennte Wege zu gehen.

Ich fand meine Passion in der schreibenden Kunst. Wie ich finde etwas so wunderbareres, man kann sich (in) jedes Leben visualisieren. Insbesondere menschliche Gefühlswelten, psychische Strukturen und individuelles Sozialverhalten interessierten mich schon immer. Diese ungebremste Neugier gepaart mit einer großen Portion Menschenliebe gaben vor, in welche Richtung sich zukünftig meine Lebensansprüche bewegen.

Ich habe auch im Westen tolle, wertvolle Menschen kennengelernt, die mich im Leben auch wirklich weiter gebracht haben. Jeder Mensch besitzt individuelle Talente und Begabungen die es zu kennen und zu fördern lohnt.

Wer kennt nicht die Redewendung:

Hast du keinen Friseur dem du das erzählen kannst? bedeutet: Anders für „Klappe zu!" oder „interessiert mich nicht!" Das fliegt meines Erachtens inzwischen völlig unterm Radar.

Ich kenne zwei tolle Haarstylisten, besondere Menschen und Meister ihres Faches. Seit Jahren lege ich meinen Kopf in ihre Hände. Sie sind Zauberer ohne Skalpell.

Sie, weiß genau was Frau sich wünscht und macht es möglich, unglaublich was diese Frau drauf hat.

Die Mitgliedschaft in einer Stiftung, im Presseclub, Besuche diverser Events, waren zugleich Ursprung und Ergebnis unserer Gespräche.

Er, ein erfahrener interessanter Mann, nahm mich oft in den Arm, tröstete oder stand „psychologisch" beratend zur Seite.

Er übersetzt im Klartext, was Männer wirklich denken, was sie sagen und was wir Frauen aus ihren Worten hören…(wollen)! Er erzielt immer einen Volltreffer, ich habe das am jeweiligen „Objekt" getestet.

Beide gehören zu den wenigen Menschen, denen ich schon anfangs vertraute. Man spürt einfach, sie sind mit sich und ihrem Leben zufrieden.

Leider ist das nicht die Regel. Eine feminine, intellektuelle und selbstbewusste Frau, zieht magisch toxische Partner an, sie ist die pure Herausforderung!

Narzissmus ist das Krankheitsbild unserer Zeit.

Ob im Business oder in Liebesbeziehungen, überall begegnen einem Narzissten. Machtspielchen im Job, ich wusste mich immer zu wehren. Gib jemand das Gefühl von Macht und du siehst wie er ist.

Ich wiederhole mich jetzt bestimmt zum x-ten Male; aber es ist lebenswichtig Narzissten, Psychopathen, zu erkennen, und sie aus ihrer Deckung zu zerren.

Denn in einer toxischen Beziehung, da lebst du nicht, du überlebst!

In Beziehung mit einem Narzissten hast du dich unwissentlich auf einen Menschen eingelassen der höchst dysfunktional, in vielerlei Hinsicht instabil, manipulativ, betrügerisch, illoyal und unehrlich ist und leider auch immer sein wird!

Es ist eine der faszinierendsten Erkenntnisse auf die man trifft, wenn man beginnt sich wissenschaftlich mit Psychopathen auseinander zu setzen.

Kennst du einen, kennst du alle! Es ist dabei völlig egal ob das ein Arbeitskollege, Chef, Nachbar oder Lebenspartner ist. Obwohl sie alle eine völlig andere Herkunft, Erfahrung, Charakteristik, Geschlechtlichkeit oder Nationalität haben, sie bemühen immer, immer zwingend den gleichen Zirkel!

Einen narzisstischen Zirkel aus kranken und krankmachenden Verhaltensweisen!

Den Unwissenden zeigt sich das nicht. Die Beziehungen fangen alle gleich an und enden am gleichen Punkt!

Man zweifelt am eigenen Verstand und beginnt sich selbst zu pathologisieren.

Wie ist das möglich, dass jede Beziehung grandios beginnt und im absoluten Irrsinn endet?

Ich versuchte doch nur eine Beziehung zu etablieren, leider zu einem Geisteskranken!

Was Narzissten tun ist ein völlig unbewusstes und instinkthaftes Gebaren. Ein Narzisst ist ein soziales Raubtier, ein Jäger der Menschen jagt. Der will keine Beziehungen, keine Kontakte, keine Intimität! Der will Menschen haben, instrumentalisiert und missbraucht sie, um sich selber erkennen zu können!

Dieses völlig gleichgeschaltete Verhaltensmuster dieser kranken Menschen, ergibt sich ganz alleine aus der vorliegenden Persönlichkeitsstörung.

Es ist ein roter Faden und bei allen Erkrankungen immer gleich.

Um im Leben Glück Zufriedenheit und Erfolg zu empfinden brauchen wir Menschen gute Beziehungen, positive und gut rückgekoppelte soziale Einbindungen.

Gute Beziehungen steigern unsere Lebensqualität, unseren Selbstwert, unsere Selbsterkenntnis, da geht es ganz viel um lernen, fühlen und entscheiden.

Genau hier setzen die Psychopathen an, die liefern nicht nur nichts davon, sondern setzen alles daran, das auch noch zu zerstören...!

Ein hervorstechendes Mysterium von pathologischen Beziehungen; überzufällig häufig trifft es höchst attraktive Frauen, die von echten „Honks" belagert werden, die weit unter ihrem Radar dahinsegeln, geistig als auch optisch.

Denn Psychopathen greifen in der Partnerwahl immer drei bis vier Schubladen nach oben!

Sie suchen einen potenten Wirt, der muss in vielerlei Hinsicht was zu bieten haben. Aufgrund ihrer narzisstischen Störung und in ihrem Größenwahn, haben sie keine realistische Einschätzung in welchem Rennen die eigentlich laufen.

Seine Liebe und sein Begehren gelten niemals ihr, nur seinem Bild von sich selber, das er in seiner Welt von sich gemalt und in ihre Welt hinein transportiert hat!

Sobald ein Mann dich nur für eine Minute so fühlen lässt, als wärst du nichts Besonderes, ist es die Minute, in der du dich umdrehen und gehen solltest!!

Denn wenn ein Mann eine Frau wirklich will, wird sie es nie infrage stellen müssen!

Bitte, immer daran denken, dass ein Mann dir sein Wesen zeigt, durch die Art und Weise, wie er dich behandelt. Was immer er auch sagt, Liebe hört man nicht, man fühlt sie!

Meine einschlägigen Erfahrungen, mein Buch – eine Botschaft für Menschen die ihre Grenzen überwinden wollen, unabhängig vom Alter und sozialen Stand und sich dabei von Nichts und Niemanden abhalten lassen!

# Mit zwei Männern in die beste Zeit meines Lebens...

Neustart statt Midlife-Crisis:
65 war für mich längst nicht mehr der Anfang vom Ende – sondern viel zu jung, um zurückzustecken und sich in faule Kompromisse zu lügen.
Dreimal habe ich ein Versprechen, das auf ein ganzes Eheleben ausgerichtet war, gebrochen. Probleme suchen sich ihren Weg. Die Last wird mit den Jahren so groß, dass man daran zerbricht, oder sich für einen Neustart entscheidet.
Leider neigen sehr viele Menschen dazu, weiter im Schatten ihrer Vergangenheit zu wühlen. Sie finden dekadenten Gefallen daran, sich abzuwerten, zu schwächen und abstruse Entschuldigungen für ihr nicht gelebtes Leben zu finden. Aufgrund ihrer schweren Kindheit wollen sie für ihr Leben keine Verantwortung übernehmen.
Auch ich kenne einige solcher Menschen persönlich, sie führen tatsächlich ein Schattendasein. Das wirklich dramatische daran ist, dass fast alle Gefallen daran finden, mit guten Ausreden und Ausflüchten darauf zu verzichten, im Jetzt und Heute aktiv und positiv aufzutreten.
Die Vergangenheit lässt sich nun mal nicht verändern oder gar schönreden, sie ist ein Teil unseres Lebens, und muss so akzeptiert werden, wie sie ist.
Mit all der Erfahrung, den Gefühlen, dem Erlebten kämpfte ich mich wieder zurück ins Leben, ich, eine sich - selbstbewusste Frau. Weil das alte „Gerümpel" der Vergangenheit entsorgt ist, wird es mit jedem Tag leichter.
Wild entschlossen und motiviert, weiterhin für die Erfüllung meiner eigenen Wünsche zu leben.
Neues Selbstbewusstsein, neue Herausforderungen, neues Glück.

Für mich bedeutet das Leben jenseits der 60 vor allem Erfüllung und Freiheit. Dabei steht Selbstliebe und Sexualität für große Veränderungen, denn es gibt noch viel, was ich mit meinem Leben anstellen möchte.

Andere zählen in diesem Alter die Tage bis zur Rente oder terminieren ihre Sterbeversicherung. Ich hingegen erlebe gerade, den spannendsten Teil meines Lebens, wofür zwei Männer den entscheidenden Schub gaben!

Am Anfang steht der Arzt, Neurologe und Begründer der Psychoanalyse Sigmund Freud. Er war einer der einflussreichsten Denker des 20. Jahrhunderts und wirkte mit seinen Ideen nicht nur auf medizinische Bereiche, sondern prägte auch Philosophen, Literaten und Literaturwissenschaftler, Maler, Musiker, ebenso Soziologen und Psychologen.

Stephan Zweig äußerte sich einmal in einer Gedenkrede über Freud:

„Ich habe einen wahrhaft Weisen gesehen, ich habe Sigmund Freud gekannt!"

Wenn ein biographischer Versuch wirklich zum Verständnis des Seelenlebens seines Schriftstellers durchdringen soll, darf er nicht, wie dies in den meisten Biographien aus Diskretion oder aus Prüderie geschieht, die sexuelle Betätigung, die geschlechtliche Eigenart mit Stillschweigen übergehen.

Das sexuelle Verhalten eines Menschen ist vorbildlich für seine ganze sonstige Reaktionsweise in der Welt...!

Sigmund Freud (1856 – 1939)

Der Wiener Neurologe Freud, hat mit Theorien wie der Psychoanalyse und der Traumdeutung das Tor zur Seele des Menschen geöffnet. Freud misst dabei der Sexualität eine fundamentale Bedeutung zu.

An der Schwelle des 20. Jahrhunderts entwickelte er seine vielfältigen Denkmodelle, die noch immer bis in unsere Zeit fortwirken.

Sein Verdienst ist es vor allem, dass er die Macht des Unbewussten erkannte und die Sexualität aus ihrer Tabuzone herausholte.

Nach Freud existiert in der Psyche eines Menschen ein Ort des Unbewussten, in der die Triebe, Bedürfnisse und Affekte verwurzelt sind.

Die Triebenergie selbst hat er als Libido bezeichnet und ihre Gesetzmäßigkeit als Lustprinzip.

Nach Freud entstammt der Trieb einem körperlichen Spannungszustand. Dabei werde der Mensch wesentlich von einer mehr oder weniger großen Anzahl angeborener Triebe und Grundbedürfnisse gesteuert. Der Sexualtrieb ist dabei maßgeblich für die Bedürfnisse, die der Mensch zur Erhaltung seiner Art ausgleichen muss. Eine zügellose Befriedigung der Triebansprüche nach dem „Lustprinzip" führt zu einem Konflikt mit dem „Realitätsprinzip und ist unvereinbar mit einer zivilisierten Gesellschaft.

Deshalb, so Freud, müssen die Triebe permanent unterjocht werden – obwohl dies häufig zu Neurosen führen kann. Er fand, dass sexuelle Erregungen ausgelebt werden müssen. In der freudianischen Psychoanalyse, soll sich der Patient dieser Konflikte bewusst werden.

Wesentliche Elemente seines Triebkonzeptes leben noch heute im moderneren Begriff der Motivation und des Motivationssystems weiter.

Die Zivilisation habe, so Freud, dem Menschen eine unnatürliche Sexualmoral aufgezwungen. Demnach sind alle zerstörerischen seelischen Äußerungen das Ergebnis nicht gelebter sexueller Erregungen.

Vor 162 Jahren wurde Sigmund Freud geboren. Sein Werk hat das Menschenbild der westlichen Kultur nachhaltig beeinflusst und schuf die Grundlage zur modernen Psychotherapie.

Freuds Tiefenpsychologie erlebt heute ein Come-back als Neuro-Psychoanalyse. Nach Meinung vieler Hirnforscher lässt sich die Mechanik des Unbewussten inzwischen naturwissenschaftlich dingfest machen. Aber verbirgt sich wirklich hinter jeder seelischen Störung ein sexueller Konflikt aus der Kindheit?

Doch was beeinflusst unser Sexualverhalten? Was ist dabei Normalität und was Perversion? Welche Motive leiten uns bei der Wahl des Partners, und warum ist er selten oder niemals der Richtige?

Wie bereits schon zu Freuds Zeiten, steht totale sexuelle Freizügigkeit im Konflikt mit der Gesellschaft. Die Gründe dafür, haben die meisten Menschen in sich selbst angelegt – sie zügeln künstlich ihre natürlichen Triebe.

Meine eingebrachten Lebenserfahrungen, der intensive Einstieg in die Freudsche Lehre mit ihrer empirischen, teils tabuisierten Thematik der Psychologie, lässt mich nicht mehr los.

Menschliches Erleben und Verhalten, deren Entwicklung im Laufe des Lebens, sowie alle dafür maßgeblichen inneren und äußeren Ursachen und Bedingungen zu erkennen, zu verstehen, fasziniert mich sehr. Ich freue mich auf das Studium an der FU.

Freud sagte einmal über den Sinn und Wert des Lebens: „In dem Augenblick, in dem der Mensch den Sinn und Wert des Lebens bezweifelt, ist er krank. Im Leben streben die Menschen mehr danach, Schmerz zu vermeiden, als Freude zu gewinnen."

Ich zählte zu diesen Menschen, dachte über den Sinn meines Lebens nach und fand nur eine ehrliche Antwort – ich fühle mich unglücklich und ausgeliefert, ich bin krank!

Sah plötzlich mein Leben nur noch vor mir, als hätte ich es bereits hinter mir. All die flüchtigen Abenteuer mit Männern die keine Spuren hinterlassen. Der Anspruch den ich an eine Liebesbeziehung stellte, war sehr hoch.

Liebe sollte alles sein, sie soll die Leere im eigenen Herzen füllen, jeden ungesagten Wunsch wahr werden lassen und einen immer währenden Glückszustand begründen.

Ich suchte mich in den Augen eines idealen Partners zu spiegeln, der nicht nur meine Schwächen aufwerten, sondern auch meine Fehler weglieben soll.

In jeder Beziehung hoffte ich auf einen nie endenden Rausch der Gefühle, innige Verbundenheit und unerschöpfliche Leidenschaft.

Doch wenn eine Beziehung diesem glamourösen Ideal nicht standhielt, blockiert durch den Fatalismus, der auf vergangene Beziehungen zurückzuführen war, folgte der Absturz.

Um mein Leben verändern zu können, musste ich erst einmal verstehen lernen. Denn ich befand mich in einer Grundhaltung; der Angst und benötigte alle Dinge die mit der Angst assoziiert sind.

Das Gefühl, Kontrolle zu haben, immer. Es war mir wichtig Recht zu bekommen und zu behalten. Zweifel war mein zweiter Vorname, ich zog Grenzen und benötigte Abstand. Meine schlechten Gefühle; Misstrauen, Schuld, Manipulation, Rechthaberei, nebst anderen teuflischen Dingen, hielten mich gefangen in Dramen und Blockaden. Natürlich ist all das Gewohnheit und Prägung. Partner, Besitztümer und Statussymbole gaben mir Jahrzehnte einen falschen Sinn von Sicherheit und Selbstwert.

All diese Dinge fügen aber keinen dauerhaften Wert zum eigentlichen Leben selber hinzu. Als ich das erkannt habe, fand ich den Mut und die Kraft mein Leben spontan zu verändern. Aber Achtung, diese Veränderung hat keine Anhänger. Menschen kleben am Status quo. Man muss auf radikalen und massiven Widerstand vorbereitet sein.

Unbeirrt traf ich die Wichtigste Entscheidung meines Lebens – die Entscheidung für ein selbstbestimmtes, freies Leben.

Diese Erkenntnis veränderte fortan mein handeln und führte mich zu einem außergewöhnlichen Menschen, der mich bei der ersten Begegnung zutiefst berührte. Dieser Mann steht für die totale Veränderung in meinem Leben.

Es passierte an einem ganz normalen Wochentag. Auf einer belebten Straße bewegten wir uns aufeinander zu.

Er, ganz in Gedanken versunken, ich musste plötzlich ein „Hallo" (herausschreien). Er blieb stehen, wir umarmten uns spontan und kamen voneinander gefühlte Ewigkeiten nicht los, sprachen dabei kein Wort.

In diesem Moment war mir alles andere egal, ich konnte ihn einfach nicht loslassen. Dieses magische Gefühl ist nicht in Worte zu fassen, man kann es nur fühlen.

Passanten liefen etwas genervt um uns herum, denn wir standen mitten auf dem Gehweg. Ein Herr äußerte sich laut aber freundlich:

„Wird das hier etwas Ernstes?"

Ja, es wurde ernst und begann spontan mit seinem ersten Kuss. Ich nenne ihn den Kuss zur Freiheit. Als ich ihn spürte, wurde mir sofort klar, dass ich nun tatsächlich denken, tun und sagen kann, was ich will, ohne den nächsten „Angriff" oder die nächste Hinterlist fürchten zu müssen.

Er war mir noch fremd, aber er verstand mich ohne Worte. Mein Bauch ließ ein nie zuvor gekanntes Gefühl in mir aufsteigen – ich spürte seinen Kuss mit einer Sinnlichkeit, die mich erzittern ließ und traute mich den Kuss der Freiheit zu erwidern. Seit dem ersten Treffen spürte ich zwischen uns Vertrautheit, Ehrlichkeit, aber vor allem ungezügelte wilde Begierde. Intensivste Gefühle die begannen, mein Verhalten zu verändern.

Es „knallte" im Kopf, ein Feuerwerk von Emotionen. Für die absolute Synchronisation unserer ersten Kommunikation, ist die zwischenmenschliche Chemie ausschlaggebend.

Wir konnten die Umarmung nicht lösen, was war passiert und warum gerade wir?

Als ich dabei seinen Körper spürte, umhüllt von dicker Kleidung, denn es war Winter, peitsche mich förmlich sein Geruch.

Gefühle zu beschreiben ist nicht möglich – ich suche trotzdem nach Alternativen. Vielleicht lassen Sie die Phantasie einmal spielen und betreten imaginär ein Kaufhaus. Sie kommen in die Schokoladenabteilung.

Aromen edelster Kaukausorten lassen fast die Sinne schwinden. Wildentschlossen will und muss man diese Kostbarkeiten sofort auf der Zunge spüren.

Ähnlich unser Gefühl, die spontane, magisch starke Anziehung, sexuelle Gier, endlich Haut an Haut zu fühlen.

Wir konnten uns riechen, atmend, fühlend nahmen wir den anderen in uns auf.

Wir konnten nichts dagegen tun, ein Volltreffer, denn bei uns stimmte die Chemie und das ist wissenschaftlich erwiesen.

Die richtige Körperchemie, der Eigengeruch, ist für die Bindung zweier Menschen, die absolute Voraussetzung.

350 Riechrezeptoren hat der Mensch. Es sind Duft-Detektoren, mit denen wir rund 10.000 Gerüche wahrnehmen, darunter aber nur einige Dutzend unterscheiden können.

Wobei die für die Partnerwahl entscheidenden Duftstoffe, Abbauprodukte unseres Immunsystems sind, die uns Aufschluss darüber geben, wie es um die Gesundheit des anderen steht. Welche Krankheiten ihn belasten könnten und gegen welche er geschützt ist. Haben die Partner unterschiedliche Immunsysteme, dann flattern sie los, die Schmetterlinge im Bauch.

Der evolutionäre Kreislauf startet und bringt den Duft ins limbische System, den stammesgeschichtlichen ältesten Teil des Gehirns, wo die Triebe lauern. Werden die dann losgelassen, wie eine Herde befreiter Wildpferde, steigt die Sinneswahrnehmung ins fast Unerträgliche. Emotionen prasseln durch den Körper, peitschen ihn.

In seinem Weltbestseller: „Das Parfüm" beschrieb es Patrick Süskind treffend: „Und mitten in sie hinein ging der Duft, direkt ans Herz, und unterschied dort kategorisch über Zuneigung und Verachtung, Ekel und Lust, Liebe und Hass." Auch Goethe trieb die Leidenschaft mit seiner Gönnerin und platonischen Geliebten, Frau von Stein zu Ungewöhnlichem.

Der Großdichter stahl ein kurz zuvor noch von Frau von Stein getragenes Mieder. So konnte er endlich nach Lust und Laune an ihrem Körpergeruch schnüffeln.

Goethe verewigte es in seinem „Faust" - da barmt der im Liebesrausch befindliche Mephisto: „Schaff mir ein Halstuch von ihrer Brust, ein Strumpfband ihrer Liebeslust.

Aus Erfahrung (mein Geheimnis), kann ich mit einem Schmunzeln genau nachvollziehen, wie sehr ihn die totale Faszination ihres Duftes berauschte.

Sigmund Freud erkannte schon, dass ein im Leben wichtiger Charakter die Beweglichkeit der Libido ist, die Leichtigkeit, mit der sie von einem Objekt auf andere Objekte übergeht.

Der Geruchssinn ist entwicklungsgeschichtlich einer der ältesten Sinne, denn keine Wahrnehmung empfinden Menschen so unmittelbar wie das Riechen. Personen die wir nicht riechen können, kann man tatsächlich nicht leiden, auch dann nicht, wen man sich dazu zwingt.

Evolution, Geruchskultur, Partnerwahl – Liebe geht durch die Nase und zeigt für die Partnerwahl große Bedeutung.

Es funkte bei uns so intensiv, weil die Körperchemie zu 100% übereinstimmte, wichtigste Vorrausetzung für die Sexualität in der Beziehung. Nach Freud ist der Sexualtrieb maßgeblich für die Bedürfnisse, die der Mensch zur Erhaltung seiner Art ausgleichen muss.

Er geht davon aus, dass die Liebe aufgrund des Sexualtriebes entsteht, der Sexualität sozusagen nachgeordert ist. Liebe entsteht demnach, wenn sich alle sexuellen Wünsche auf eine Person richten. Sollen sich die Gefühle füreinander entwickeln, brauchen sie Berührungspunkte. Und das geht nun mal in erster Linie durch die Sexualität. Passend dazu ein Zitat Goethes:

„Wenn ihr es nicht fühlt, ihr werdet es nicht erjagen."

Ich habe das Fühlen, erst in unserer Beziehung erlernen müssen, mit einem Partner, der aus eigener Erfahrung weiß, wie es nur funktionieren kann.

Dazu gehört Vertrauen, sich auf den anderen einlassen können. Ein komplizierter und auch schmerzhafter Lernprozess der sich über Jahre entwickelt und dabei nie zum Stillstand kommt. Emotionen, Situationen, die unserem Körper und unserem Geist, täglich vor neuen Herausforderungen stellen.

Aber warum steht nun gerade dieser Mann für die totale Veränderung in meinem Leben? Das kann ich nicht in einem Satz beatworten, vielleicht gelingt es mir im Folgenden Kapitel.

Zur Erinnerung:

Mein Leben lang war ich ständig und ruhelos auf der Flucht. Aus dem Elternhaus, ein Haus des Grauens, folgte mit 19 Jahren die verzweifelte Flucht in die erste Ehe. Der Alkoholsucht des Partners inklusive aller Problematik, folgte kurzzeitig, bereits mit Sohn, die Flucht in die Freiheit. Sofort nahm Mutter Veronika wieder unermüdlich und bösartig ihre Verfolgungsjagd auf. Erneut trieb mich mein beschützender Mutterinstinkt direkt in die Arme des zweiten Ehemannes. In dieser Ehe konnte ich mich trotz Geburt meiner Tochter, durch ein Studium und Job im Außenhandel selbstzufrieden aber perspektivlos entwickeln. Ja, ich trug Verantwortung für zwei Kinder, sie sollten niemals das gleiche Schicksal erleiden. Ein Ehemann auf Dienstreisen, meine Vollbeschäftigung mit Messetätigkeit, unsere Statussymbole nahmen Form an. Sie beruhigten, die vielen Reisen und Geschenke. Mich aber machten sie bald krank, meine Seele weinte. Schlaflose Nächte, reizbar auf Kinderlärm, ich konnte mich nicht mehr freuen. Fast immer allein, Auto, Geld, schöne Dinge, wurden unwichtig. Ich funktionierte nur noch und achtete auf die makellose Fassade, der Schein musste gewahrt bleiben. Es folgten unzählige Affären, deren Männer keine Spuren hinterließen. Dem folgten diverse Arztkonsultationen. Die Spirale drehte sich weiter, Rezepte folgten, Barbiturate und Betablocker hielten mich ruhig und leistungsfähig.

Meinen Job machte ich super, Auszeichnungen folgten. Die gute Erziehung meiner Kinder, ihr vorbildliches Elternhaus, ein dominantes Thema in jeder Elternversammlung und perfektes Spiegelbild meiner Fassade. Ich hatte viel Kraft, ein angelegter Schutzpanzer aus psychischer und physischer Misshandlung der Kindheit. Eine Psychopathin auf der höchsten Stufe ihrer Kariere. Dann kam die politische Wende, auch für mein Leben und ich befand mich wieder auf der Flucht. Es kam ein neuer Mann und mit ihm die dritte Ehe.

Nun flüchteten wir gemeinsam und zwar neunzehn Mal zogen wir in ein neues Haus oder Wohnung.

Von München bis Sylt, wir ließen nichts aus. Doch bald holte mich die Vergangenheit ein. Ich ertrug keine Nähe mehr. Konnte in der Ehe nicht mehr atmen, laborierte zunehmend an generalisierten Panikattacken. Familiärer Druck, Stress, Unruhe, Anspruchsdenken des Partners und der Zwang an Feiertagen das heilige Familienglück zu zelebrieren, brachte mich an meine Grenzen. Ich stellte keine Ansprüche, Statussymbole interessierten mich nicht mehr, ich wollte nur noch allein sein.

Extrem viel Adrenalin, ich hatte keine Wahl mehr, musste den Teufelskreis durchbrechen, hätte sonst einen wertvollen Menschen mit in den Abgrund gerissen, meinen Ehepartner. Beide hielten wir die Trennung für das einzig Richtige.

In meiner neuen kleinen Wohnung fand ich langsam wieder zu mir, erkannte die Heilkraft des Schreibens und verfasste mein erstes Buch. Das hat mir eine neue Welt eröffnet. Nun musste ich mich ernsthaft mit meinem Leben, meiner Kindheit auseinandersetzen. Vergangenheit und Zukunft sind Illusionen. Das Leben kann ich nur im Moment (er)leben – im Hier und Jetzt.

Ich fand endlich die Zeit, den Gedanken freien Lauf zu lassen und dabei die neu erworbene Freiheit zu genießen. Unser Gehirn ist weit mehr als nur eine Zentrale des Denkens.

Die aktuelle Hirnforschung liefert bereits Belege für die Lust an der Leere und wie wir sie für uns nutzen können. Morgens, gesund mit einem Lächeln aufwachen und selbstbestimmend entscheiden können, wie ich meinen Tag verbringen möchte.

Der Mensch kann nichts Wertvolleres besitzen!

Nun, sehr schnell wurde mir aber auch bewusst, ich war mit den falschen Männern leiert. Viele meiner „lieben" Freunde, auch sie waren nicht echt. Dank ihres gut funktionierenden Sprachzentrums, verstanden sie es spielend, die wildesten Realitäten zu erschaffen.

Doch wie ein Mensch tatsächlich handelt, das ist das Entscheidende. Hilft es uns oder fühlen wir uns nur unendlich verletzt. Ich beobachtete jeden meiner Partner sehr genau. Analysierte ihr Handeln, betrachtete ihre Motive und schaute auf Interessen. Es gelang ihnen kaum noch etwas vor mir zu verbergen.

Ein wirklich wertvoller Mann, zeichnet sich durch seine Persönlichkeit aus. Die gewöhnlichen Männer durch ihr Eigentum, das war fast immer bittere Realität.

Ich zog Bilanz, dabei ging es mir nicht um Verurteilung, sondern um Bewusstwerdung. Mir wurde klar, ich steckte im falschen Leben. Schon Konfuzius erkannte: Nur die Weisesten und die Dümmsten können sich nicht ändern. Folglich musste es ja bei mir funktionieren. Genau das machte mir auch Angst. Etwas vermasseln oder falsch machen, war bisher eine geniale Art zu lernen. Auch wenn es oft weh tat, dabei Fehler zu machen, ist gerade diese Erfahrung wichtig, um weitere Fehler zukünftig einfacher wegzustecken oder zu vermeiden. Riskant etwas Neues versuchen und dabei zu versagen, ist besser als etwas gar nicht zu versuchen. So wusste ich wenigstens, wie es nicht funktioniert. Doch Vorsicht, denn es gibt auch Ausnahmen, (beim Fallschirmspringen trifft das nur bedingt zu).

Wenn man es einmal genau betrachtet, ist das Leben einfach, aber auch ich gehörte zu denjenigen, die es komplizieren mussten.

Erst als ich meinen psychisch tief greifenden ICH – Zusammenbruch erreichte, erkannte ich die Wahrheit. Mein Leben täuschte eine Balance vor, die nicht existierte.

Ich begann, Schritt für Schritt mein Leben zu ändern, und falsche Lebensmuster auszumisten. Meine Erfahrungen, Ideale und Wertvorstellungen wurden unter die Lupe genommen, die Vergangenheit als Teil meiner Geschichte akzeptiert. Darüber verlor ich nie die Einfachheit eines Kindes. Welche Gefühlszustände ich beschreibe, kann man vielleicht nur verstehen, wenn man selbst einmal am untersten Abgrund steht.

Jeder Betroffene hat dabei seinen eigenen persönlichen Tiefpunkt, der Lebensfaden scheint abgerissen, gefolgt von Identitätskrisen. Ich musste mich von allen Altlasten befreien und wurde in meinem Umfeld zur Aussätzigen. Es kommt die Zeit da läufst du weg von den Dramen und denen die sie kreiert haben.

Vielleicht fühlen sich jetzt Menschen aus meinem Leben, meiner Vergangenheit verletzt, das bedaure ich aufrichtig. Dennoch, es ist mein Leben und meine Entscheidung, ich lebe es so wie ich es will, denn es ist zu kurz für später!

Allem zum Trotz zurück zu Mr. Right, unsere erste Begegnung, der spontane Kuss auf der Straße, die innige Umarmung, ungekannte Gefühle mutierten. Einfach nur Verrückt, keine Erklärung, aber exakt der Zeitpunkt, die Herausforderung anzunehmen.

Von Anbeginn identifizieren wir uns nicht mit der breiten Masse. Wir leben im Universum, die Gesamtheit von Raum und Zeit samt aller Materie und Energie darin. Das ist exakt die Definition unserer Beziehung aus Sicht der Psychoanalytiker. Durch meine vielseitige ehrenamtliche Stiftungs- und Verbandsarbeit, besteht ein regelmäßiger Kontakt zu Psychologen.

Jedoch wollen oder können sie es nicht begreifen, dass nun gerade dieser außergewöhnliche Beziehungsstiel funktionieren kann.

Sie halten unsere Beziehung für hochtoxisch. Eine Erklärung finden sie nicht dafür. Wenn wir uns dann einmal wöchentlich im Club zum Erfahrungsaustausch treffen, bombardieren diese Herren mich mit ihren unzähligen Fragen. Darauf folgt fast immer die gleiche Prozedur, erstaunt und oft auch sprachlos über den weiteren, positiven Verlauf unserer doch so „hochtoxischen" Beziehung, greifen sie meist zum Cognac oder Zigarette.

Warum reagieren die Herren Psychologen nun so?

Sie kennen meine Biographie, und somit auch die Persönlichkeit. Keinesfalls bin ich die Partnerin für einen Durchschnittsmann oder Familienmenschen.

Da stimmen sie mir alle zu. Diesen Standpunkt vertrete ich natürlich auch öffentlich. Dazu gehört leider auch heute noch sehr viel Mut. Aber ich bin es leid, mich für meinen Lebens- und Beziehungsstiel zu rechtfertigen. Ich bin einfach nur ICH und ehrlich zu mir selbst. Genau das erkennen meine Psychologenfreunde ja auch. Sehr gerne würden sie tauschen, zumindest die Partnerin, um ihr Leben freier zu gestalten. Das können sie nicht, da sind die vielen Statussymbole an denen sie kleben. Kredite die sie bis an ihr Lebensende bedienen müssen. Ihre Ehen existieren meist nur noch auf dem Papier, denn fast jeder der Herren unterhält noch eine Geliebte, ein bisschen Spaß muss doch sein. Prostitution lehnen sie ab, sie wollen keine ständig „Benutzte" sie wollen jagen, erobern und besitzen!

Männer sollten doch den Unterschied kennen, zwischen Frauen, mit denen sie nur schlafen wollen, und Frauen, mit denen sie sich eine Beziehung vorstellen können. Das ist ein sich immer neu gewichtiges Zusammenspiel von Attraktivität, Sympathie, Charaktereigenschaften, ihrem Lachen oder ihrer Art sich zu artikulieren. Kongresse, Seminare und Weiterbildungen sind wahre Brutstätten für Situationen, in denen sie betrunken um drei Uhr morgens eine Frau in einer Hotelbar kennenlernen.

Da geht es ausschließlich um Sex, auch weil der Alkohol die entsprechende Notgeilheits-Brücke schlägt. Auch für Psychologen ist es nun mal die eiskalte Realität, dass man in Bars morgens um drei eher selten Traumfrauen begegnet. Die haben um die Urzeit nämlich besseres zu tun.

Ihr ständiger Blick auf andere Menschen, gepaart mit wiederkehrenden Gedanken über die eigene Zukunft und Beziehungsproblematik wuchern in ihren Köpfen und lenken vom realen Leben ab.

Ja, und wenn auch diese Herren unsere Beziehung für hochtoxisch halten; einfach gespannt weiterlesen…

Ganz sicher ist auch (mein) Mr. Right kein unbeschriebenes Blatt. Auch er führte ein wildes, exzessives Leben und scherte sich nicht um gesellschaftliche Konventionen. Als der für ihn richtige Zeitpunkt kam, änderte er sein Leben durch eine bahnbrechende Entscheidung. Für mich der unwiderstehliche Reiz und ein Riesen – Abenteuer diesen Mann näher kennen zu lernen. Ich spürte sofort, er hat gleichzeitig was Rührendes und was Beängstigendes, was Verletzliches und was Raubtierhaftes. Ein hochexplosiver Cocktail und diesen wollte ich um jeden Preis probieren. Die diesbezüglich vielen negativen Bedenken und Äußerungen der Psychologenfreunde, ignorierte ich. Ob nun ein Mensch psychopathisch, zoziopathisch, narzisstisch oder was auch immer zu sein scheint, das muss doch nicht um jeden Preis analysiert werden. Meist handelt es sich um überaus komplexe und vor allem vielschichtige Krankheitsbilder, die untereinander nicht immer bedeutungsgleich sind. So kann ein Betroffener durchaus mehrere Persönlichkeitsstörungen aufweisen. Ich bin der festen Überzeugung, für eine Beziehung ist nicht ausschlaggebend woran der Partner laborieren könnte. Es muss einfach passen, die Chemie muss stimmen und es muss mir dabei gut gehen! Die Beziehung sollte eine Bereicherung für beide sein.

Dies beinhaltet sich gegenseitig annehmen, gegenseitige Akzeptanz, mit all unseren Fehlern und Macken, unseren Schwachstellen und Ticks. Natürlich landeten auch wir Volltreffer, vor ungesunden Beziehungen ist niemand gefeilt. Auch wir gerieten zuvor an Menschen und in Beziehungen die uns definitiv nicht gut taten. Ein Leben zwischen Nähe und Kälte, Liebe und Leid, immer am schmalen Grad des Höhenflugs und tiefen Sturzes, eine Achterbahn der Gefühle. Solche Beziehungen beanspruchen unglaublich viel Energie, sind chaotisch und verplant. Psychologisch bezeichnet man sie toxisch und dafür gibt es bisher kein Gegengift.

Von einer toxischen Beziehung spricht man wenn es einem der beiden Partner sehr viel schlechter in der Partnerschaft ergeht als dem anderen.

In der Regel spricht man dann von Narzissten, welche durch eine ausgeprägte Ich - Bezogenheit charakterisiert sind und sich somit selbst im Zentrum der Geschehnisse sehen und erleben. Sie besitzen mehrere Gesichter und können diese nach Belieben zeigen und blitzschnell wechseln. Zu den typischen Charakteristika gehört Vampirismus mit zu den grausamsten. Denn Narzissten gewinnen ihre oftmals reichlich vorhandene Energie durch das Abziehen der Energie ihres Partners. Das passiert, wenn man nach einem Zusammentreffen mit dem Partner, der vielleicht auch ein (verdeckter) Narzisst sein kann, sich plötzlich nicht mehr gut fühlt. Ein Gefühl, wie ausgesaugt, traurig und sehr nachdenklich über das Geschehene. In der Herz- oder Magengegend entsteht ein undefinierbarer Druckschmerz. Selbst wenn der Sex davor noch gut und wild war, fühlt man sich danach nicht gesättigt oder entspannt, während der andere vor Energie geradewegs nur so strotzt. Ich kenne das nur zu gut aus eigener sehr schmerzvoller Erfahrung. Und wann immer es mir möglich ist, werde ich anhand ausgewählter Beispiele, meine persönliche Erfahrung zur jeweiligen Thematik einbringen.

Denn gerade beim Partner, für den wir Gefühle entwickeln, neigen wir dazu, das negative Bild weitgehend auszublenden und zu verdrängen, um seine andere dunkle (sadistische) Seite nicht wahrhaben zu müssen. Obwohl auch in diesem Fall mein Bauchgefühl schon lange zuvor signalisierte; irgendwas stimmt nicht mit ihm. Ich hatte ein ganz ungutes Gefühl dabei, er verschweigt etwas und er lügt. Dieses Gefühl blieb hartnäckig, auch wenn ich es zwischenzeitlich bewusst ignorierte. Doch dann kam plötzlich durch eine kurzeitige Schreibblockade, Bewegung in die Situation. Verspielt bediente ich die PC – Tastatur und setzte in Google mir bekannte Namen ein.

Dabei war ein Treffer – ein Freund aus Bayern. Doch der war uninteressant. Ich erlangte noch einen Treffer, das Foto meines Freundes im Profil zweier sozialer Netzwerke. Bingo, damit hatte ich nicht gerechnet, beendete jedoch sofort die Recherche, das geht mich nichts an. Auch das stellt für mich eigentlich noch kein Problem dar. Nun, ich habe nie darüber gesprochen, obwohl ich feststellen konnte, dass er sehr viel Zeit in diesen Foren verbringt. Und ganz sicher hätte ich zeitgleich auch  seine Hilfe benötigt. Ich  schaue dabei nur auf mich, das Gefühl für ihn wird sich dadurch nicht ändern, aber mein Verhalten!

Amerikanische Neurowissenschaftler bestätigen, was der Volksmund schon seit Jahrhunderten weiß:

Das Bauchgefühl gibt es wirklich. Denn unser Darm enthält mehr Neuronen als das Rückenmark. Sie umspannen den Verdauungstrakt wie ein zweites Netz. Dieses „zweite Gehirn" ist nahezu das Abbild des Kopfhirns, denn Zelltypen, Wirkstoffe und Rezeptoren sind exakt identisch.

Der Bauch (Darm) ist nicht nur ein Teil des hochkomplexen Verdauungstraktes, sondern auch Quelle psychoaktiver Substanzen, die Gemüts- und Stimmungslage beeinflussen. Ja, das liest sich sicher gut, leider schaut die Realität meist anders aus.

In einer komplizierten Beziehung können auch zwei „Gehirne" nicht vor Fehlentscheidungen schützen, dabei hilft ausschließlich nur eigene Erfahrung, Konsequenz und Entscheidung! Irgendwann kommt es dann zu dem Punkt, wo man sich entscheiden muss. Entweder sich seinem Schicksal hoffnungslos hinzugeben, oder sein Leben radikal zu ändern.

Der Entschluss mein Leben zu ändern, ist wahrlich ein langer Prozess und dabei werde ich schonungslos vor täglich neuen Herausforderungen gestellt, an dessen Anfang immer meine unwiderrufliche Entscheidung steht. Das ist verflucht harte Arbeit und dabei ist der Weg das Ziel.

Zwar habe ich in meinem Leben viel erreicht und auch Glück gehabt, Menschen sind meist positiv und offen auf mich zugekommen. Das verdanke ich meinen Schutzstrategien, die schon in der Kindheit ausgebildet wurden und ein Teil narzisstischer (Gene), taten ihr Übriges dazu.

Ich war noch nie Mittelmaß - entweder ganz oder gar nicht. Eine starke leidenschaftliche Frau, die weiß was sie will und auch, wie sie es bekommt.

Eines aber ist mir ganz bewusst, hätten meine Eltern ein Studium der Psychologie nicht so vehement verhindert, wäre ich niemals aus Angst und Panik, hilfesuchend in Ehen, Beziehungen und Affären geflohen. Die ganz besondere Verantwortung gegenüber beiden Kindern – was Mutterliebe bedeutet, habe ich nie erfahren. All dies hielt mich Jahrzehnte in Dramen gefangen. Wie eine Analphabetin stürzte ich mich folglich in Beziehungen. Finanziell gab es keine Probleme, ich war immer unabhängig, immer berufstätig, auch in meinen Ehen. Die Unabhängigkeit einer Frau ist Voraussetzung für ihr selbstbestimmtes Leben!

Für eine unkomplizierte gut funktionierende Beziehung sind unglaublich viele Dinge ausschlaggebend, sonst ist sie schon gescheitert bevor es unserem Verstand bewusst wird.

Hören Sie nicht nur auf die Worte des Partners, das ist keine Kunst, sondern schauen Sie ganz genau auf Verhalten und Taten.

In Konfliktsituationen, bei Entscheidungen, stellt sich oft die Frage nach dem Bauchgefühl und darauf sollten wir unbedingt achten. Aber da manipuliert noch etwas anderes Geheimes und absolut Unberechenbares in unserem Körper. Unser Unterbewusstsein, es entscheidet innerhalb von 200 Millisekunden und liegt trotzdem häufiger richtig als unser langsamer Verstand. Aus der Neurologie weiß man inzwischen, dass unser Unterbewusstsein permanent Gefahrenanalysen vornimmt, ohne unseren Verstand darüber in Kenntnis zu setzen.

In unserem Hirn liegt ein Areal, das dafür zuständig ist, Konflikte oder Fehler zu überwachen. Diese Kontrollregion wird immer dann aktiv, wenn ein Mensch intuitiv die falsche Entscheidung trifft, und sendet ein kurzes Warnsignal aus. Das Gefühl, das bei einer wichtigen Entscheidung noch nicht bedacht wurde; Intuition. Die Intelligenz des Unbewussten liegt darin, dass es weiß, welche Regel in welcher Situation vermutlich funktioniert.

Wir sollten auf die Befehle unseres unterbewussten Autopiloten achten. Nach meiner Erfahrung sind bei alltäglichen Entscheidungen, oder nur bei der simplen Einschätzung von Distanzen – intuitive Entscheidungen fast immer effektiver und erfolgreicher als die Urteile, die der Verstand fällt.

Der Grund dafür ist doch faszinierend:

Unsere Sinne geben pro Sekunde etwa 11 Millionen Bits an das Gehirn weiter - nur maximal 50 Bits pro Sekunde bewältigt unser Verstand!

Und nun dürfen Sie gespannt sein, wie sich diese Thematik auf die Beziehung auswirkt:

Mit zwei Männern in die beste Zeit meines Lebens. Wer sind nun diese Männer und warum ist jeder neue Tag der beste für mich, was immer auch passiert.

Seit die Psychologie mich in ihren Bann gezogen hat, bin auch ich bekennende Befürworterin der Freudschen Lehre. Was viele über Sigmund Freud nicht wissen: Der Begründer der Psychoanalyse litt unter Angststörungen. Er erforschte sie nicht nur, sondern litt auch selbst massiv darunter. Er klassifizierte die Angststörung als Hysterie und als Angstneurose. Als erster Experte beschrieb Freud die sogenannte Agoraphobie, die Angst vor bestimmten Orten oder Situationen.

Er zwang sich dazu, die beängstigenden Bedingungen auszuhalten und empfahl allen Psychoanalytikern, ihre Patienten direkt mit den Panik auslösenden Orten und Situationen zu konfrontieren, um sie zu überwinden. Therapeuten setzen auch heute noch diese Therapie zur Behandlung ein.

Eine äußerst erfolgreiche Methode, die ich erfahrungsgemäß nur bestätigen kann.

Sigmund Freud gilt als einer der einflussreichsten Denker des 20. Jahrhunderts, auch ich zolle diesem Mann meine Hochachtung.

Von ihm geprägte oder bekannt gemachte Begriffe wie narzisstisch, Verdrängung, Trieb und Sexualität sind Allgemeingut, deren Definition auch zu meinem Wortschatz gehört. Ihre Bedeutung wurde mir jedoch erst so richtig bewusst, als ich förmlich mit Topspeeds in die neue Beziehung startete.

Ich erinnere an unsere spontane Umarmung mitten auf der Straße, sein inniger Kuss, er benetzte alle meine Sinne. Eines signalisierte mein Bauchgefühl sofort, dass ist kein Durchschnittstyp. Seine Körpersprache, ruhig, wissend und geheimnisvoll. Er hielt mich fest, aber klammerte nicht und ließ erst sanft los, als er meine Unsicherheit spürte. Einem Mann, mir so nah und dennoch kontrolliert und beherrscht, bin ich zuvor noch nicht begegnet. Die absolute Herausforderung für mich. Böse Jungs, erweckten schon immer mein Interesse und er zählt definitiv zu ihnen.

Mit diesem Typ Mann brennt die Leidenschaft und kommt garantiert keine Langweile auf. Ich wollte IHN, spürte den Nervenkitzel und die Herausforderung, alles andere war mir egal. Natürlich hielt auch er keine typische Frau in seinen Armen, das verriet schon sein triumphierendes Lächeln.

Infolge meiner Kindheitshistorie baute ich grundlegende Schutzstrategien auf und errichtete Mauern, die zuvor kein Mann überwinden konnte. Ich hatte ein grandioses Verständnis zur eigenen Wichtigkeit. Mein Mangel an Empathie führte in Beziehungen zu Schmerz und Leid. Manchmal tat ich es bewusst und zog Gewinn daraus. Sehr oft jedoch unbewusst, aber immer aus Selbstschutz. Dahinter steht meine starke Angst vor Bindungen, um nie wieder in eine Abhängig zu geraten. Ich hatte völlig gestörte Grenzen, konnte aber auch sexuell total verschmelzen.

Meine Partner hatten das Gefühl an einer Droge zu hängen was den Sex betraf, doch schon im nächsten Moment konnte ich eiskalt und abweisend sein. In meinen Beziehungen pendelte ich ständig zwischen zwei Extremen: Idealisierung und Entwertung. Mein Verhalten, exzessiv und egozentrisch.

Ich bin nun mal eine Frau die sich für unwiderstehlich hält und wenn ich es schaffte einen Mann in meinen Bann zu ziehen der darauf reinfiel, machte ich ihn früher oder später unglücklich. Verantwortlich dafür ist meine extrem vermeidende Bindungshaltung bzw. Verweigerung. Stark verbunden mit der Angst, meine Autonomie aufzugeben in einer Beziehung.

Ich fürchte mich im WIR einer Partnerschaft zu verlieren und kämpfe wie eine Löwin um meinen Freiraum. Eine Meisterin der Manipulation, die Fakten elegant und blitzschnell verdrehen kann.

Darauf bin ich wirklich nicht stolz, innerlich fühle auch ich den Schmerz, der manchmal kaum zu ertragen ist.

Längst ist mir bewusst, dass es sich in meinem Fall um eine Persönlichkeitsstörung handelt.

In Beziehungen war mein Denken, Verhalten, Wahrnehmen und Fühlen, oft unangepasst und wenig flexibel. Verhaltensmuster die Instabilität in den Emotionen, Beziehungen und im eigenen Selbstbild auszeichnen. Oft geriet ich spontan in starke Wut oder Stimmungsschwankungen. Riskantes Autofahren verschaffte mir dann meist die notwendige Distanz. Meine Beziehungen waren chaotisch, mitunter sehr intensiv aber auch sehr unstetig. Meinen Charme habe ich dabei nie verloren, im Gegenteil.

Und so utopisch es jetzt auch klingen mag, ich bin sehr extravertiert und immer im Mittelpunkt auf Veranstaltungen oder Partys. Man(n) guckt auf mich, sonnt sich förmlich in meiner Gesellschaft. Auch Narzissten wissen solche Frauen zu schätzen. Der Grund hierfür ist offensichtlich; meine Ausstrahlung. Seit frühester Kindheit habe ich gelernt alles zu tun um Aufmerksamkeit von anderen Menschen zu bekommen.

Weil ich bereits im frühen Alter, die für eine gesunde psychische Entwicklung notwendigen Bedürfnisse, nach Achtung, Echo, Verständnis, Teilnahme und Spiegelung nicht erfahren habe. Somit konnte ich es auch nicht erlernen mich anzupassen. Später wurden bestimmte unerwünschte Gefühle einfach abgespalten.

Jahrzehnte war mir nicht bewusst, wie dramatisch sich die Kindheit in Beziehungen und deren Muster auswirken kann. Ein Grund dafür, weshalb ich hier auch so ausführlich über diese Thematik schreibe.

Doch zurück zur ersten Begegnung. Ganz sicher fühlte auch er aufgrund seiner beachtlichen Lebenserfahrung, dass die Frau in seinem Arm keinesfalls der Norm entsprach. Was auch immer, durch ihn gelang es mir, mein Leben radikal zu ändern. Ein Prozess den wir beide seit Jahren durchlaufen und dabei täglich vor neuen Herausforderungen stehen. Ein wenig nahm er mir die Angst vor Nähe. In kleinen Schritten fuhr ich meine Mauern etwas runter und baute vorsichtig Vertrauen auf.

Ganz tief in meinem Bauch, kam ein undefinierbares Gefühl auf, uns verbindet eine fast identische Thematik.

Wir leben ja heute in einer Gesellschaft die gerne als narzisstisch und egoistisch bezeichnet wird. Aber der Narzissmus ist eigentlich ein Krankheitsbild, das ist eine Persönlichkeitsstörung (nicht) therapierbar. Und das womit die meisten Menschen aber immer wieder zu tun haben, sind Menschen mit narzisstischen Anteilen, zum Teil auch mit sehr stark ausgeprägten narzisstischen Anteilen. Eine Beziehung mit einem psychopathischen Partner ist extrem schwierig, sie kann ein Leben zerstören. Der egoistische, selbstverliebte Partner hält sich für den Mittelpunkt der Welt und für ein Geschenk an das andere Geschlecht. In seiner Außenwirkung erscheint er auch genauso. Blickt man jedoch unter die schillernde Oberfläche, wird man tiefe Abgründe von Selbstzweifel finden. Eine Beziehung mit einem narzisstischen Menschen ist ein Albtraum.

Denn ohne Empathie lässt sich keine Beziehung aufbauen. Und Empathie ist, was Narzissten fehlt – obwohl sie ununterbrochen beteuern, wie gut sie sich einfühlen können. Das können sie nicht. Nicht einmal in sich selbst!

Auch ich trage verstärkt diese Anteile in mir, sie dominieren immer eine Beziehung:

Ich möchte die Kontrolle über meinen Partner haben, ich möchte meine Autonomie bewahren und ich möchte auf keinem Fall in einer Bindung in einem WIR aufgehen, sondern ich will mein ICH dabei bewahren!"

Nach dem Bindungsverhalten ist das ein extrem vermeidendes Bindungsverhalten.

Aus diesem Grund waren und sind meine Beziehungen immer kompliziert. Auf der einen Seite sehne ich mich manchmal sehr stark nach Geborgenheit, auf der anderen Seite kann ich genau diese Nähe nicht zulassen. Leere, Wut und panische Angst davor, in eine Abhängigkeit zu geraten, treiben mich oft in ein Fluchtverhalten.

Das Verhältnis von Nähe und Distanz ist extrem. Entweder man ist sich ganz nah oder gar nicht.

Um die sogenannten „Schwarz-Weiß-Beziehungen" aufrecht zu erhalten, bediente ich mich der Lüge und Manipulation - der Idealisierung und Abwertung des Partners, zum Schutz der eigenen Psyche.

In der Anfangsphase einer Beziehung überschüttete ich den jeweiligen Partner mit viel Aufmerksamkeit und Liebe. Er wurde regelrecht glorifiziert. Bis die ersten Unstimmigkeiten und Streitereien kommen, dann wird der einst so geliebte Partner von jetzt auf gleich zum Feindbild degradiert. Mein impulsives Temperament, die Unberechenbarkeit meines Verhaltens zu begreifen und zu verinnerlichen ist für einen „normalen" Menschen nicht möglich.

Aber Männer stehen auf „verrückte" Frauen, es motiviert ihren Jagdtrieb und sie sind wild entschlossen – die unerreichbare Verführerin zu erjagen.

Aus ganz persönlicher Erfahrung: Schon immer springen den Männern die Damen ins Auge, die sich etwas „verrückter" benehmen als der Rest der Frauenwelt. Der Grund hierfür, Männer können diese Art Frau nicht durchschauen.

Beispielhaft hierfür: Ein Freund (Psychologe), feierte sich gerade selbst, weil das Rätsel meiner Denkweise für ihn gelöst scheint. Spontan schaffte ich es mit nur einem Satz, sein über Wochen zusammengestelltes Erklärungssystem in einer Sekunde dem Erdboden gleichzumachen. Der Grund dafür, ich begann ohne Vorwarnung ein Gaststudium der Psychologie an einer Berliner Universität.

Männer können dann erst recht nicht locker lassen. Frauen wie ich, die zum Beispiel an einer leichten Borderline - Störung laborieren, haben starke Stimmungsschwankungen.

Manchmal stürze ich innerhalb von Sekunden vom höchsten Gipfel des Glücks, in die tiefsten Abgründe der Traurigkeit.

In den Männern, die sich in meiner Nähe befinden, brodelt dann ein Gefühl der Verantwortung. „Diese Prinzessin muss gerettet werden! Ich, der Prinz, bin schon zur Stelle!" Ein wirklich aufregendes Leben.

Das ist wie in einem Märchen, nur ist es die Realität und ich lebe sie. Ein Mann verspürt sofort Begeisterung, weil er nicht weiß, was da auf ihn zukommt. Das liegt einfach daran, dass meine Gefühlswelt undurchschaubar ist. Ein Neurologe hat mir während einer Konsultation einen Spiegel vorgehalten; sein Kommentar: „Frauen die Anteile dieser Persönlichkeitsstörung in sich tragen, sind die attraktivsten, interessantesten, wildesten und selbst mit 70 Jahren sind sie blutjung und faszinierend."

Das liegt vor allem und das kann ich nur bestätigen, am guten Sex. Jeder kennt doch das offene Geheimnis, dass verrückte Frauen besser im Bett sind. Sicher haben Männer im Durchschnitt einen höheren Sexualtrieb als Frauen. Nicht so bei mir.

Ich liebe Sex, denn es gibt nichts Schöneres.

Natürlich nur mit einem Mann der sich auch auf die Phantasien seiner Partnerin einlassen kann und der weiß, was er tut.

Auch der sexuelle Aspekt treibt Männer eher zu verrückten Frauen. Die Erkenntnisse beruhigen mich schon ein bisschen und zaubern mir ein Lächeln ins Gesicht. Trotz unzähliger Komplimente, ganz ehrlich und das ist bitter, in all meinen vorherigen Beziehungen habe ich immer wieder verbrannte Erde hinterlassen.

Trennungen, Scheidungen, tiefe Wunden, die ich bei den Partnern hinterließ – es tut mir sehr leid – aber ich fühle, weiß und kann es nicht besser.

Bis zu jenem Tag, als ich mich intensiv mit Sigmund Freud beschäftigte. Ohne ihn wäre die Psychologie in der heutigen Form nicht denkbar. Dieser Mann, seine Theorien - Sex ist überhaupt für ihn immer die Antwort auf alles. Der Mensch ist eben ein „unermüdlicher Lustsucher" und die Ehe nicht die Veranstaltung, die Sexualität des Mannes zu befriedigen.

Freud entdeckte früh sein Lebensthema, den Sex. Die Psychologie fasziniert mich. Ich studierte Freud, analysierte mich, mein Leben und veränderte es radikal. Es war die späte Erkenntnis, gefangen und selbst verstrickt im falschen Leben zu sein. Ich musste mein Leben ändern, damit ich die sein kann, die ich bin.

Dabei ist mein Partner auch immer ein Coach für mich, einer der wichtigsten und besten die es eigentlich gibt im Leben. Innerhalb der ersten 30 Sekunden unserer ersten Begegnung erkannte er, dass wir aus dem gleichen Holz geschnitzt sind. Ähnliche Biographien, unzählige Traumata; wir können die Schmerzpunkte des Partners quasi fühlen und haben fast identische Bindungsmuster. Wir brauchen viel Freiraum, haben ein Nähe-Distanz-Problem und Beziehungen machen uns Angst, sobald sie verbindlich werden. Anspruchsdenken oder Bedürftigkeit des Partners tötet in uns jede Motivation. Andererseits suchen wir nach dem idealen Partner, der uns die Angst vor einer Beziehung nimmt.

Wir spürten sofort Vertrautheit und fühlten keinen Druck in uns, um Schutzstrategien aufzubauen. Der Beginn einer außergewöhnlichen Beziehung und ein spannender Thriller für mein Umfeld. Ob es sich nun um Stiftung, Gericht, Presseclub oder Uni handelt, in diesen Einrichtungen pflege ich auch einen intensiven Kontakt zu Psychologen und Neurologen.

Sie vergleichen Verhalten und Reaktion mit ihrer Klienten zentrierter Psychologie, aber vor allem mit sich selbst und ihren Beziehungen. Beim Treffen warten sie schon gespannt auf Neuigkeiten, die sie garantiert auch bekommen.

Diesen Menschen kann man nichts vormachen, die verfügen über entsprechende Fachkompetenz. Sie scannen mich förmlich beim Treffen, meine Ausstrahlung, Aussehen, Bewegung, es geht mir halt wahnsinnig gut und das sieht man auch. Ich beherrsche die Kunst, trotz komplizierter Beziehung, ein wirklich selbstbestimmtes Leben zu führen.

Das beinhaltet; Bücher schreiben, Gasthörerstudium an der FU, Schöffentätigkeit, Presseclub, Reisen, Freunde treffen…und all das, (ganz wichtig) wählerisch und freiwillig. Mich wird man niemals, zeitlich über den Tag verteilt, nur mit Hund durch die Wohnanlage spazieren sehen.

Oder mit dem Auto vormittags schnell zum Discounter fahren, um für den bequemen Ehemann zeitig das Essen auf den Tisch zu bekommen. Die Aufzählung ließe sich beliebig fortsetzen. Weil die einst so sexy, tolle Frau sukzessive zu seiner Therapeutin, Putzfrau und fürsorglichen Mutti mutiert ist.

Kein Wunder wenn der Wert einer Frau rapide in den Augen ihres Partners sinkt, das haben die Herren schon mit vier Jahren erlebt. Zum Glück wohne ich im Dachgeschoss, da ist das Elend nicht so präsent. Diese Frauen haben sich längst aufgegeben oder noch schlimmer, in ihren Männern verinnerlicht. Traurig, denn das Leben ist so wertvoll.

Die Paare sind unglücklich, sie halten an ihren kaputten Ehen fest und kleben an Statussymbolen. Haben kaum oder kein Sex mehr, und nie Spaß zusammen. Besser unglücklich zu zweit als unglücklich allein. Aus diesem Grund sehe ich es als Kompliment an, wenn sie mir neidisch nachschauen, Tratschen und eifersüchtig auf ihre Männer reagieren, die gern mal mit mir flirten.

Mein wahres Geheimnis, begehrenswerte Attraktivität.

Es gibt eben Merkmale, die eine Frau besonders attraktiv wirken lassen, bringen ihre innere Schönheit zum Vorschein und machen sie wunderschön. Eine begehrte Frau ist von sich selbst überzeugt, ohne arrogant zu sein. Sie besitzt ein starkes Selbstbewusstsein und vergleicht sich nicht mit anderen. Ist sich ihren eigenen Wert bewusst, den Wert ihrer Leistungen und sucht nicht den Lob von anderen. Sie hat kein Problem mit Belastungen des Lebens zurechtzukommen, lernt aus Fehlern und trifft daraus neue Entscheidungen.

Auch weiß sie mit ihren Gefühlen umzugehen und Emotionen unter Kontrolle zu halten. Ihre Bedürfnisse kommuniziert sie klar und deutlich und lässt sich von niemandem ungerecht, asozial oder respektlos behandeln!

Ja, das genau bin ich – in der besten Zeit meines Lebens. Jetzt! Eine absolute Voraussetzung für unsere Beziehung. Wir zählen nun mal nicht zum Stamm konservativer Menschen, wir sind „Wildpferde" und müssen dem anderen Wildpferd seine Freiheit lassen. Pferde sind ja bekanntlich auch Fluchttiere. Und in unserem Beziehungsmuster; Freudscher Zweisamkeit der Einzelgänger, ist Flucht keinesfalls ein Fremdwort.

Wir Menschen können nur etwas beurteilen, fühlen und verstehen, wenn wir es selbst erfahren haben. Das gilt insbesondere für Verhaltensmuster in Beziehungen. Nun, meine doch recht guten Psychologenkontakte halten unsere Beziehung für (hoch) toxisch. Beim Treffen richten sie ihre Aufmerksamkeit wie ein Leserstrahl auf mich, fragen und analysieren.

Was auch immer ihnen dabei in den Sinn kommt, enttäuscht geben alle nach einigen Minuten auf. Man kann hier schon von einem Ritual sprechen. Nur einmal würden sie gern hören wollen, dass es mir schlecht geht, ich in dieser Beziehung unglücklich bin, leide und um Hilfe bettele. Aber nein, ich strahle, sehe jung aus und fühle mich ebenso. Zeige ihnen Fotos, wie ich im letzten Sommer bei 32 Grad im Schatten, allein auf einer Harley Davidson, den Ellenbogen auf Sylt erkunde. Ich besitze keine Statussymbole, es gibt immer Freunde die mir gern mal ihr Auto oder die Harley ausleihen. Ein wundervolles Gefühl sich der eigenen Freiheit und Unabhängigkeit bewusst zu sein und dabei gleichzeitig schöne Momente zu erleben.

Wenn Sie jetzt glauben, wir führen eine perfekte Liebesbeziehung liegen Sie leider falsch. Das wäre ja langweilig und wird uns bereits ständig in allen bunten Blättern und Medien vorgetäuscht.

Nein, von der „perfekten" Liebesbeziehung sind wir weit entfernt. Wir führen eine außergewöhnliche Beziehung, weil wir auch zwei außergewöhnliche Menschen sind, die füreinander eine Entscheidung getroffen haben.

Mag sein, dass wir in den Augen der Psychologen und Therapeuten eine Beziehung führen, die aus zwei toxischen Partnern besteht. Warum man toxisch sagt, ist schnell erklärt, weil es biochemische Reaktionen mit sich bringt, die weit über Schmetterlinge im Bauch reichen.

Regelrechte Vergiftungserscheinungen verursacht durch Erinnerungen, Erfahrungen und eben auch das Schmerzzentrum im Hirn, welches sehr nahe am Lustzentrum liegt, doch eher Lähmung, Aggression, Fluchtverhalten und in erster Linie Angst erzeugt.

Angst macht sich im Bauchgefühl bemerkbar. Unverdaute Gefühle zeigen sich im Schmerz, Ablehnung erzeugt Aktivität im neuronalen Schmerzzentrum, und wenn es da schon eine Verknüpfung zum Lustzentrum gibt, wird es toxisch.

Aus (unseren) Biografien kann man dies auch durchaus schlussfolgern. Ich kann hier nur für mich sprechen, es ist meine Biographie, und es sind meine persönlichen, authentischen Erfahrungen.

Ich weiß, es mag jetzt verrückt klingen, ist es auch:

Dieser Mann, ist das Beste was mir im Leben passiert ist. Unsere Beziehung, ein über Jahre teils sehr harter Lernprozess, riss mir alle Pflaster runter, mit denen ich Jahrzehnte meine Kindheitswunden verklebte. Er versuchte erst gar nicht sie erneut sanft zu überdecken.

Nein, im Gegenteil, er provozierte mich von Anbeginn knallhart mit meinen Ängsten und Verhaltensweisen. Das gefiel mir, dieser Mann erkannte bereits sehr früh, dass eine ganz andere Persönlichkeit in mir steckt. Das erste Mal in meinem Leben, schenkte ich einem Mann meine volle Aufmerksamkeit, reales Interesse und unkontrollierte Nähe.

Auf all meine komplexen Fragen und Rollen, gibt es für ihn nur eine Antwort – auf sich schauen! Stand ich plötzlich vor scheinbar unlösbaren Problemen, ging er mit mir so lange in eine Situation herein, bis ich ihr gewachsen war. Ich begann sukzessive mich zu verändern. Seit Beginn der großen Veränderung, war mein ständiges Lächeln präsent und eine versteckte Ironie in meinen Büchern erkennbar. Der eigenen Freiheit bewusst, spürte ich wachsende Stärke in mir, gepaart mit unbeschreiblichem Ehrgeiz.

Die ersten Wochen in der Beziehung waren für beide sehr turbulent und mitunter auch schmerzhaft. In dieser Beziehung ist alles, wirklich alles grandios. Jedes Treffen verschaffte uns nach Stunden noch Gänsehaut pur. Da denkt man nicht an Trennung, nur an „Mord".

Vertrauen war in unseren früheren Beziehungen kein Thema, aus Selbstschutz wurde kontrolliert und auch manipuliert. Denn wenn du Menschen dein Vertrauen schenkst, gibst du ihnen ein Schwert in die Hand mit dem sie dich verteidigen oder töten können. Vertrauen ist die stillste Art von Mut.

Nun, ich schreibe hier nicht weil ich etwas sagen will, ich schreibe weil ich etwas zu sagen habe. Warum haben wir in Deutschland eine hohe Scheidungsrate? Jede zweite Ehe zerbricht und das liegt sicher nicht nur an der Sexualität. Abgesehen von diversen gescheiterten Beziehungen die erst gar nicht in die Statistik eingehen.

In meinem Leben habe ich von Anbeginn, beruflich sehr viel erreicht. Geschäftsführer und Mitarbeiter wertschätzten mich. Doch benötigte ich Jahrzehnte um die Ursache meiner komplizierten Beziehungsdynamik zu erkennen. Es war mir nicht bewusst. Ich denke, das ist unser aller Problem. Wir nehmen es einfach hin, wenn der Partner sich komisch verhält, lügt, betrügt, trinkt, spielt, tagelang schweigt und vielleicht noch schlägt. Je älter die Frauen werden, je toleranter ist ihr Verhalten, was die eigene Beziehungsproblematik betrifft. Es wird ganz einfach weggeschaut.

Die wenigsten schauen hin, wehren sich, egal ob Mann oder Frau. Es wird sich angepasst, da sind die Kinder, das Haus, die Kredite und nicht zu vergessen die Statussymbole. Nein, da bleiben wir doch lieber ruhig, alles andere wäre ja viel zu aufwendig. Die Männer flüchten sich wahllos in Affären, die Partnerin geht schoppend ihren Frust befriedigen oder kümmert sich derweil um Kind, Küche und Haustier.

So schaut auch heute noch mein gesamtes Umfeld aus. In der Uni bestätigen mir die Studenten genau diese Situation in ihrem Elternhaus. Viele Menschen resignieren einfach und wollen sich nicht mit der Thematik auseinandersetzen. In unseren Seminaren muss ich erzählen, was bei mir eben anders läuft, warum mein Leben mit fast siebzig so „geil" ist. Dabei hängen sie quasi an meinen Lippen und das gibt mir ein gutes Gefühl, auf den richtigen Weg zu sein. Inzwischen nimmt das schon fast den Charakter einer Vorlesung an. Eigentlich ist es doch ganz einfach, wenn es plötzlich in der Beziehung kriselt oder der Partner ein verletzendes Verhalten zeigt, darf man es keinesfalls ignorieren!

Menschen mit einer „ungestörten" Persönlichkeit werden selten in Beziehungen landen, die von (Psychopathen, Narzissten, Borderlinern) manipuliert und kontrolliert werden. Man muss schon ähnliche Anteile selbst in sich tragen, um eine Affinität für diese Verhaltensmuster zu zeigen. Hier genau liegt aber das Problem. Aus Naivität oder Unwissenheit akzeptieren oder ignorieren wir intermittierende Verhaltensweisen des Partners in der Beziehung.

Wissen ist Macht ist im Deutschen ein geflügeltes Wort, das auf den englischen Philosophen Francis Bacon zurückgeht. Psychische Erkrankungen nehmen rasant zu, Scheidungsquoten rasen in die Höhe und meist fühlen wir uns in diesen Situationen völlig überfordert.

Man muss nicht Psychologie studieren, dass Internet bietet unzählige Möglichkeiten, wichtige Informationen über Persönlichkeitsstörungen zu erhalten.

Vor allem Muster zu erkennen, wobei der Narzissmus dabei einen sehr hohen Stellwert einnimmt.

Ein Narzisst ist keinesfalls nur ein Mensch der in sein Spiegelbild verliebt ist - der Mythus aus dem antiken Griechenland: Narziss war ein sehr eitler junger Mann. Er verschmähte die Liebe der Nymphe Echo, weil sie seiner Schönheit nicht gerecht wurde. Die Liebesgöttin Aphrodite bestrafte ihn dafür mit einer unstillbaren Selbstliebe. Dabei fanden schon die alten Griechen, dass ein bisschen davon ganz gut sei, und auch Sigmund Freud erklärte, Narzissmus sei ein gesunder Mechanismus der Selbsterhaltung.

Ich möchte nicht unbedingt behaupten eine Vollblut Narzisstin zu sein, jedoch trage ich starke Anteile in mir, die mit einem extrem stark ausgeprägten Bedürfnis nach Distanz verbunden sind!

Niemals bin ich in einer Beziehung von meinem Motto abgewichen, es zieht sich imaginär, wie ein roter Faden durch mein Leben:

„Eine weise Frau küsst, aber liebt nicht, hört zu, aber glaubt nicht…und verlässt, bevor sie verlassen wird!"

Es ist auch heute so, dass jeder Mensch ganz frei über seinen Lebens- und Liebesstiel entscheiden kann und auch sollte. Es gibt vor allem keine gesellschaftliche Verpflichtung, dass man eine Familie gründen muss!

Außerdem (wer es mag), ist Sex durch das Internet viel leichter verfügbar – auch hierfür benötigt man also keine feste Partnerschaft.

Erst in der jetzigen Beziehung, mit ihrer ausgeprägten Sexualität, kann ich frei atmen und mich komplett fühlen. Eine Symbiose, die innigste und tiefste Form einer Paarbeziehung, da man sich darin durch die mitunter fehlenden Grenzen teilweise als eine Person sieht. Natürlich birgt das Risiken in sich, die nicht zu unterschätzen sind und zielsicher in eine emotionale Abhängigkeit führen können. Und? Sollte ich nun den Wunsch nach Symbiose unterdrücken um nicht in Abhängigkeit zu geraten?

Meine persönliche Erfahrung und Meinung ist sich nicht dagegen zu wehren und zu akzeptieren, dass man diese Verbundenheit, diese tiefe Verschmelzung braucht!

Aber Achtung, die Kunst liegt darin sich nicht in typischen, toxischen Mustern; wie Idealisierung und Abspaltung zu verlieren und sich selbst als Individuum bewusst zu werden, was trotz der Verschmelzung nicht unmöglich ist.

Es gibt nicht wenige Menschen, die die Nähe und Verbindlichkeit einer festen Liebesbeziehung schlecht aushalten können. Das genau betrifft auch mich und zieht sich wie ein roter Faden durch meine Biographie. Ganz gleich ob Ehe, Beziehung oder Affäre, sobald die Beziehung in ein sicheres Fahrwasser gerät, überkommen mich Enge- und Erstickungsgefühle. Nach der ersten Verliebtheit stellen sich heftige Zweifel ein, ob der Partner überhaupt der Richtige ist. Folglich lassen dann auch schnell die Liebesgefühle nach. Ich verspüre Angst und Panik bei dem Gedanken sich vom jeweiligen Partner emotional abhängig zu machen. In der Psychologie ist dies eine klassische Bindungsangst.

Was bedeutet nun Bindungsangst überhaupt und warum ist sie das Hauptproblem für Beziehungsproblematik?

Bindungsängstliche bekommen in ihrem Gefühl zwei Dinge nicht unter einen Hut. Ich kann in einer festen Beziehung leben und ein freier Mensch sein! Es ist die panische Angst davor, sich in einer Partnerschaft für die Ansprüche und Erwartungen des Partners einschränken und verbiegen zu müssen. Das löst in mir sofort einen Fluchtimpuls aus!

Hierfür zeichnen sich meine Erfahrungen aus der Kindheit verantwortlich. Denn so wie ich nun einmal bin, konnten meine Eltern mich nicht lieben. Und sich nun den Bedürfnissen des Partners anzupassen, ruft sofort das Gefühl hervor, sich selbst zu verlieren. Deshalb muss ich mich in allen Beziehungen vom starken Bedürfnis der Partner nach Nähe knallhart abgrenzen.

Denn so richtig frei und unabhängig fühle ich mich nur, wenn ich allein bin. Dann kann ich meine eigenen Wünsche und Bedürfnisse am besten verspüren und leben. Natürlich habe auch ich geheiratet und bin feste Bindungen eingegangen. Der Punkt ist aber, dass jede Beziehung, auf einen distanzierten Level gestaltet wurde, das ich kontrollierte. Starke Schwankungen zwischen Nähe und Distanz dominierten vorrangig jede Kommunikation. So flüchtete ich beispielsweise in den Job oder schrieb am Buch, um die gemeinsame Zeit mit meinen Partnern zu begrenzen.

So sehr ich auch die Nähe herbeisehne, ist sie da, will ich Distanz. Um diese wieder herzustellen, fing ich manchmal auch grundlos Streit mit dem Partner an. Statt liebevoller Umarmung, Sex oder gemeinsamer Zeit, flüchtete ich in zeitintensive Projekte und Hobbys. Das schafft mir den Abstand, den ich nur aus einem einzigen Grund für lebensnotwendig erachte, nicht verletzt werden zu können!

Auf anfänglich totale Leidenschaft folgten dann immer eine gestörte Sexualität und schließlich der plötzliche Gefühlstot!

Ich schottete mich innerlich ab und suchte den Kick in Affären. Über Zukunftspläne bestand dann nie ein Redebedarf. Eine schnelle Trennung war immer die Alternative, um gleich in die nächste Beziehung zu flüchten. Menschen die diese persönliche Erfahrung nicht kennen, ziehen gern den Vergleich zu einer Sexaffäre. Diese bietet zwar nicht einmal ansatzweise Nähe oder Liebe, aber vermittelt eine wohltuende Illusion von Zusammengehörigkeit. Und wenn es nur für ein paar Stunden ist. Auch das halten viele „Paare" für Liebe.

Dieses teils befremdliche und verzweifelte Verhalten war für meine Beziehungen auch folgenreich. Für den Partner schwer zu verstehen und zu akzeptieren. Sie wollten mich retten und überschütteten mich quasi mit teils sehr hochpreisigen Geschenken.

In meinem Fall das wirklich dümmste was ein Partner tun kann, denn es führt direkt zur Entfremdung. Folglich kommt es zum Kontaktverlust der eigenen Gefühle und man verspürt auch keine liebenden Emotionen gegenüber seinem Partner. Spontan und wortlos verließ ich die Beziehung. Es liest sich jetzt vielleicht schockierend – für mich hat sie niemals existiert.

Nun, es gibt noch eine weitere Kategorie von extremer Bindungsangst bzw. Verweigerung. Sie zeigt sich in einem negativen Beziehungskreislauf mit Narzissten, Psychopaten und Borderlinern, die stark narzisstische Anteile in sich tragen.

Sie alle haben ein großes Problem damit, sich tiefgehend in einer Beziehung fallenzulassen – zu stark ist dabei das Bedürfnis nach Dominanz und Kontrolle.

Ganz wichtig, woran erkennen wir solche toxischen Verhaltensweisen und Muster beim Partner? Man erkennt deutlich ihre nicht Verfügbarkeit. Sie hängen noch in anderen Beziehungen, Suchtprobleme können auch ein Thema sein. Mitunter sagen diese Menschen offen, dass sie kein Typ für Beziehungen sind, wollen sich nicht festlegen und haben es lieber easy.

Sie senden gemischte Signale, können anfangs super verführend sein, halten jedoch meist keine Versprechen. Machen pausenlos Komplimente, Liebesbekundungen (Love Bombing). Die Kommunikation ist dabei nebulös, vor allem was ihre Vorbeziehungen betrifft, bekommt man kein genaues Bild. Ein ganz wichtiges und vor allem auch typisches Zeichen sind kleine verletzende Gesten. Das kann sich auf alles beziehen, Sprache, Mode, Figur, Haarfarbe oder verhalten beim Essen. Ein ganz sicheres Zeichen, wenn man beginnt, obsessiv über die Beziehung nachzudenken. Meist werden dann schon beim Gegenüber langsam die Mauern hochgezogen. Auch ganz typisch, man kommuniziert über bestimmte Wünsche, bittet unterstützend um Hilfe und es passiert dann einfach nichts. Die Typen sind nie da wenn man sie wirklich braucht.

Vor allem wenn es konsistent ist und dahinter deutlich ein Muster zu erkennen ist, könnte es sich um Narzissten, Psychopaten oder auch Borderliner handeln.

Zwar suchen sie die Nähe ihrer Partner/in, gleichwohl haben sie große Angst davor, ihre Schwächen preiszugeben oder vom Partner missbraucht zu werden. Daher bestehen sie in Beziehungen auf Distanz, die ihnen Schutz vor seelischen Verletzungen gewährt. Das sind Energievampire und garantiert keine von der Kinderbuchseite.

Diese „Blutsauger" versuchen alles, um einem die Kraft zu nehmen. Geld ist dabei für sie die interessanteste und stärkste Energie. Am Anfang einer Beziehung macht der Narzisst große Gesten und spielt mit seinem Scharm. Nicht selten, auch in meinem Fall nach ca. 9 Wochen, wandelt sich dann der Traum von der großen Liebe in eine ernüchternde Realität! Dann fangen die Probleme an, es wird schwierig. Die Person die vorher nett und liebevoll war, zeigt sich plötzlich auch mal abweisend und kalt. Wenn man aber wie ich, selbst ein Bindungstrauma in der Kindheit hatte, dann wird es garantiert ein sehr problematisches Beziehungsmatch.

Narzissmus hat viele Gesichter. Verzeihen Sie mir bitte, dass ich dieser Thematik so viel Beachtung schenke. In meinem Leben habe ich viel erfahren, Krisen bewältigt und dabei immer einmal mehr aufgestanden als ich gefallen bin. Narzissmus war Utopie und uninteressant. Dennoch brachte mich das fehlende Wissen über diese unheilbare Krankheit, beziehungsmäßig in den freien Fall. Auf persönliche Erfahrungswerte mit einem Partner, der seit Jahren an dieser wirklich schweren Persönlichkeitsstörung laboriert, möchte ich vor allem im Interesse vieler „Opfer" eingehen. Es brauchte eine Zeit bis ich die Verhaltensweisen und Muster unserer komplizierten Beziehungsdynamik erkannte.

Zu diesem Thema gibt es im deutschsprachigen Raum sehr wenig Information.

Das Wissen über verdeckten Narzissmus ist sehr essenziell und kann vielen das Leben verschönern und im besten Fall sogar auch retten!

In einer Beziehung ist das eine sehr diffizile schwierige Angelegenheit mit solch einem Partner. Sie sind schwer auszumachen und lassen erst nach längerer Zeit die Maske fallen. Ein verdeckter Narzisst trägt die Maske des freundlichen Helfers. Zeigt die Maske des Moralisten, die Maske des guten Menschen und ist in der Lage, sich im äußeren Kontext sehr hilfsbereit zu zeigen. Diese Egomanen werden geliebt und geachtet. Nicht weil sie ein übersteigertes Ego haben und nicht weil sie angeben und dicke Autos fahren wie offene Narzissten. Auch nicht weil sie sich die ganze Zeit über äußerliche Merkmale in den Vordergrund rücken. Nein, das sind im Hintergrund die Leute aus der zweiten Reihe. Stille Kandidaten, die nicht viel Aufhebens aus ihrer Person machen. Sie wollen kein Danke, sind immer ganz bescheiden. Aber, hinter verschlossenen Türen, da sind sie oft die größten Sadisten, die kältesten und gefühllosesten Partner, die dann ihre chronisch abwertende, ironisch, verbale Verhaltensweise zeigen. Ganz typische Beispiele, die man beachten sollte.

Ein Weihnachtsfest, Feiertage, Valentinstag oder den eigenen Geburtstag mit einem narzisstischen Partner zu verbringen, ein ganz heißes Eisen. Garantiert sabotiert er jeden Geburtstag. Insbesondere die runden, weil die einen noch höheren Stellenwert haben. Es liegt keinesfalls in seinem Interesse und er weiß es zu verhindern, dass man an diesem Tag wertgeschätzt und gefeiert wird. Das die Partnerin beschenkt wird, Zuwendung, Liebe, Komplimente und Aufmerksamkeit erhält. Auch ist er ganz besonders verhasst darin, Geschenke zu machen. Im Laufe der Jahre habe ich erst erkennen können, dass so einige Narzissten mein Leben „bereicherten."

Wenn das Semester beendet ist, schließe ich endgültig mit diesem Thema ab.

Denn kennst du einen, kennst du alle! Es sind immer die gleichen Muster die da ablaufen. Ich habe es nicht erkennen können, aber ich hatte Glück. Nicht jede Frau (Mann) findet Hilfe, ein guter Grund meine Erfahrungen zu teilen.

Der verdeckte Narzisst unterscheidet sich durch eine perfide andere Haltung vom offenen Narzissten.

Während unserer Partnerschaft hat er nach außen nie ein böses Wort über die Beziehung oder mich fallen lassen. Jedoch z.B. meine veröffentlichten Bücher, oder das Studium der Psychologie, ich habe mich so reingekniet und plötzlich den gewünschten Erfolg erhalten. Dann wird ein Narzisst immer durch die Unterlassung von Wertschätzung, die Unterlassung von Gratulation sich hervortun. Weil er es überhaupt nicht ertragen kann, das ich etwas erreiche!

Durch irgendwelche Gesten, grinsen, verziehen eines Mundwinkels oder schweigen, drückt er aus, dass er meinen Erfolg gar nicht wahrnimmt.

Er wird ihn immer durch Provokation, Streit und Manipulation vergällen. Es ist unmöglich sich neben einem verdeckten Narzissten selber wertvoll zu fühlen! Weil er jede Wertschätzung verweigert und das wird auch grausamer im Ablauf.

Das sind „Wölfe im Schafspelz" und ganz schwer zu entlarven. Ein wenig verschüchtert, zurückhaltend ruhig, und sehr sympathisch, erwecken sie Interesse. Eine Fassade hinter der es ganz, ganz anders aussieht. Diese Menschen halten sich für unentdeckte Genies. Sie verfügen aber nur über ein triviales Wissen, grenzen sich somit auch nach außen ab.

Verdeckte Narzissten findet man hinter den Kulissen, sie leben in einer Art Phantasiewelt, sind oft das Opfer, der gefallene Engel und im Verhalten passiv- aggressiv.

Das ist nicht abwertend gemeint, aber es ist ein absolut zerstörerisches Verhalten in einer Beziehung. Sie geben sich als Menschen aus, denen das Schicksal immer schlecht zuspielt.

Suchen ständig nach Rettern in ihrem Umfeld, nach Leuten die ihnen ihr Mitgefühl geben. So erhalten sie ihre narzisstische Zufuhr. Sehen nur den eigenen persönlichen Vorteil, ändern blitzschnell ihre Meinung über Menschen und tauschen emotionslos und spontan Beziehungen. Jegliche Moral ist ihnen dabei völlig egal. In diesen Beziehungen ist man immer Mittel zum Zweck, das ist Teil ihrer Programmierung!

Diese Typen richteten ihr Interesse wie ein Laserstrahl fast nur auf interessante und attraktive Partnerinnen, die über ein gewisses, exzellentes Wissen verfügen, wichtige Kontakte pflegen und gut situiert sind. Dann hängen sie sich ran, um das Maximum für sich herauszuholen. Alles unter dem Deckmantel - ich bin doch so nett, ich bin doch so gut. Wie alle Narzissten gehören auch sie zu den notorischen Lügnern.

Chronischer Neid auf die Fertigkeiten anderer Menschen auf den Besitz und auf ihre Fähigkeiten, zermürbt sie förmlich. Ob in der Stiftung oder im Club, solche Typen attackieren mich ständig.

Daran bin auch ich nicht ganz „unschuldig", denn diese Männer ziehe ich magisch an. Tagungsstätte, Flieger, Hotelbar oder Strandhaus, egal wo ich bin, ein Narzisst ist garantiert in der Nähe und kontaktiert sofort. Das sind schon interessante Menschen, wie ich finde.

Ich kenne alle Varianten dieser Störung und habe treffsicher in meinem Leben auch keine ausgelassen.

In diesem Zusammenhang beachten Sie bitte, dass sich meine hier aufgeführten Erfahrungen auf Personen mit diagnostizierter Persönlichkeitsstörung - (NPS/BPS) beziehen.

Das Thema Narzissmus und Beziehung dominiert jede Gesprächsrunde nach einer Lesung.

Meine persönlichen Erfahrungen diesbezüglich, die natürlich ungeschönt wiedergegeben werden, bringen pures Leben in die Thematik. In den Gesichtern der Teilnehmer spiegeln sich Emotionen wieder, die sind unglaublich.

Das funktioniert aber nur, wenn man aus persönlicher Erfahrung empfinden und sprechen kann. Wer einmal diesen unbeschreiblichen Schmerz tiefer Demütigung und zerstörender Abwertung erfahren hat, ist meines Erachtens erst in der Lage, zu verstehen und zu therapieren. Es klingt logisch, wenn Therapeuten raten, auf sich zu schauen. Super, wenn der toxische Partner mir die letzte Energie zieht, während ich verzweifelt jeden Strohhalm greife. Das sind Suchtbeziehungen!

Man kann dann nicht mehr Sehen, Hören, Denken, oder Sprechen, man fühlt sich nicht mehr!

Ich konnte der kalten Liebesdynamik entfliehen, nur durch das Wissen über Persönlichkeitsstörungen.

Erst wenn Betroffene wirklich verinnerlicht haben, dass Narzissten, Psychopaten, (Borderliner), keine Empathie und keine Sozialkompetenz haben. Sie sind ausschließlich auf die eigenen Bedürfnisse ausgerichtet und zeigen kein Unrechtsbewusstsein, keine Reue und auch kein Schuldbewusstsein. Die Menschen sind unfähig Bindungen einzugehen! Narzissten sind psychoemotional auf einen Stand eines drei bis fünfjährigen Kindes fest einbetoniert.

Das erklärt auch die spontanen Wutausbrüche sobald man sie kritisiert. In diesem Alter entfaltet ein Kind mehr und mehr seine eigene Persönlichkeit.

Es macht keinen Sinn, mit Narzissten einen Streit zu schlichten, oder auf eine Entschuldigung zu hoffen. Keine Chance. Man streitet dann nicht mehr mit einem erwachsenen Menschen, sondern mit einem kleinen, verletzten und traumatisierten Kind!

Wird er beleidigt, kritisiert oder anderweitig getriggert, verfällt er in seine kindlichen Schutzmechanismen, die er damals entwickelt hat. Der Narzisst verschwindet dann sofort und beginnt die Schweigebehandlung. Er ignoriert völlig, meldet sich nicht. Die Partnerin wird zur Feindin degradiert, es herrscht Krieg. Das kann sich bis zu vier Wochen hinziehen.

Eine so grausame und widerliche Manipulation. Dieses narzisstische Verhalten wird in koreanischen Gefängnissen als Foltermethode angewendet!

Echtes Mitgefühl, tiefe Zuneigung (Liebe), ist nicht möglich, dazu sind diese Menschen nicht in der Lage. Das würde ja Nähe bedeuten und die erträgt kein Narzisst! Aber sie brauchen eine Partnerschaft. Auch wenn sie meist das Gegenteil behaupten. Durch ihren geringen Selbstwert müssen sie sich ständig stabilisieren und den Schein wahren. Man glaubt es nicht, was für Menschen sich wirklich dahinter verbergen. Da existiert nicht nur ein Partner/in, da gibt es in fast allen Beziehungen mehrere, ja sogar langfristig und parallellaufend.

Verdeckte Narzissten sind wie Fähnchen im Wind. Sie haben eine extrem große Bereitschaft Anschauungen aus eigennützigen Motiven von heute auf morgen zu ändern. Und Vorsicht, sie bekommen ihre narzisstische Zufuhr durch Emotionen. Erzählen, anvertrauen sollte man ihnen fast nichts, denn sie verwenden es irgendwann gegen den Partner um ihn zu demütigen und abzuwerten!

Meine bittere Erfahrung, es geht dabei immer nur darum, was für ihn selbst gut genug ist.

Ein Narzisst versteht sich im Erobern, im Pflegen einer Beziehung ist er ein Dilettant. Auf der einen Seite ist die Beziehung aufregend und abwechslungsreich:

Immer wieder passiert etwas Neues, niemals kommt Langeweile auf.

Auf der anderen Seite vereinnahmt er seine Partnerin derart, dass diese für ein Leben an seiner Seite ihr eigenes komplett aufgeben muss. Was ihm nutzt und was er braucht, ist gleichzeitig das, was er liebt!

Nicht die Person. Das ist nur seine verdrehte Definition von Liebe!

Sich so zu benehmen, befindet er für sich völlig in Ordnung. Er selbst würde jedoch niemals zulassen, dass sich die Frau in seinem Leben genauso verhält.

Weil er ja auch viel mehr zu verlieren hat. Denn er ist immer auf Bestätigung und Bewunderung angewiesen.

In diesen Manipulationen finden sich seine diversen „Partnerinnen" nicht mehr zurecht. Weder die aktuelle Partnerin noch die Exfrau. Sie alle werden geschickt gegeneinander ausgespielt. Irgendwann stellt die Geliebte erstaunt fest, dass sie sich nicht von der aktuellen Partnerin bedroht sieht, sondern von einer ganz anderen Frau. Die neue Nachbarin, (ein bereits gesundheitlich eingeschränkter älterer Frauentyp) ist urplötzlich ihre neue Rivalin.

Mein persönliches Fazit.

Es ist alles genauso, wie es sich liest... krank!

Eine starke Frau ist nicht so naiv, sie kann sehen, ob ein Mann wirklich meint, was er sagt. Sie ist sich sehr bewusst, wie sie ausschaut und weiß um ihre Qualitäten. In der Minute, in der ich bemerke, dass der Mann ein Blender ist, schmeiß ich ihn aus meinem Leben!

Durch meine charakteristischen Merkmale habe ich schon immer eine starke Anziehungskraft auf toxische Männer ausgeübt. Eine unerreichbare Verführerin löst sofort den Jagdinstinkt eines Mannes aus. Keine feste Bindung, aber doch mehr als eine Affäre. Meine Angst vor Verpflichtungen und zu viel Nähe. Die absolute Traumfrau eines bindungsängstlichen Mannes.

Laut Statistik leiden 50% der Menschen über vierzig an Bindungsangst.

Prozentual noch verstärkt durch Borderliner und Narzissten, die bindungsunfähig sind. Gern gebe ich auch hierzu ein Beispiel und kann wirklich nur warnen, solche Beziehungen sind sehr schmerzhaft und rauben unglaublich viel Energie.

Sie sind in erster Linie mit viel Angst vor Intimität auf beiden Seiten verbunden. Diese Beziehungen starten besonders schnell und intensiv, weil beide Partner sich schon Gedanken darüber machen, was passiert, wenn die Ängste nach der ersten Verliebtheit spontan auftauchen.

Es folgen sehr schmerzhafte Prozesse, die nicht mehr aufzuhalten sind. Ein toxischer Kreislauf beginnt. Ohne ersichtlichen Grund zieht sich der Partner plötzlich zurück. Es gibt auch keinen, außer der Angst vor Nähe. Der Bindungsängstler kontrolliert nun die Beziehung. Es ist sinnlos sich dagegen zu wehren, an dieser Grunddynamik wird sich nichts mehr ändern.

Für mich war es schwer zu erkennen, in solch einer Verbindung gefangen zu sein, da ich mit Bindungsangst eher den stolzen Dauer-Single assoziierte.

Da ist die Angst vor zu viel Nähe, Verbindlichkeit und Intimität, die dann plötzlich dominiert. Darunter liegt aber oft das Gegenteil, die tiefliegende Angst verlassen zu werden und nicht genug zu sein für echte Nähe und Intimität. Da greifen die eigenen Schutzmechanismen, um nicht (mehr) verletzt zu werden. Darum sucht man sich immer wieder Partner die nicht wirklich verfügbar sind. Aus persönlicher Erfahrung können solche Beziehungen sehr lange, manchmal über Jahre recht gut funktionieren. Jedoch nur, wenn man selbst seine Vorstellungen, Bedürfnisse und Wünsche ganz klar definiert! In jeder Partnerschaft ziehe ich für mich imaginär eine rote Linie und diese darf der Andere niemals überschreiten. Tut er es doch, hat die Beziehung für mich ihren Sinn verloren. Doch wie agieren extreme Bindungsängstler in Beziehungen und wie fühlen sie. Egal ob nun Narzissten, Borderliner oder Psychopaten ihre Psyche schwingt auf einer anderen Frequenz.

Diese Beziehungen enden immer gleich!

Vom anfänglichen Hoch bis zum unvermeidlichen Absturz. Weil man nicht will, nicht kann oder einfach ein zu wenig an Gefühlen da ist. Das typische Muster:

Nach ca. neun Wochen extremster Sinnlichkeit, (Sex), Verschmelzung, beginnt dann das Drama. Mit einem fundierten Wissen über Persönlichkeitsstörungen, der richtige Zeitpunkt, um die Beziehung zu beenden. Wenn aber nicht, folgt Abhängigkeit die letztendlich zur Suchtbeziehung mutiert.

Es sind diese Heights beim Sex, die guten Momente, die hypnotisch gefangen halten. Man gewöhnt sich daran, dass es immer weniger gibt. Der Partner kontrolliert stark die Beziehung. Jeder Versuch eigene Wünsche, Bedürfnisse einzubringen, wird blockiert. Leidenschaftliche Küsse, flüsternde Sinnlichkeit, gemeinsame Nächte und Unternehmungen, wird es zukünftig nicht mehr geben!

Das ist ein häufiger Endpunkt einer bindungsängstlichen Beziehung, dass wirklich bis auf einmal die Woche ein kurzes Treffen (Sex?), absolut nichts mehr passiert!

Der Bindungsängstliche bleibt manchmal auch nur noch aus Egogründen in der Beziehung, emotional ist er längst nicht mehr bei der Sache und das hat nichts mehr mit „Liebe" zum Partner zu tun!

Letztendlich ist es doch völlig egal woran der Partner laboriert, das ist seine Persönlichkeit und die verändert sich nicht. Heiß und Kalt Spielchen, spontane Kontaktbrüche, Ignoranz oder Mauern bauen - es ist nicht kompatibel! Da braucht es nicht mehr Worte.

Aus persönlicher Erfahrung, raus, sofort raus aus der Beziehung. Weil es immer so endet – irgendwann ist ein anderer Partner im Spiel, wenn man nicht rechtzeitig geht, das ist leider Realität.

Oder noch schlimmer, man wird entwertet und das passiert ganz plötzlich, weil nur noch die Angst dominiert. Das ist ein typisch bindungsängstliches Verhalten, egal welche Störung auch dahinter steht, es ist und bleibt eine Krankheit. Hier schützt Wissen rechtzeitig vor Schmerz und Leid.

Und wer nicht hören will, wird früher oder später in einer dafür typischen (On/Off) Beziehung sehr schmerzhaft fühlen müssen. Wobei es sich hier wahrheitsgemäß nur um eine einseitige Transaktion handelt. Diese Menschen leben in ihrer eigenen wahnhaften Welt, in einem wahnhaften Zustand indem sie sich selbst als grandios, überlegen und unfehlbar betrachten. Da liegt ein Hirnschaden vor!

Sie sind impulsgesteuert und können diesen Impulsen keinen Einhalt gebieten, sind notorische Lügner, Betrüger und Fremdgeher. Sie haben keinen Filter wenn es darum geht, ihre Befriedigung hinauszuzögern! Sie wissen einfach nicht wie sie ihre außer Kontrolle geratenen Impulse mindern oder unterdrücken sollen. Es liegt einfach in ihrer Natur und das ist die Art und Weise, wie sie mit dieser Persönlichkeitsstörung funktionieren. Die Menschen durchlaufen einen massiven Prozess der Selbstzerstörung. Ich durfte natürlich auch diese Erfahrung mit einem Narzissten machen.

Eine wirklich heiße Phase, sozusagen das Dessert, steht am Anfang der Beziehung. Fühlt sich super an und die Welt ist in Ordnung, zumindest vorerst.

Doch dann folgt spontan der erste Bruch, das erste Mal vorbei – Schluss. Man hat keine Chance zu handeln, ist verwirrt, trauert, sucht vergebens den Kontakt zum Partner und läuft ihm sogar anfangs hinterher.

Dann taucht der plötzlich wieder auf, als wäre nie etwas gewesen. Das Ganze aber nur für eine gewisse Zeit, dann erfolgt erneut ein Bruch. Der Partner missbraucht die Beziehung, um seine Macht auszuspielen, indem er ständig einen Beziehungsabbruch provoziert, sobald ihm etwas nicht passt. Es geht ihm richtig gut, wenn es dem Partner schlecht geht.

Lebt man in einer Beziehung wo ständig immer wieder Probleme sind, wo ständig der andere der Meinung ist, er müsse den Partner ignorieren und verlassen, das macht krank. Denn wer sich für einen Partner entschieden hat, mit ihm ernsthaft und aufrichtig eine Beziehung zu führen, der geht nicht ständig.

Dieses Machtspiel lebt der Partner unglaublich gern aus, um ausschließlich seine Bedürfnisse zu befriedigen.

Aber für eine gut funktionierende Beziehung sind beide verantwortlich.

Ein immer wiederkehrendes ON/Off ist krankhaft, diese Beziehung hat niemals Festigkeit.

Mit diesem Partner wird man niemals gemeinsam etwas erreichen. Dieser Mensch wird immer für alle möglichen Gründe die Beziehung beenden, aber er wird niemals loslassen. Man wird immer wieder zurückgeholt, bis man endlich begreift…und geht!

Denn „Liebe" ist für mich ein Gefühl stärkster Zuneigung und Wertschätzung; die Entscheidung für einen Menschen! Das Gefühl ist so umfangreich, so aufrichtig, das einzige was wirklich bedingungslos ist. Aber niemals ein Machtspiel. Ein Mensch mit narzisstischen Tendenzen ist ganz klar definiert ein Brauchender. Er weiß was er braucht und wohin er will, dann wird er tun was nötig ist. Es geht dabei nicht um den Partner, der ist für ihn nur ein Objekt, ein Wirt, ein Lieferant an Dingen die er benötigt.

Diese Erkenntnis, die früher oder später kommt, ist unendlich schmerzhaft!

Ich weiß, dass es viele Menschen gibt, die verzweifelt in toxischen Beziehungen stecken und nach Antworten suchen. Ja, und dadurch wächst zugleich das eigene Verantwortlichkeitsgefühl, hier und jetzt, so ausführlich über das Übel aufzuklären. Denn wenn man das durchlebt (hat), stehen unzählige offene Fragen, die zum Wohle der eigenen mentalen Stabilität und der geistigen Gesundheit unbedingt beantwortet werden müssen.

Es ist meine Biographie, die mit einer narzisstischen Mutter begann. Mein Ur-Schrei nach nicht erhaltener Liebe, lockte parasitär narzisstische Beziehungspartner an.

Mit einem triumphierenden Lächeln, darf ich nun endlich dieses Kapitel schließen.

Noch einmal die Gedanken gerichtet an einen wirklich interessanten Ex-Freund, der sich selbst, gebettet in Wut, Hass und Neid, bis an sein Lebensende erdulden muss!

Die nachfolgenden Zeilen sind vorwiegend an Menschen gerichtet, die sich in Konfliktbeziehungen mit entsprechenden Partnern befinden.

Das hätte auch ich aufgrund meiner Erfahrung nicht besser beschreiben können:

„Befindet man sich in einer Beziehung mit einem Borderliner oder Narzissten, dann hat man die Karte mit den zwei großen „A" gezogen.

Die Arschkarte und das Ass in einem.

Ich wusste lange nicht was es bedeutet einem Narzissten nah zu sein. Ha, da ist ja schon der erste Widerspruch, auf Nähe steht er nämlich nicht. Aber er tut verdammt gut so als ob. Mir dämmerte es erst langsam und monatelang habe ich all die merkwürdigen Erlebnisse darauf geschoben, dass die Menschen ihn einfach nicht in Ruhe lassen können. Das laut seiner Aussage so viele Verrückte um ihn sind, die ihn nicht in Frieden leben lassen. Er schafft es unglaublich clever, alle Tatsachen und Aussagen so lange zu verdrehen, bis du an deinem Verstand zweifelst. Aber dazwischen gibt er dir Zuckerchen (Sex), manchmal sogar zwei, wenn du folgsam und ganz brav bist, aber nur dann. Denn wenn du Fragen hast, die nach Klärung rufen, ist er weg. Du darfst dich in Geduld üben wenn du Antworten möchtest, aber in seinem Leben ist Zeit wirklich sehr relativ. Sein Katalog an Ausreden ist vom Allerfeinsten, aber selbst den kennst du irgendwann auswendig und zweifelst immer noch an dir. Weil du eindeutige Botschaften bekommst und weil er sich kurzzeitig auch mal für dich interessiert. Für den Hauch eines Momentes und dann wieder abtaucht und im Nichts verschwindet. Das ist seine Königsdisziplin, das Verschwinden. Er bringt tausend Fragen mit sich, stellt sie bei dir ab und lässt dich dann schön damit alleine, sollst du doch sehen, was du damit anfängst. Er lügt nicht unbedingt, er sagt dir nur nicht die Wahrheit.

Glaube nicht an Treue, die er so bewusst betont, denn er ist letztendlich ein primitives, triebgesteuertes Raubtier. Früher oder später erwischt du ihn doch einmal beim Fremdgehen und wirst ihn knallhart auf seine Eskapaden hinweisen.

Dann wird er entweder laut, so dass du freiwillig drei Meter zurückweichst und verschwindest, oder er versucht es wieder mit der Mitleidsmasche. Schließlich kann er ja für gar nichts irgendwas. Es sind nur die Anderen, die nehmen ihn alles weg, die behindern ihn und nutzen ihn aus. Die alle belügen und betrügen ihn, dass sagt er dir. Genau vor diesen Menschen tanzt er aber am nächsten Tag Samba, macht Kopfstand und jongliert noch 101 Bälle, damit sie ihn anhimmeln und Beifall klatschen. So polieren sie ihn schön sein Ego. Dieser Mann ist Egoismus in Reinform und dazwischen bedauert er sich, seine traurige Vergangenheit und sein schweres Leben. Wenn es aber einmal um dich geht, dann ist er plötzlich blind und taub, das kann er sogar medizinisch nachweisen. Gott der Arme, was er alles aushalten muss. Was du willst interessiert ihn nur dann, wenn es etwas ist, womit er sich Bestätigung holen kann. Sollte es sich aber um eine Sorge oder ein Problem handeln, dass kannst du mal schön für dich behalten, das ist nicht seine Baustelle. Warum bist du nicht früher darauf gekommen, er ist der Nabel der Welt, das erklärt alles, könnte ja man meinen."

Fast richtig.

In Wirklichkeit geht es tausendprozentig um dich! Da sind wir an dem Punkt mit den zwei großen „A" angelangt. Warum du die Arschkarte gezogen hast wenn du in einer tiefen Verbindung zu einem Narzissten stehst, ist ja offensichtlich. Aber warum hast du auch ein As? Weil es irgendwann genug ist und du sowas von geschult bist, dein übermäßiges Verständnis für andere zur Seite zu legen. Und dich daran erinnerst, dass du das Recht hast, respektvoll behandelt zu werden, auch wenn du in der Lage bist für andere mitzufühlen. Weil du nicht mehr an dir und deiner Wahrnehmung zweifelst, sondern wertvolle Erfahrungen sammeln konntest.

Genau mit diesem Verhalten das sich ja nur um ihn drehen lässt, lernst du ausgiebig, dass du das gar nicht in deinem Leben willst.

Dir wird wieder klar, soviel mehr als vorher, was echte Wertschätzung bedeutet. Das du sie auch vor allem an Taten erkennst. Lass ihn ziehen, seiner persönlichen Sonne entgegen, die er wahrscheinlich bald beschuldigt zu heiß zu sein. Aber das kann dir nun wirklich egal sein, du fällst auf winselndes Gesäusel nicht mehr so schnell rein. Du bist nur noch an echten Begegnungen interessiert.

So ein Narzisst ist wahrlich keine Freude, aber er ist ein Segen. Wenn du einen längeren Kontakt mit diesen Menschen hinter dir hast, und das Wertvolle aus dieser Erfahrung mitnimmst, kannst du nur noch gewinnen! Du weißt genau, dass es auch anders geht und dich das Leben gerade reichlich beschenkt. Er hat dich ausgiebig unterrichtet im Ausgleich von Geben und Nehmen und du musst dir nicht mehr so vorkommen, als wolltest du ein Fass ohne Boden füllen.

Wenn du diese Lektion geschafft hast, mach drei Kreuze, spring in die Luft, schrei Halleluja und feier dein Leben! So klar, so stark, so bewusst, so aufmerksam wie niemals zuvor. Denn es ist jetzt ein As in deinem Ärmel egal wer oder was noch kommt.

Ich habe in jeder Beziehung getan was ich konnte. Jetzt kann ich mehr und mache es eben besser. Meine unablässige Suche nach dem richtigen Partner fand somit sein Ende. Wir können keine Entscheidung über unser Leben treffen, wenn wir nicht in jedem Augenblick auf uns selbst hören!

Bleibt man in dem Opferstatus, kann es keine Entwicklung im positiven Sinne geben. Ich wollte nicht akzeptieren, dass ich in der Beziehung zum Opfer geworden bin. Wie sollte ich, eine nach außen hin starke Frau, die niemals Hilfe brauchte, das begreifen und mir eingestehen.

Aus diesem Grund verleugnete ich den Missbrauch. Ich schämte mich für das was passiert ist und verharrte lange in einer hoch toxischen Beziehung.

Ich suchte ständig nach Fehlern bei mir.

Manchmal sah ich klar und stellte Forderungen, um kurz darauf wieder alles in Frage zu stellen.

Zu dieser Thematik, abschließend noch einige Anmerkungen die mir sehr, sehr wichtig sind: Die amerikanische Narzissmus – Forschung besagt, dass eine einzige Begegnung mit einem Psychopathen ausreicht, um unser Leben zu ruinieren…!

Als ehemaliges „Ostkind" komme ich aus einem Land, wo Frauen schon immer finanziell unabhängig waren. Selbst wenn ich narzisstischen Missbrauch durch einen Partner erfahren musste, hatte ich jederzeit die Chance auszusteigen. Das ist nicht nur eine Sache von Bewusstwerdung, sondern auch von pragmatischem Können. Da ich berufstätig sein kann, mich selbst finanzieren kann und wir über gute Sozialsysteme verfügen – muss keine Frau in der heutigen Zeit, in diesem Land, narzisstischen Missbrauch erdulden!

Die Problematik besteht aber darin, diesen zu erkennen. Trotz meiner wirklich umfangreichen Lebenserfahrung, in unterschiedlichsten Gesellschaftssystemen, war es mir nicht möglich, solch eine Entität zu entlarven.

Die falsche Maske des Narzissten (Psychopathen, Zoziopathen, Borderliner), ein charmanter, liebender Partner zu sein. Wenn nötig gibt er auch den netten Typen von nebenan. Somit sichert er sich seine Bedürfnisbefriedigung. Aber es geht dabei niemals um den Partner, es geht nie um die Partnerschaft und es geht nie um die Beziehung! Ich war eine perfekte, gute „Wirtin" und konnte seine wichtigsten Bedürfnisse, (Sex, Aufmerksamkeit und Action) befriedigen. Das was ein Narzisst nicht kann, ist lieben, sich einlassen, eine menschliche Begegnung leben und wirklich in tiefer emotionaler Verbindung sein.

Das verrückte daran, er begann einen riesengroßen Hass aufgrund seines Neides zu entwickeln, weil er all das nicht hat, was ich besitze, selbst wenn er es nutzt.

Denn er kennt nur drei Gefühle:

Wut, Hass und Neid.

Und dieser Hass auf mich und meine inneren Werte (Authentizität, Loyalität, Charisma), führt dann in eine Entwertungs- und Destabilisierungsphase.

Jede, wirklich jede Beziehung mit einem Narzissten hat ein „Verfallsdatum!" Der weiß von der ersten Sekunde an, wo er jemanden in sein Leben lässt, dass es auch enden wird. Dessen ist sich ein Narzisst sicher, dass nichts lange hält. Dabei bedient er sich imaginär, provokanter Eifersuchtsstrategien, eine der größten manipulativen Machtinstrumente.

Nun, ein ganz persönliches Wort, gerichtet an Leser, die in „Beziehung" zu narzisstischen Menschen stehen. Auch der Narzisst hat sein „Verfallsdatum" und dieser Prozess ist wirklich grausam. Ich durfte ihn live miterleben und konnte diese armselige Kreatur, fast schmerzfrei loslassen.

Im Alter, wo geistig - gesunde Menschen Altersweisheit entwickeln, ein inneres Strahlen, ihrer inneren Fülle, durch Lebenswerte die sie sich erschaffen haben – hat der Narzisst nichts! Je älter, umso schneller verliert er seine Attraktivität. Im stillen Kämmerlein sitzt dann der Narzisst mit 50., 60., 70., Jahren da und besitzt keine Altersweisheit. Weil in seinen hirnphysiologischen Strukturen Altersweisheit gar nicht entstehen kann. Hinzu kommt, dass er eine unglaubliche Panik vor seiner eigenen Sterblichkeit, vor seinem eigenen Zerfall, und seiner eigenen Vergänglichkeit hat. Im Alter wenn er keine Zufuhr mehr erhält, kommt an einen Punkt, wo er sehr dekompensiert. Es steigt die Neigung zur Depression, Demenz und Alzheimer – Erkrankung.

Narzissten altern so würdelos, ohne Souveränität und ohne jede Klasse. Alternde Narzissten bestrafen ihr Umfeld auch dafür, dass sie ihre Attraktivität verlieren. Sie es nicht geschafft haben ein gutes Leben zu führen, in Anstand, in Würde, in Respekt vor sich und anderen. Alle Narzissten spiegeln im Alter sich selbst in ihrer eigenen Sterblichkeit und dass können sie nicht aushalten. Sie sterben so, wie sie gelebt haben.

Keine Sinnhaftigkeit und keine Identität in ihrem Leben. Es gibt nur die Maske.

Wenn die bröckelt, schimmelt und abfällt, dann ist der Narzisst in seiner blanken, nackten, katastrophenartigen, inneren Zerstörungsidentität ausgeliefert!

Es war von mir nicht beabsichtigt, so ausführlich über narzisstischen Missbrauch zu schreiben. Jedoch zwingt mich förmlich meine Biographie dazu. Durch mein jetziges Studium an der Uni, tollen Mitmenschen und Dozenten, habe ich die Möglichkeit erhalten, mich mit fundiertem Fachwissen über Persönlichkeitsstörungen auseinanderzusetzen. Jeder Mensch sollte sich so früh wie möglich darüber informieren! Mein Leben wäre anders verlaufen, hätte ich als junge Frau verstanden, was es bedeutet, narzisstische Eltern zu haben. Die Beziehung zu einem schwer gestörten narzisstischen Partner, im Herbst meines Lebens, hätte es niemals gegeben. Aber das Allerschlimmste ist für mich, durch falsche Verhaltensweisen (Schutzstrategien), den Kontakt zu meinen beiden Kindern verloren zu haben.

Eltern tragen eine große Verantwortung, denn Kinder können sich nicht wehren, und irgendwie leben wir in ihnen ja weiter. Wir können uns und der Gesellschaft viel Leid ersparen, wenn wir über ein fundiertes Wissen im Umgang mit persönlichkeitsgestörten Menschen verfügen und dafür bedarf es nicht gleich einer Armee von Psychologen.

Im letzten Jahr hat sich mein komplettes Leben verändert. Dadurch, dass ich anfing mich selber zu definieren, um mich zu lieben, lebe ich nun eine ganz andere Realität. Ich bin im Umgang mit anderen Menschen wesentlich authentischer, setzte an entscheidenden Stellen klare Grenzen und bleibe konsequent dabei. Bin ehrlich zu mir selbst und zeige mich so wie ich bin! Durch mein ICH-Bewusstsein weiß ich was ich brauche und gehe auch das Risiko ein, dass mein Gegenüber dies nicht gefällt. Auch bin ich weiterhin sehr gebend.

Allerdings fange ich nun stets bei mir selber an. Mitmenschen wenden sich plötzlich ab wenn man sich ändert und zum Beispiel Grenzen setzt. Als ich das erkannt habe, konnte ich endlich diese Menschen loslassen und habe mich nicht mehr um sie bemüht, um alles zum Guten zu wenden. Selbst Diagnosen sind für mich inzwischen unwichtig. Weil ich erkannt habe, dass ich von bestimmten Menschen, aber auch von Menschen mit ausgeprägten Selbstschutzstrategien im Sinne der Autonomie, in Ketten gelegt wurde. Und Beziehungen nicht funktionieren können, wenn Partner ihr Leben nicht so akzeptieren, wie es ist.

Heute lasse ich diese Menschen sofort los, aber wünsche ihnen trotzdem alles Gute. Ich gehe weiter meinen Weg. In Beziehung sein, heißt nicht automatisch glücklich sein. Mach dich selbst glücklich und die Beziehung ist das Plus. Wenn ich auf all die Beziehungen meiner schärfsten Kritiker schaue, so, möchte ich diese niemals führen. Empathie und Verständnis muss unter Partnern ausgewogen sein. Von mir wurde das immer gefordert, aber für mich gab es keine Gnade. Heute erkenne ich diese Egozentriker ganz schnell. Kein Mensch (Mann) legt mich aufgrund von Selbstschutzstrategien in Verfolgung seiner Muster, in emotionale Ketten!

Schon mal auf die Idee gekommen, das es Beziehungen gibt, in denen „Liebende" auch noch was anderes im Leben zu tun haben, als alles für den Partner stehen und liegen zu lassen? Das Beziehung leben auch ganz anders aussehen kann, als Tag und Nacht für den anderen erreichbar zu sein? Eine Partnerschaft kann auch wunderbar sein, wenn man sich bei jedem Wiedersehen neu entdeckt und ein Zitat von Herman Hesse zutrifft: „Und jedem Anfang wohnt ein Zauber inne, der uns beschützt, und der uns hilft zu leben. Nur wer bereit zu Aufbruch ist und Reise, mag lähmender Gewöhnung sich entraffen." Ich denke, ein doch spannender Übergang in die beste Zeit meines Lebens.

Sie erinnern sich?

Es begann mit einer spontanen, innigen Umarmung mitten auf der Straße. Das liegt bereits Jahre zurück und wir genießen zusammen noch immer wundervolle Momente. Dabei führen wir jeder unser eigenes selbstbestimmtes Leben, in dem Freunde, Beruf und Hobbys ausbalanciert sind. Ja, eine außergewöhnliche Beziehung auf die viele mit Neid und Missgunst reagieren. Weil sie nur auf unser Außen schauen, der Ausstrahlung und alterslosen Attraktivität, umhüllt von einem gesunden, aktiven Körper. Schon unsere Großmütter wussten, Neid muss man sich erarbeiten, Mitleid gibt es umsonst.

Aber der Schein trügt. Wir arbeiten beide sehr hart an uns und der Beziehung, stehen dabei täglich vor neuen Herausforderungen. Realistisch gesehen ist es eine endlose Achterbahnfahrt ohne Notbremse. Sie ist spannend, riskant und nichts für schwache Nerven. Denn wir wissen nie was hinter der nächsten Kurve passiert. Entweder schießen wir in die Höhe, oder rasen ungebremst auf einen Abgrund zu.

In uns tobt eine ständige Flut biochemischer Reaktionen, bei der auch Neurotransmitter wie Dopamin und das Bindungshormon „Oxytocin" eine große Rolle spielen.

Dieses Hormon wird bei intimen Berührungen, Sex und vor allem beim Orgasmus produziert. Nach dem sexuellen Höhepunkt kommt es bei jedem Geschlecht zu einem Oxytocin-Schub, der das Gefühl von Verbundenheit und Vertrautheit auslöst. Außerdem sorgt es dafür, dass Männer das Gefühl bekommen, ihre Partnerin beschützen zu wollen. Auch hemmt das Hormon das Kritikzentrum im Frontalhirn – ein biologisches Äquivalent zur rosa roten Brille. Es macht uns sanftmütig und unterstützt die Fähigkeit, Nähe zuzulassen. Ein wirklich ausgeklügelter Trick der Natur, um zum Beispiel bindungsscheue Menschen nach dem Sex offener für eine Partnerschaft werden zu lassen.

Als unerreichbare Verführerin reflektierte ich schon sehr frühzeitig mein Bindungsverhalten, im Sinne von Nähe und Distanz.

Der Partner an meiner Seite, ich nenne ihn charmant – Bär, er ist groß, stark, wild und unberechenbar. Ein interessanter Mann, reich an Lebenserfahrung nebst dramatisch, ungewöhnlicher Biographie.

Für mich dabei ganz entscheidend, er ist eloquent, besitzt Humor und Charme. Ebenso ist auch er ein unerreichbarer Verführer, das kann man jetzt toxisch sehen oder auch nicht. Einer meiner Dozenten bezeichnet uns als Phantome. Wir akzeptieren generell weder Meinung noch Kritik am Beziehungsstiel, es sei denn, Personen oder Paare verfügen über ähnliche Erfahrungen.

Das wirklich wahnsinnige daran ist, in der Uni, nach Seminaren oder im Bekanntenkreis, werde ich ständig bombardiert mit Fragen:

„Warum strahlst du so, schaust toll aus und hast dabei ständig ein glückliches Lächeln im Gesicht?"

Sehr gern meine ausführliche Antwort mit einem provokantem Lächeln…!

Mit einem „Phantom" kann man die beste Beziehung der Welt führen – in der Vorstellung, der Phantasie und in unserem Fall auch in der Realität.

Ganz wichtig, da wir nicht zusammen leben und das bleibt auch so, stört kein Beziehungsalltag.

Menschen mit einem vermeidenden Bindungsverhalten, würden schon von diversen Kleinigkeiten eines Zusammenlebens in die Flucht getrieben. Ich, eine sich selbstbewusste Frau, verspüre auch kein Verlangen, einem Partner hinterher zu räumen, zu waschen, zu kochen und zu putzen! Umso geringer das Bedürfnis nach Aufgabe der lang erkämpften Freiheiten.

Über reichliche Erfahrungen mit Narzissten und Borderlinern, habe ich ja ausführlich geschrieben.

In unserer Beziehung wird nichts geplant, wir handeln fast immer aus einem Impuls heraus.

Wir können uns für gemeinsam erlebte Zeit, bewusst entscheiden. Verspüren wir ein Bedürfnis nach Nähe, wird der andere nicht spontan überfallen, sondern wir telefonieren erst miteinander. Es passiert durchaus, dass wir nicht täglich kommunizieren, jedoch aber spontan in der Nacht, den intensiven Kontakt suchen.

Das ist Luxus pur, wir werden nie in einen Routinealltag kommen. Somit bleibt jede Begegnung spannend und geheimnisvoll, weil der Partner immer wieder neu entdeckt werden muss. Der Wechsel zwischen Nähe und Distanz ist manchmal schmerzhaft, jedoch reicht unser Gefühl aus, um dem Anderen die Zeit und den Raum zu geben, den er benötigt. Auch wir suchen Nähe und Bindung, jedoch ist eine normale Beziehung mit Nähe und Alltag für uns nicht vorstellbar.

Das reduziert die Notwendigkeit für Kompromisse und Tauschgeschäfte in alltäglichen Dingen ungemein.

Auch die negativen Seiten des Partners werden so nicht zu einer immer wieder kehrenden Herausforderung, dass Partner die liebenswürdigen Seiten aneinander nicht mehr wahrnehmen. Man kann auch immer an sich arbeiten, ohne Druck zu verspüren. Zum Beispiel autonom zu bleiben, sich nicht zu verlieren und die eigenen Mauern runter zu fahren. In dieser Beziehung mache ich mich sichtbar und ja, auch verwundbar.

Das bedeutet nicht, ins offene Messer zu laufen. Nein, es ist ein Bewusstseinsprozess – ich lasse mich auf den Partner ein und schaue wie ich damit klarkomme. Es umzusetzen ist für mich schon sehr schwierig, denn traumatische Erfahrungen duellieren sich unentwegt mit meinen Urängsten. Als ich vor Jahren mein Leben neu aufstellte, fing ich quasi fast bei null an. Ich machte deutlich und unmissverständlich klar, welche Art von „Vereinbarungen" ich zukünftig mit anderen Menschen eingehen will. Eine gute Beziehung läuft vor allem auch von Nichtgesagtem. Dabei keine Ansprüche zu haben, ist der einzige Weg, um sicher zu sein, dass die Beziehung auf beiderseitiger Freiwilligkeit aufbaut!

Es ist nicht nötig, den Partner als „mein Partner" zu benennen, damit die Beziehung echt wirkt, denn unsere Beziehung ist eigenständig, und eine Beziehung zwischen zwei eigenständigen Menschen. Wir sind beide Beziehungsanarchisten auf der Basis individueller Wünsche und Vorstellungen, anstatt feststehender Normen und Regeln. Wir leben die Freiheit, spontan zu sein, sich auszudrücken und zu handeln, ohne Angst und Anspruchsdenken. Wir negieren Pflichtgefühle um Statussymbole zu setzen. Spontanität bedeutet für uns, Entscheidungen zu treffen, die nicht auf Aufgaben und Anforderungen basieren. Wir vertrauen uns und suchen nicht ständig nach Bestätigung, dass der Andere noch da ist. Die Erfahrung zeigt, das genau ist es, was unsere Beziehung so lebendig und lebenswert macht.

Ich denke, das Lesen nachfolgender Textseiten, könnte eine kleine Revolution auslösen – ich wage es trotzdem.

Der Kernpunkt unserer Beziehung ist die Sexualität und ganz ehrlich, Sex im Alter ist nichts für Feiglinge. Ein erfülltes Liebesleben hört doch nicht mit 60 Jahren auf. Niemals hatte ich bessere Voraussetzungen für eine spannende und dennoch entspannte Sexualität!

Und bevor jetzt vielleicht einige Leserinnen beginnen ihre Augen zu verdrehen, verweise ich auf die Pionierin der Sexualaufklärung; Dr. Ruth Westheimer.

Mit ihren über achtzig Lebensjahren, arbeitet sie als Dozentin am Calhoun College der Yale University und als Lehrbeauftragte an der New York University, wo sie an der Medizinischen Fakultät unterrichtet. Darüber hinaus hat sie ihre eigene Beratungspraxis in New York, schreibt Bücher und hält überall auf der Welt Vorträge über Sexualität. Dabei lässt sie keine Fragen offen und bietet für die großen und kleinen Probleme im Bett oft überraschend einfache Lösungen – für den besten Sex, den man sich vorstellen kann.

Viele Menschen machen die Erfahrung, dass sie nach dem 60., 70., oder sogar 80. Lebensjahr den besten Sex ihres Lebens haben.

Ausgenommen die Damen und Herren, die Sex nie so interessant fanden, auf sexuellem Gebiet nicht so bewandert sind, werden auch nicht erfahren, wie lustvoll sie in diesem Stadium ihres Lebens genießen können.

Ich kann das voll bestätigen und mein Körper saugt nur so dieses explosive Feuerwerk der Hormone auf. In der Tat bringt richtig guter Sex jede Menge gesundheitliche Vorteile mit sich. Beim Orgasmus wird ein wahrer Hormoncocktail ausgeschüttet, der so einiges bewirken kann. Sex macht schön, das weibliche Hormon sorgt für straffe und faltenfreie Haut und super Haar. Sex, das Zaubermittel für eine tolle Figur. Ich gehöre schon zur ganz wilden Sorte und dann können locker auch mal 350 Kalorien in 30 Minuten verbrannt werden.

Nun darf man das gern auf drei bis vier Stunden hochrechnen…!

Für Singles: Kein Grund zur Sorge – auch selbst Hand anzulegen hat positive Effekte auf die Gesundheit. Für beste und zugleich natürlichste Medizin, steht nun einmal der Sex. Er macht glücklich, gesund – und verlängert das Leben. Ein Gesundmacher der rezeptfrei ist und wahre Höhenflüge verschafft.

Was will man mehr? Ich weiß, dass viele Menschen auch jetzt denken: Die hat doch nur Sex im Kopf.

Ja, genau so ist es, Sex hat Priorität! Ich widme diesem Thema mehr geistige Energie als die meisten Menschen und das ist auch gut so. Menschen sind nun mal sexuelle Wesen. Unser Gehirn meldet uns in regelmäßigen Abständen sexuelle Bedürfnisse. Eine emotionale Liebesbeziehung ist ohne Sex nicht möglich. Ich bedaure Menschen aufrichtig, wenn sie sich ausschlich mit ihren Datenbanken und Statussymbolen befassen – nur nicht mit Sex. Denn Sex verdient einen besonderen Platz in unserem Leben. Ich sehe es deshalb als meine Aufgabe, einen sicheren Hafen für mein Sexualleben zu schaffen, in dem es bei jeder noch so bedrohlichen „Sturmflut" sicher vor Anker liegt.

Sex ist nicht nur eine Quelle des Genusses, sondern auch eine Möglichkeit Spannungen abzubauen und psychischen Problemen vorzubeugen.

Dazu ein wirklich interessantes Beispiel:

Es gibt auch in der Tierwelt eine Primatenart aus der Familie der Menschenaffen, deren Sexualverhalten nicht nur der Fortpflanzung dient. Die Bonobos oder auch Zwergschimpansen genannt, sind biologisch die engsten Verwandten des Menschen. Sie setzen Sexualkontakte nicht nur zu Fortpflanzungszwecken ein, sondern auch im Kontext sozialer Auseinandersetzungen, wo ihnen eine deutlich spannungsmindernde, friedensstiftende Funktion zukommt. Bonobos und Schimpansen, die zwei Gesichter des Menschen. Sie sind unsere nächsten Verwandten. Die einen (Bonobos), lösen Konflikte mit Sex. Die anderen (Schimpansen), mit Gewalt. Die Vorstellung von männlicher Dominanz bei den früheren Hominiden wird fraglich, denn bei den mit dem Menschen eng verwandten Bonobos, prägen vor allem die Weibchen das soziale Klima. Insbesondere durch vielfältige Sexualkontakte sorgen sie für Harmonie. Denn das charakteristische am Verhalten dieser Menschenaffen, ist die zentrale soziale Stellung der Weibchen, die Gleichwertigkeit der Geschlechter und die stark ausgeprägte Sexualität, mit der Aggressionen abgefangen werden. Sie sind bei fast allen Gelegenheiten sexuell aktiv. Das ist ein integraler Bestandteil ihrer sozialen Beziehung.

Man möge es mir jetzt bitte verzeihen, ein verschmitztes Lächeln, ein politischer Gedanke – die selbstbewussten Ladys aus dem Osten, waren schon immer Bonobos.

Da gab es die gesellschaftliche Gleichstellung der Frau bereits vor der Primatenforschung und das funktionierte mit und wenn nötig, auch ohne Sex! Dieses Verhalten bringt mir bis heute (im Westen) noch Vorteile. Die Anziehung einer sich selbstbewussten Frau ist nun mal sehr attraktiv, egal ob im gesellschaftlichen Bereich oder auf Beziehungsebene.

Das spiegelt sich natürlich auch intensiv in unserer Beziehung wieder. Sie ist schon „besonders" – dies zumindest vermitteln uns auch Psychologen und Mitmenschen, durch ihr nimmer sattes, wildes Interesse. Ja, wir können in der Beziehung frei atmen, wir sind frei, wir können uns selber leben und stehen für uns, ohne künstliche Abhängigkeiten um uns herum. Denn unsere Sexualität ist die Vitalkraft schlechthin. Sexualität ist ein Austausch von Kommunikation und die intimste Möglichkeit mit Menschen in Kontakt zu kommen. Es ist etwas Erhabenes, was zwei Menschen miteinander leben, um sich seelisch zu begegnen. Für uns ist Sexualität etwas Kostbares, Wertschätzendes und respektvolles. In unserer außergewöhnlichen Beziehung, erkannte und erweckte er in mir die grandiose Liebhaberin, die Innigkeit, Leidenschaft und tiefe Verbundenheit beim Sex vermitteln und auch zulassen kann! Und das macht so unendlich stolz, stark und hemmungslose Lust auf mehr, um gemeinsam die schönsten Momente zu erleben, von denen wir niemals jemanden erzählen werden.

Ich kann hier nur für mich sprechen, denn es ist eine Frage des Alters, der Lebenserfahrung und letztlich auch der Lebensumstände. Jedoch, ganz wichtig und unabhängig davon, muss man im Leben Entscheidungen treffen! Diese dann selber auszuhalten ist manchmal ganz schön bitter, aber dazu muss man eben stehen.

Ich habe in meinem Leben Entscheidungen getroffen, die gefühlte achtzig Prozent meines Lebens komplett umgeworfen haben. Die Entscheidung für mein jetziges, selbstbestimmtes Leben, für den Partner und mein Studium. Gut, damit muss ich jetzt leben und natürlich gibt es mal Tage wo man es schöner findet, und mal Tage wo man es weniger schön findet. Genau so ist es, aber wir sind ja hier nicht im Leben, um dabei ständig und in Abhängigkeit vorgegebener Verhaltensmuster zu funktionieren und dann mit 70., oder 80., tot in die Kiste zu fallen.

Das klappt auch schon mit Fünfzig, wenn man sich aufgrund der Problematik totgesoffen hat. Das ist nicht mein Ding, ich lebe mein Leben. Im Gegenteil, wir beide sind überzeugt davon, wenn überhaupt, dann wird uns der Schlag beim Sex treffen. Sterben müssen wir alle, aber dann doch bitte während des innigsten und schönsten Momentes überhaupt.

Tja – immer wieder nur Sex. Dafür stehe ich sicher nicht allein. Siegmund Freud machte die Sexualität zum Lebensthema – Sex ist die Antwort auf alles. Wer wirklich grandiose Sexualität erfährt und diese in einer Beziehung lebt, muss keine Feinde fürchten, die können es nicht mit anschauen, es treibt sie in die Flucht. Der Neid der Menschen ist groß. Ich spüre täglich die giftige Aura vieler Mitmenschen. Sie können sich fast alles kaufen und auch leisten und sind doch unglücklich.

Ja worauf denn nur, wenn es ihnen an nichts fehlt?

Auf etwas was man nicht kaufen kann: Selbstliebe!

Ich brauche weder Weltreise noch Fernflüge, um mein Leben hinter mir zu lasen. Weder steile Karriere noch ein dickes Konto, um allen zu zeigen, dass ich etwas wert bin. Ich habe ein tolles Leben - ich bin gut, so wie ich bin.

Nur wer sich selbst mit allen Facetten annimmt, nicht ständig auf andere schaut, kann sich voll der Sexualität und Liebe hingeben. Die Voraussetzung für das Erleben einer wirklich sinnlichen Sexualität ist die Fähigkeit zur Selbstliebe. Sie erst öffnet die Tore zu einem Sex, der nicht in Worte zu fassen ist.

Wir haben uns füreinander und für die Beziehung entschieden (ohne Besitzerstolz), und fühlen den Sex als Verschmelzung zweier Körper, die sich energetisch nähren und erneuern. Beide sind wir Menschen mit vielen Verhaltensmustern aus dem Vorleben, aus der Kindheit und der Pubertät. Unsere Beziehung besteht aus Nähe und Distanz, jedoch entwickeln wir uns ständig weiter und arbeiten hart an uns.

Authentizität und Sexappeal ist dann der Mühe Lohn.

Wir scheinen so viel über Sex zu wissen wie in keinem Zeitalter zuvor. Denn in unserer Sexualität liegt eine unserer wichtigsten Lebensaufgaben. Und dennoch suchen krampfhaft die meisten Menschen immer noch danach, was sie und ihren Partner wirklich erfüllt. Sie suchen den Sex, bei dem Gefühle der Liebe und Lust tatsächlich miteinander verschmelzen. Eine erfüllte Sexualität hängt jedoch nicht von möglichst ausgefallenden Erfahrungen oder einer hohen Anzahl von Partnern ab.

In meinem Buch „Online-Dating" habe ich die aktuelle Problematik der Digitalen- Liebes- und Lustsuche aufgezeigt. Gern dazu ein Beispiel:

Ein Paar liebt Besuche in Zwingerclubs, und startet regelmäßige Treffen mit Mitgliedern entsprechender Sexportale. Die Pornoszene ist ihnen dabei auch nicht fremd. Kommt es mal vor, dass die beiden auch einmal nur miteinander verkehren, dann hopst er kurzatmig auf seiner Partnerin herum, wie ein Kaninchen auf Speed. Ihre Klitoris bearbeitet er dabei wie ein Rubbellos. Seine Partnerin zeigt sich dennoch völlig entspannt und erkundigt sich gelangweilt am nächsten Morgen, wie lange er wohl noch gemacht hat.

Das ist leider kein Witz, so schaut nun mal die Realität aus. Das diesen Menschen die Lust am Sex vergeht ist doch logisch. Und was das mit einer Beziehung macht, können wir uns selbst beantworten.

Inzwischen reagieren ja viele allein auf das Wort Sexualität - sehr aggressiv. Der wahre Grund dafür, weshalb Sex so zum Riesenthema mutiert, ist nicht wegen der Aktion an sich, sondern wegen des Loslassens und Aufgebens. Wenn Körperlichkeit ohne Nähe praktiziert wird, dann sorgt jede körperliche Vereinigung für wachsenden unterschwelligen Widerstand und seelische Distanz. Dramatisch wird es jedoch erst, wenn sich die persönlichen Erfahrungen auf die nächste Beziehung auswirken. Und das können wir nicht verhindern - ein Ablauf psychischer Prozesse.

Zu dieser Thematik möchte ich kurz den Focus auf strategischen Sex richten, der fast immer identisch von Narzissten, Borderlinern und Psychopaten praktiziert wird. Sie zeigen dabei ein eher „raubtierhaftes" Verhalten. Mit erstarrtem Blick eines Raubtieres, fixiert auf das Opfer. Die haben dabei fast keinen Lidschlag und keine Mimik mehr, die fixieren und zwar so, als wären sie der Salonlöwe und das Opfer wäre die Lunchgazelle. Bei verdeckten Narzissten gehört dieses Verhalten zur Königsdisziplin. Die sind passiv – aggressiv und wollen natürlich ums verrecken nicht ihre große Feigheit erkennen lassen, dass sie nur „Piccolos" sind. Es ist letztendlich nichts, als offene Feindschaft – aber versteckt! Immer eigensinnig, unzugänglich, ihr Verhalten von Zorn und Frust geprägt, ein innerer unterlegter Rivalitätskampf. Mein mit Abstand schlimmster Beziehungspartner, war ein Borderliner.

Diese Menschen sind innerlich gespalten, projizieren alles besinnungslos, ohne Reflektion, in Gefühlen und Gedanken auf andere. Sie haben ein unglaublich negatives Gefühl zu sich selber. Ihre Wutanfälle sind nicht unterbrechbar, denn Wahnsinn schützt sich selbst am besten. In der Beziehung leben sie ihre Störung am nicht erkrankten Partner aus.

Schon im siebzehnten Jahrhundert schrieb ein englischer Mediziner über diese Persönlichkeitsstörung: „Sie lieben denjenigen ohne Maß, den sie schon bald ohne Grund ebenso, genauso maßlos hassen werden!"

Sie täuschen Freundlichkeit, Zärtlichkeit, Innigkeit und sogar Liebe vor, um den Partner dann doch im Endeffekt wieder heimlich gedemütigt zu haben. Das machen sie über Kritik und Abwertung. So toxisch ist dann auch der Sex mit ihnen. Der anfangs so unglaublich anziehend ist. Ich verspürte dabei immer ein Gefühl von kalter Liebesdynamik. So intensiv und gut der Sex mit ihm auch war. Für ihn erfolgte der Zugang zu mir, nur über den Sex. Dort finden dann auch die Idealisierung und das Love-Bombing statt.

Denn pathologische Partner suchen fast immer nur die Nebenleistungen von Beziehungen; Bestätigung und Sex. Er hat mich regelrecht vergöttert. Sie tun alles, was einem das Gefühl vermittelt, einzigartig zu sein. Intimität und Nähe findet nur beim Sex statt. Das ist ein super Zeichen einer toxischen Beziehung. Diese toxischen, bindungsängstlichen Partner, sind nicht in der Lage eine echte Beziehung zu führen, sie nehmen den Sex mit, weil er ihnen Bestätigung gibt, die sie aufwertet. Damit aber die Beziehung aufrecht erhalten wird, geben sie bei der Aktivität die sie ja auch wollen, Bestätigung und Zuwendung. Das ist nicht echt, sondern ein Fake. Denn wenn der Sex echt wäre, würde er satt machen. Da wird die Not zur Tugend gemacht, sie wissen, dass sie zu keiner echten Bindung fähig sind.

Meine Erfahrung:

Sie sind chronische Lügner! In ihrer ganzen Philosophie ist halt genau das Gegenteil zutreffend.

Wasser predigen, Wein trinken. Sie werden nicht müde nach außen zu betonen, dass sie von Affären, Dreiecksbeziehungen, Pornographie nichts halten, aber in Wahrheit fahren sie süchtig darauf ab.

Sie brauchen die Herausforderung, den Kick – ihre Lebensader! Um das zu bekommen, ist ihnen jedes Mittel recht – wenn nötig auch mal der schnelle Sex mit alkoholisierten Zufallsbekanntschaften auf einer Parkbank oder in der Bahnhofstoilette.

Tja, wenn so manche Partnerin wüsste…was ihr so toller Typ doch treibt, wenn er gerade sein Leben lebt.

Toxischer Sex macht nicht satt. Es schmerzt wenn er vorbei ist, ein Miteinander gibt es dann nicht mehr.

Ich hatte regelrecht einen Kater danach, so bescheiden fühlte ich mich. Viel schlechter als vorher.

Er flüchtete förmlich danach - ertrug die Nähe nicht mehr.

Die Krone eines gestörten Kontaktes ist immer die Sexualität. Sie ist ihr Bote und der Beweis. Spontan wird die Intimität auf unbestimmte Zeit verweigert.

Der Grund ist ganz sicher keine neue Partnerin. Nein, das ist Nähe-Vermeidung! Der Kontakt wird torpediert und der Absturz - die Folge.

Dafür sorgt aktiv sein „kleiner Prinz", der dreht nämlich im narzisstischen Zirkel, diverse schlappe Runden!

Der Partner erträgt die Nähe, die Intimität nicht mehr. Es ist eine Kapitulationserklärung an den Liebesakt, an die Liebe, die Nähe und an die Partnerin.

Innere persönlichkeitsgestörte Prozesse zwingen ihn dazu. Von seinem Bindungsverhalten her der vermeidende Bindungstyp, er sucht auch in einer Beziehung die Selbstbestimmung und die Autonomie. Er will durchaus auch die Nähe spüren und erleben, aber er will nicht verschmelzen in der Beziehung. Dieser Partner wird nie die Kontrolle abgeben, sein verletzter Selbstwert zwingt ihn dazu.

Im Innersten fühlt er sich so klein und schwach, denn er weiß ganz genau, dass er gegen seine Partnerin verlieren würde. Das zerstört, wenn man nicht rechtzeitig geht. Okay, in meinem Fall zog er seine narzisstische Zufuhr. Dafür bekam ich aber wertvolle Informationen, und die gibt es nicht gratis, das ist der Preis der Erfahrung, den ich dafür zahlen musste. Diese Menschen sind sehr missgünstig, rachsüchtig, neidisch und sehr, sehr negativ. Ihre Anfeindungen geben sie als Humor aus, zeigen wir ihnen jedoch unsere Verletzung, haben sie gewonnen. Dieses Verhalten habe ich nicht mehr toleriert. Prompt folgt die Rache auf dem Fuße. Dann wird alles sabotiert und boykottiert was möglich und machbar ist.

Folglich muss man mit Ignoranz, spontanen Kontakt- oder Beziehungsabbruch rechnen. Pure Ignoranz, ist auch immer ein Zeichen für passive Aggression. Er flieht vor Nähe und Intimität, vor Anforderungen und Autorität. Er flieht davor zu scheitern, in einer offenen oder verdeckten Verweigerungshaltung. Ein Mensch, der leidend an Geist und Seele ist. Dieser Mensch kann keine Beziehung führen, mehr muss man nicht wissen.

Ein weiteres, sicheres Anzeichen für kaputte Beziehungen ist ein sehr häufig stattfindendes On/Off.

Partner pendeln zwischen Zu- und Abneigung.

Meine reichlich schlechte Erfahrung, einmal Off, heißt immer Off! Das Studium der Psychologie, ist mir eine unglaubliche Hilfe, die Abfolge der Muster zu erkennen, die sich immer und unausweichlich hinter dieser schweren Persönlichkeitsstörung verbergen. Während der Off - Phasen, die der Partner bewusst provoziert, geht er fremd und zwar wahllos! Er braucht dann unbedingt seinen sexuellen Kick. Das bedeutet, er sucht sich eine Frau für die schnelle Triebabfuhr. Alter, Aussehen, völlig egal, der Trieb, sein Bedürfnis, der Kick muss sofort befriedigt werden.

Ich habe es persönlich erfahren, ein Partner machte nicht einmal vor einer älteren und allein lebenden Mitbewohnerin halt, die benutzte er nur mal so, um sich anschließend so richtig vor sich selbst ekeln zu können. Danach wird diese Frau nicht mehr angerührt, für ihn existiert sie nicht mehr.

Plötzlich ist dann die Beziehung wieder im ON und läuft super weiter, bis zum nächsten Crash, kann es schon einige Monate dauern. Das ist der toxische Kreislauf einer giftigen Liebe. Das ist total krank und das muss man wissen. Es gehört nun einmal zu meiner Biographie und ich werde hier nichts verschönern oder weglassen. Selbst die persönlichen und sehr schmerzvollen Erfahrungen, sehe ich inzwischen positiv. Denn diese Beziehungen haben Suchtcharakter, durch die enorm starke Bindung erregender Hormone, ein Cocktail aus diversen Glückshormonen. Ich weiß, dass Beziehungen mit diesen Partnern niemals echt sind, jede wird im Chaos enden, schneller und erbärmlicher als zuvor. Das nimmt den Schmerz und befreit einem endlich das vernebelte Gehirn. Man kann wieder klare Gedanken fassen. Als ich das erkannte, hatte ich nicht einmal mehr Lust auf den tollen Sex mit ihm. Ja, opportunistische Männer haben ihren Preis.

Ein zu hoher Preis, um dann mit Ihnen in eindeutig zerstörerischen, schmerzbehafteten, und total kaputten Beziehungen auszuharren. Das sind Menschen mit starken sozialen und emotionalen Einschränkungen, zu denen eine normale Beziehung nicht möglich ist, weil dort eine ganz starke Zerstörungskraft inne wohnt. Die Partnerin wird zum Crash Dummy seiner Aggressionen.

Wenn Sie nun glauben, von sich zu lesen, nehmen Sie es bitte als Anlass zur Selbstreflexion und überdenken Sie einmal Ihre Beziehungssituation.

Denn so etwas, was ich erlebte, sollte eine gesunde, nährende, gute, liebende Beziehung niemals erfordern!

Körperliche Nähe ist in einer Beziehung das Wichtigste überhaupt. Jede Beziehung durchläuft unterschiedliche Phasen, in denen der Sex immer die Hauptrolle spielt.

Dabei sind regelmäßig kleine Distanzen vom Liebsten eine wichtige Voraussetzung für eine funktionierende Partnerschaft.

Oberste Priorität und ein elementarer Bestandteil unserer Beziehung ist guter Sex. Er ist für uns die kostbarste Quelle der Erfüllung. Nirgendwo sonst kommen wir uns einander so nahe. Wir erleben ein starkes Gefühl vollkommener Verbindung. Dabei können wir uns ganz dem anderen öffnen, das Ego loslassen und in einem gefühlten Eins sein miteinander aufgehen. Dafür musste ich erst einmal herausfinden, was mir wirklich gut tut.

Mein Partner lehrte mich das Fühlen, den Mut haben, beim Sex, in der Zärtlichkeit, ganz genau hinein fühlen in den eigenen Körper und die eigenen Gefühle.

Er nahm mich mit in eine neue Offenheit jenseits von äußeren Reizen. Er lehrt mich das Fühlen, das Erspüren und das erotische hinein fühlen in unser größtes Sinnesorgan, die Haut. Auf ihrer etwa zwei Quadratmeter Fläche befinden sich Sinneszellen und freie Nervenendungen, die auf Wärme, Kälte, Berührung und Druck sowie Schmerz reagieren. Glück und Gesundheit entsteht durch Berührung.

Ob sinnlich, seelisch oder geistig, Berührung stellt Beziehungen und Zusammenhänge her. Wer nicht berührt wird, wird seiner selbst unsicher.

In der Sexualität ist Berührung so wichtig, denn „Gefühl" geht unter die Haut. Die Haut ist voller Nerven-Empfangsstellen, die mit dem Gehirn vernetzt sind. Besonders hoch ist die Nervendichte an den erogenen Zonen. Kommt dann ein Liebesreiz auf die Haut, intensives Streicheln oder Küssen, geht das ganz tief in unser Nervensystem hinein. Dabei wird auch das Bindungshormon Oxytocin ausgeschüttet.

Der Sex, die absolute Intimität, vollzieht sich in unserer Beziehung über Stunden. Das macht glücklich, entspannt und zwischen durch immer wieder sanfte Hautberührungen, dabei lassen wir nie einander los.

Das beinhaltet auch, natürlich nackt, gemeinsam Hand in Hand zur Küche gehen, um frischen Kaffee zu holen. Allein dieser Akt, dieses natürliche Bedürfnis auszuführen, ist eines der schönsten, reinen Gefühle.

In dieser Beziehung, mit ihrer Sexualität, zeigen die Schatten meiner Kindheit eigentlich keinen Einfluss mehr. Da dominiert das Vertrauen, um sexuelle Phantasien und Wünsche zu leben. Jede Frau sollte das wahnsinnige Gefühl erfahren, allein nur durch sanftes Handauflegen und Berührung ihres Venushügels, das Grande Finale zu erreichen. Seine Kunst im Umgang mit meiner sexuellen Begierde besteht darin, sie so steuern zu können, dass sie nur im richtigen Moment die Schwelle übersteigt, ab der sie nicht mehr zu steuern ist. Dies setzt natürlich einen erfahrenen Partner voraus, aber vor allem auch die Kenntnis des eigenen Körpers.

Die Intimität in unserer Beziehung, mal wild, mal ruhiger, aber immer berührend, lässt uns die tiefe Verbindung spüren. Davon werden uns auch 38 Celsius im Schatten - einem Alter von insg. 136 Jahren, niemals abhalten können.

Unsere gelebte Sexualität ist Sex, auf den Körper und Geist noch sehr lange reagieren und nachwirken.

Leidenschaftlich, triebhaft, ekstatisch mit multiplen orgastischem Finale, natürlich schön laut und exzessiv.

Jede Frau hat sie, aber kaum eine weiß so gut über sie Bescheid, ihre Vagina, eine erogene Wunderzone. Sie steckt voller Geheimnisse. Aber keine Sorge, ich werde hier nicht sexuelle Praktiken aufzählen.

Gemessen an der Komplexität einer Vagina mit (8000 Nervenenden), ist der Penis mit ca. (2500) ein Trottel.

Gedanklich höre ich schon den kalkulierten Aufschrei der Entrüstung (nicht schon wieder Sex…!) Aber sobald es um den eigenen Sex geht, wird verlegen oder genervt geschwiegen. Das ist traurig. Denn 60 Prozent der deutschen Männer und Frauen sind unzufrieden mit ihrem Sexualleben. Da werden im Internet, im Fernsehen, die wildesten Nummern geschoben, nur die Paare selbst, quälen sich mühsam zum Höhepunkt. Im Kopf ein König, im Bett ein Bettler. Dabei würden sie gern auf die sexuellen Wünsche des Partners eingehen und sie auch erfüllen. Doch sie kennen sie nicht. Meine persönliche Anmerkung: Ich bin der Überzeugung, die meisten Paare sehen ihren Partner als Hauptquelle der Sicherheit und Altersversorgung. Somit wären wir wieder bei den heißgeliebten Statussymbolen. Dieses Versorgungssystem wollen sie keinesfalls durch wilde, sexuelle Ambitionen oder durch Offenlegung ihrer imaginären Phantasien gefährden. Jedoch bewirkt ein bewusster Umgang mit Sex wie ein Lebenselixier für eine Beziehung. Denn ein zu viel an Nähe gilt als Sexkiller schlechthin. Unser Gehirn ist dafür da, die psychische Einstellung – die Bilder, das Begehren, das Fühlen – zu kreieren und die Lust zu formen.

Für uns zwei sind die kleinsten Dinge, die uns etwas bedeuten, mehr wert als die größten Dinge, die keine Bedeutung für uns haben. Das spricht auch für die Intimität. Ein weiteres „Geheimnis" unserer Beziehung ist die sogenannte Illusion. Wir sehen beide über die negativen Eigenschaften des Partners hinweg und schätzen eher die guten Eigenschaften hoch ein.

Für uns relativ gut machbar, da wir nicht zusammen wohnen, eine geniale Voraussetzung für Beziehung und Treffen - die Königsdisziplin aller Alternativen.

Ein Zitat von G.B. Shaw besagt:

„Die Schwierigkeit besteht nicht darin, dass es keine schönen Wirklichkeiten gibt, sondern darin, dass so wenige von uns sie erkennen, wenn wir ihnen begegnen."

Ich beziehe das auch auf unsere Partnerschaft und bin meinem Schicksal dankbar dafür, eine aufregende, natürliche und interessante Beziehung zu leben.

Was die Zukunft bringt, ist ungewiss, aber ich weiß ganz genau, was ich nicht mehr will.

Das erinnert mich an zwei Ereignisse, die jedoch nur einmal stattfanden.

Nach einem ziemlich wilden One-Night-Stand, sitzt mir mein nächtlicher Verführer beim Frühstück in der Hotellonge, am Tisch gegenüber.

In kalter Liebesdynamik und lasziver Pose, stellt er eine Frage, die man nicht wirklich hören möchte:

"Sag mal Regina, was ist denn das nun zwischen uns?"

Ich schaute kurz auf den Tisch, lächelte und antwortete: „Zwei Croissants und zwei Kaffee…!"

Doch es gibt sie leider auch die schwierigen, negativen Menschen, meist von Neid und Missgunst geplagt.

Allein ihre bloße Anwesenheit kann die Stimmung im Raum um hundert Prozent runterziehen. Sie versprühen ihre Negativität wie andere ein Zuviel an billigem Parfüm.

Auf einer abendlichen Leseveranstaltung stellte ich mein erstes Buch vor. Dabei berührte mich das Interesse der vielen Teilnehmer sehr. Ein Gast machte mir ein wundervolles Kompliment. Er sagte: „Meine Liebe, es war so spannend – ich musste mir unter Schmerzen das WC verkneifen, ich wollte nichts verpassen!"

Ein schönes Kompliment, da geht einem das Herz auf.

Aber es waren auch einige Autoren anwesend, sie bemühen sich seit Jahren ihre Werke zu veröffentlichen.

Vergeblich. Die stürzten sich voller Kritik und Wut auf mein Buch. Einer ihrer Moderatoren richtete spontan sein Mikrofon auf mich: „Na Hallo, gestylt ganz in Leder, mein Kompliment und wie fühlt man sich denn so in ihrem Alter unter den hier jungen und erfolgreichen Autoren?" Darauf antwortete ich spontan: „Wie ein Kleinkind in der Fußgängerzone, ich sehe nur Ärsche…!"

Ich werde sicher noch weitere Bücher schreiben, meine Erfahrungen weitergeben und interessierten Menschen Mut zusprechen. Mut zur Veränderung – in der Beziehung im Job oder im Alltag. Falls erforderlich, sollte man nicht zögern und für sich eine Entscheidung treffen. Das gilt meines Erachtens für alle zwischenmenschlichen Beziehungen.

Gegen „kranke, gestörte" Mitarbeiter und Vorgesetzte wusste ich mich immer disziplinarisch zu wehren. In einer Liebesbeziehung ist dies komplizierter, da sind Gefühle und Hormone im Spiel die nicht kalkulierbar sind. Das wichtigste Element einer Beziehung ist die Kommunikation. Das ist auch das, worüber sich „gestörte" Menschen letztendlich selber enttarnen. Denn Kommunikation ist die Strategie und das Werkzeug für Kontakt und für Beziehung. Alle psychisch gestörten Menschen haben kranke und kaputte Kommunikationsstrukturen. Ein Grund dafür, warum wir uns während oder nach Gesprächen mit ihnen höchst unwohl fühlen. Warum solche Kontakte misslingen und Liebesbeziehungen scheitern. Und zwar immer dann, wenn Menschen mit psychopatischen Verhalten uns kontaktieren. Gesunde Menschen nutzen Kommunikation dazu, um Dinge zu erhellen und Beziehungen zu erzeugen. Psychos wollen genau das Gegenteil erreichen. Sie haben ein einziges Anliegen, das Abziehen ihrer narzisstischen Zufuhr.

Eine gesunde, gewaltfreie Kommunikation ist eine Sprache der Liebe, des Respekts und der Gleichwertigkeit.

Sie hat zum Ziel - wertvolle Beziehungen und echte Nähe zwischen Sprechenden herzustellen. Daher vermeidet sie alle Angriffe auf die Person oder auf das Denken der Anderen und verhindert somit die Überschreitung natürlicher Grenzen.

Eine gewaltfreie Kommunikation vermeidet alle Wertungen und Interpretationen der eigenen Person auf etwas Gesehenes oder Erlebtes. Sie hält sich objektiv nur bei den neutralen und für alle beobachtbaren und nachvollziehbaren Fakten, ohne diesen irgendetwas hinzuzufügen.

Aus dieser Erkenntnis heraus, beobachte und schaue ich auf meine Mitmenschen und weiß sehr schnell, mit wem ich es zu tun habe. Denn jeder Versuch sich mitzuteilen, kann immer nur auf dem Vorhandensein des Wohlwollens eines anderen stattfinden. Ein großes Thema in der Politik. Ob nun Präsident, Politiker, Manager oder der nette Nachbar von nebenan, viele haben kein echtes Gesprächsanliegen. Echte Gespräche sind mit Psychopaten und Narzissten nicht möglich. Sie wollen ja keinen Respekt herstellen, um jede Beziehung im Keim zu ersticken, um Emotionen zu töten und Nähe zu vernichten. Es geht ihnen dabei nur um ihre narzisstische Zufuhr, Abbau von Druck und Aufbau von Geltung. Die Wege und die Schäden dahin, sind diesen Menschen vollkommen egal. Zumeist ist dieses Verhalten das Wirken heimlicher, ununterbrochener Abwertung, um sich selber aufzuwerten. Schaut man genauer hin, verhalten sie sich verräterisch und dominieren mit Ich-Botschaften. Diese Menschen sind ständig im Angriff, sind immer hoch aggressiv und negativ, aber passiv.

Im Zusammenhang mit Persönlichkeitsstörungen verbirgt sich dahinter verdeckte Wut, Feindseligkeit und Feigheit. Dazu gehört das Ausschweigen, die stille Verachtung und das Mauern. Das sind Meister der Manipulation. Diesen Personen geht es immer um das Abwälzen der eigenen Schuld und Verantwortung.

Tja, das sind meine Erfahrungen mit Menschen, die an Persönlichkeitsstörungen laborieren. Ob nun familiär, beruflich, in Affären oder Liebesbeziehungen, man findet sie überall. Es ist ein Irrglaube, gegen diese Individuen machtlos zu sein.

Mich persönlich, und das gebe ich hier sehr gerne preis, hat im Leben mein positives Selbstwertgefühl wirklich weitergebracht. Das ist unglaublich wichtig für ein erfülltes Leben und ein gesundes Selbstvertrauen.

Leider war es nicht immer so. Ich hatte früher kein gutes Selbstwertgefühl und das hat sich auch in meinen Beziehungen gezeigt. Auch ich habe Männer in mein Leben gezogen, die ihr krankhaftes und zerstörerisches Verhalten an mir ausleben wollten und meine Energie raubten. Bis eines Tages ein Mann mich fest in seine Arme schloss…seine Worte werde ich nie vergessen:

„Du bist schön und stark, verletzlich und klug zugleich. Für einen normalen Mann unerreichbar, jedoch für einen Psycho - die größte und reizvollste Herausforderungen seines Lebens…!"

Ich dachte lange darüber nach, was wohl das grundlegende seiner Bemerkung war?

Das war kein Kompliment. Für mich wurde es eine Entscheidung zwischen Leben und Sterben. Ich wollte aber Leben und musste einen Weg finden, mein unterdrücktes Selbstwertgefühl zu erhöhen. Begann mir selber Grenzen zu setzen und mir selber treu zu sein. Das liest sich jetzt super, es war jedoch der schwierigste Prozess (während der Veränderung), den ich je zu bewältigen hatte. Und das ist nur die halbe Wahrheit, denn es ist brutal sich selber Grenzen zu setzen, diese Grenzen einzuhalten, diesen Grenzen treu zu sein. Hölle, absolute Hölle. Meinen Selbstwert machte ich nicht mehr von anderen Abhängig. In einer Beziehung stellte ich klar, was ich will und was nicht.

Kleine Kompromisse konnte ich eingehen. Es gibt gewisse Punkte, wenn die nicht erfüllt werden, dann gibt es mit mir keine Beziehung, ganz einfach.

Für den richtigen Partner ist eine Frau, wenn sie ein gutes Selbstwertgefühl hat, super attraktiv! Das ist ein unglaublich gutes Gefühl. Das Leben wird täglich schöner, man begegnet interessanten Menschen und fühlt sich wohl. Man lebt eine tolle Beziehung ohne ständig darüber nachzudenken.

Ein gutes Selbstwertgefühl ist so unglaublich wichtig. Denn wer sich nicht selbst respektiert, sich nicht treu ist, wird niemals respektiert. Niemand liebt, ohne die Person zu respektieren.

Das eigene Leben zu leben und nicht das der Anderen. Wissen ist Macht, das beste Wissen ist schließlich das, was wir umsetzen können, wenn wir es brauchen. Wissen hält unser Leben in Bewegung, nährt unseren Geist und erfüllt das Leben. Ich bin dankbar dafür, mein Gasthörerstudium an der Universität unbegrenzt fortsetzen zu können.

Ich komme nicht dazu – alt zu werden und bin glücklich, so gut ich es kann. Ich bin gut genug. In mir, in meinem Leben und in der Beziehung. Es geht nicht um die perfekte Beziehung, es geht um jemanden der zu mir passt, der sich für mich entschieden hat und niemals aufgibt oder flüchtet wenn es Probleme gibt! Auch wenn ich bisher viel Negatives über meine Beziehungen geschrieben habe, so gibt es dennoch eine gute Nachricht.

Unsere Beziehung grenzt sich schon sehr vom Durschnitt ab, aber sie funktioniert gut und das über Jahre hinweg. Wir haben uns bewusst füreinander entschieden. Die Verhaltensweisen und der Umgang miteinander sind uns vertraut. Die einst anfänglichen Konflikte, die Angst, auch Wut und Aufregung bei Missverständnissen, sind irgendwann etwas, dass man kennt und dem man gelassen begegnen kann.

Das ist harte Beziehungsarbeit, Verständnis und Selbstkritik. Wir haben für uns erkannt, dass manchmal ein selbstschädigendes Verhalten, nur ein gedanklicher Schatten der Vergangenheit ist.

Und nicht Verlust des Vertrauens bedeutet, sondern einzig und allein aus innerer Anspannung resultiert und nicht durch Probleme in der Beziehung!

Das muss man wissen, wenn Konflikte als Chance verstanden werden, sich selbst und die Beziehung weiterzuentwickeln. Meines Erachtens gibt es dafür keinen schöneren Rahmen als vertrauten Sex, sofern damit ehrlich umgegangen wird. Sexuelle Erfüllung lässt sich aber niemals durch Forderungen erreichen, sondern durch gemeinsames Arbeiten, Erforschen und Spielen. Viele denken zu viel und fühlen zu wenig.

Ich lebe, liebe wild und gefährlich!

Die Ehe ist etwas für schlichte Gemüter, die glauben sich damit Sicherheit zu kaufen.

Freud sagte über den Sinn und Wert des Lebens...

„Im Leben streben die Menschen mehr danach, Schmerz zu vermeiden – als Freude zu gewinnen!"

Was immer auch kommt, ich bin eine Lebenskünstlerin, für mich ist jeder neue Tag ein Versprechen, das alles möglich ist!

Mein Leben wird immer besser. Meine Phantasien, meine Visionen, immer verrückter und freier. Irgendwann ist es einem egal was die Leute sagen, es wird immer besser! Und darum möchte ich auch unendlich lange Leben.

Das Leben ist das was passiert, wenn man ganz andere Pläne hat. Denn sobald du glaubst eine Antwort zu haben, ändert das Leben mal kurz die Fragestellung.

Ehrlich zu sich selbst, im Leben und in der Liebe, ganz gleich, wie beschwerlich auch das Gestern war, stets kann man im Heute von Neuem beginnen und wer lacht, der überlebt...!